社會科學研究法
資料蒐集與分析

Shaun Best 著

李文政 譯

Understanding and Doing Successful Research
Data Collection and Analysis for the Social Sciences

Shaun Best

作者簡介

Shaun Best

英國曼徹斯特大學（University of Manchester）教育與休閒專業學門（Education and the Leisure Sectors）講師（Lecturer）。

譯者簡介

學歷：美國麻薩諸塞州大學（University of Massachusetts at Amherst）教育學博士

　　　　美國麻薩諸塞州大學教育碩士

　　　　美國喬治城大學（University of Georgetown）政府系碩士

　　　　國立政治大學外交研究所碩士

　　　　國立政治大學外交學系學士

經歷：國立新竹教育大學環境與文化資源學系教授兼系主任

　　　　國立新竹教育大學區域人文社會學系教授

　　　　國立新竹師範學院社教系教授兼系主任

　　　　國立新竹師範學院社教系教授兼總務長

　　　　國立新竹師範學院社教系副教授

　　　　國立台北商業專科學校商業文書科副教授

　　　　國立暨南大學籌備處教務組副研究員

　　　　教育部高教司國立暨南大學規畫小組副研究員

　　　　國立政治大學國際關係研究中心國際組助理研究員

　　　　中國廣播公司新聞部編譯

　　　　美國麻薩諸塞州 Pioneer Senior Center at Amherst, Counselor（諮詢員）

　　　　美國麻薩諸塞州大學 Audio-Video Center, Teaching Assistant（視聽中心助教）

現職：國立新竹教育大學環境與文化資源學系專任教授

　　　　國立清華大學通識教育中心兼任教授

致謝詞

出版者首先要感謝匿名審查委員們對本書初稿修訂所提供的協助。出版者更感謝作者在撰寫本書時所付出的心血與卓越的寫作技巧。

我們也要對下列出版商容許轉載有版權的資料，表示感謝：

頁 84-85（中文版第 106-107 頁）的摘錄係獲得 "Looking at People and Asking 'Why?': An ethnographic approach to religious education", *Religious Educations*, 96 (3), 386-394（Crain, MA 2001）出版者（Taylor & Francis Ltd, http://www.tandf.co.uk/journals）的轉載許可。頁 225-228（中文版第 284-287 頁）的摘錄得自 "Ethical Coherence", *Philosophical Psychology* 11(4), 405-422（P. Thagard, 1998）出版者（Taylor & Francis Ltd, http://www.tandf.co.uk/journals）的許可轉載。

在某些情況下，我們無法追溯資料版權的擁有者，我們亦將不勝感激能讓我們引用其中的資料。

譯者序

　　所謂研究，簡單地說，是當我們發現（或觀察）到一個問題（或現象）時，針對該問題，欲根據邏輯與客觀的思考，透過有計畫與有條理的方法，來蒐集資料，進而分析與解釋所蒐集的資料，以尋求解決問題（即研究目的）的過程。此種達成研究目的方法就是研究方法。

　　研究方法是任何研究工作者所必須具備的基本知能。身為研究者的首要工作就是根據不同的情境與研究目的，採用適當的資料蒐集與分析方法。根據譯者多年社會科學研究方法教學與實際指導學生研究報告與論文撰寫的經驗，這對研究新手來說也是最感困難的事。

　　Shaun Best 所著的 *Understanding & Doing Successful Research: Data Collection and Analysis for the Social Sciences*，譯為《社會科學研究法：資料蒐集與分析》，對於研究初學者來說，是一本非常有用的指導性教科書。本書共計十五章，涵蓋社會科學研究方法的廣泛課題。第 1 章序論，提供了學生初步理解研究過程所必須具備的基本知識，包括如何識別社會科學研究中演繹法與歸納法的差異、形成研究問題、說明研究的理由、確認研究變項與指標，以及決定資料蒐集與分析的方法。第 2 章述明社會研究倫理的意義與重要性，包括知會同意、研究對象隱私權的維護等。第 3 章為文獻探討，包括如何進行文獻探討與文獻檢索，以及文獻探討如何有助於釐清研究問題、界定研究變項與指標、選擇適切的研究方法及培養批判性評論的能力。第 4 至 10 章為各種質性研究方法，包括二次分析、訪談法、個案研究、人種誌研究方法、觀察法、傳記與自傳方法，以及文件檔案與敘事分析法。介紹各種方法的性質及其資料蒐集與分析的技能。第 11 章為量化研究的測量與統計推論。說明社會科學研究中測量的性質、類型與尺度，以及如何導出適當的推論。第 12 章為抽樣調查。說明在選取研究對象時，如何界定研究的母群體，如何自母群體中選取具有代表性的樣

本。該章另敘明社會調查的類型、問卷設計、寄發及無回應等問題。第13章敘述兼採質性與量化研究之混合研究方法的特徵、優缺點,以及必須克服的問題。第14章介紹評量研究的性質、目的、類別與方法,作為培養規畫與評鑑能力的參考。第15章指出研究報告撰寫的格式與要領。

　　本書的主要特色為:(1) 涵蓋了社會科學研究的主要方法,對於各種研究方法均完整與清晰地說明其主要概念以及相關理論依據與實務。尤其在每一章結尾的研究方法案例探討,非常有助於讀者深切了解如何根據研究目的需要,擬定所欲蒐集資料的類型,以決定採用適當的資料蒐集與分析方法;(2) 在每一章的開始,即提示讀者該章的學習要點,俾有助於掌握學習重點;(3) 在各章中適時提出一些「思考點」(thinkpiece)與練習活動,激發讀者反思性與批判性的思考相關研究問題;(4) 反映研究倫理的重要性,於第2章專章討論社會科學研究的倫理問題,讓讀者及早注意到倫理問題對研究過程每一層面(如資料蒐集與文獻引用等)影響的重要性;(5) 網際網路對人們如何做研究的影響愈來愈重要,不容忽視。本書於文獻探討該章特別提醒讀者如何處理任何利用 Google 或其他搜尋引擎所找到的網頁資料(如維基百科),以確保所蒐集到的資料的信度與效度,並避免犯了抄襲的錯誤。

目次
CONTENTS

序論

閱讀本章後你將能理解到：

- 什麼是研究人員所了解的資料蒐集與資料分析。
- 三種不同的研究類型：政策取向研究、行動研究以及理論取向研究。
- 演繹性研究與歸納性研究的差異。
- 研究問題從哪裡來。
- 價值觀與信念在研究問題形成與研究過程中的作用。
- 為什麼研究計畫要有明確的理由是很重要的。
- 什麼是設計與執行一個研究計畫的「常規」階段。

前言

　　本書對讀者能有什麼幫助？它理所當然地假定讀者是研究的初學者，且之前沒有有關資料蒐集或資料分析的知識。本書亦設想讀者被要求完成一項研究計畫，但是卻不知該如何著手。此外，本書臆測有些讀者不曉得自己在做什麼而感到驚慌！有許多社會科學教科書，尤其是那些為 16 至 19 歲學生所寫的教科書，都會有一章討論研究方法，但通常僅是列出不同資料蒐集方法的優缺點而已，並沒有論及資料分析，再者，由於那些教科書的作者本身可能並非活躍

的研究者，這些書自然無法對如何撰寫研究計畫提供實質的建議。

　　本書將幫助讀者思考如何撰寫自己的研究計畫，然而或許更重要的是，它將有助於讀者去培養一些技能，藉此得以更充分地評估與他人研究計畫相關的資料蒐集、資料分析與推論（例如：根據他們的研究結果，能夠推論或導出什麼結論）。

思考點

　　在你閱讀本書之前，你可能要自問這些問題：你欽佩誰的研究？以及為何你讚賞它？

　　如果你因為只是在教科書中讀到研究結果的摘要，而無法回答這些問題，那麼你需要改變你的閱讀習慣。下一章是有關於如何進行文獻探討，其中將解說如何於學術期刊與其他相關來源搜尋相關研究，以及為何你必須如此做。

評量點

　　本書各章將概述核心概念、技巧及觀點，這些是研究過程的基礎。然而，如果你是正著手一項研究計畫的學生，將有一套應該清楚解釋「為了成功完成作業，你必須做什麼」的作業標準。經常閱讀該指定的作業標準！你需要充分了解這些標準，如果有任何不確定的面向，詢問負責設定評量的人員。作業所要尋找的是什麼類型的資料：統計資料、受訪者動機與意圖的理解、需要對大樣本人群的調查，或所需只是一個案研究即可？

　　本書將提供你社會科學中最常採用的資料蒐集與資料分析的方法。這將有助於你撰寫你選擇資料蒐集方法與資料分析技術的理由。這本書亦將針對你從「對欲調查之問題產生初步想法」至「撰寫研究報告結論」過程的每一步驟，提供實用的建議。

此外，大多數有關研究方法的教科書均未向讀者說明，從進行研究中，你是如何獲得樂趣；在選擇資料蒐集方法及解釋如何讓所蒐集之資料具有意義時，你可以如何發揮你的想像力；以及在建構人們如何及為何如此作為的解釋時，你可以如何創新。

什麼是研究？從哪裡與如何開始？

透過研究能使我們回答有關社會、有關我們不了解或感興趣或困惑事物等的問題。我們以有系統的方式進行研究，讓我們能將所做的觀察或所蒐集的資料與關於世界現象的理論加以連結。廣泛地說，在社會科學中有三種主要的研究類型：

1. 政策取向研究（policy-oriented research），聚焦於探究社會關心並為決策制定者關注的問題。
2. 行動研究（action research），著重於探究實務工作者觀點的問題。
3. 理論取向研究（theoretically-oriented research），焦點為理解或解釋為何人們如此作為的一些面向。

很多社會科學研究係以*演繹*方式建構解釋，意即依據我們心中的既有理論，發展假設，然後透過資料蒐集來驗證該假設。然而，研究亦可以透過*歸納*的方式來進行，係指我們透過觀察、蒐集資料來建立通則（generalisation），然後形成理論以解釋我們的觀察。

如果我們認為在兩或三個變項（例如：教育低成就與社會階級）間存有關聯性，或某一變項對另一變項有所影響（教育低成就係由於社會階級所造成），我們即能形成一個假設。假設（hypothesis）是一種有關我們認為兩或多個變項間具關聯性的陳述，它是有系統的且是可藉資料蒐集加以驗證的一種形式。

研究問題的形成

　　什麼是研究？我們之所以進行研究計畫乃是因為我們覺得社會生活的某些方面需要加以解釋。有關研究什麼及為何應如此研究的決定並非憑空而來，而是受到諸多因素的影響。研究問題源自何處？研究者對於世界某些方面存有直覺想法。這可能來自於偶發的觀察或看過別人的研究。Reichenbach（1938）明確地釐清發現脈絡（context of discovery）與驗證脈絡（context of justification）二者間的差異。我們研究的想法或問題以及我們提出的假設經常是非常個人化的，而且其蘊思過程通常在本質上也不是很有系統或具邏輯的：這就是發現脈絡。然而，一旦我們心裡有研究想法或假設時，我們就能以邏輯與有系統的方式來進行研究：這就是驗證脈絡。換句話說，我們如何藉檢視實徵證據來驗證一個理論，與理論在最初如何被提出，是無關的。

　　本章將討論研究計畫的想法從何而來，並針對學生與一些人如何思考可能的研究計畫所通常採用的方法提供一些建議。來源諸如你自己對周遭世界的知覺（perception）、新聞佚事，可能也是有關公共議題的個人問題、地方議題或由個人閱讀而引發的議題等，均可能是研究計畫構想的來源。此外，研究的構思亦可能來自於你個人的觀察、想法、意見、在電視上所見或友人所告知的事件或事故。重要的是，當你閱讀文獻時要具有批判性的思考。自問當前對該問題的相關研究是否充足，如果不是，何以欠缺？在該領域是否需要進行更多的研究？另外，當閱讀文獻時，要嘗試指出彼此矛盾或含糊不清的研究結果；那麼接著，可能有機會進行該領域的研究。

　　通常這類的閱讀文獻或觀察將促使你思考它們的意義，將問題或事件納入更廣泛的研究範疇中，以便對事件意義與重要性能獲得更充分與更令人信服的看法。身為人類，我們很難將自己自外於研究計畫倫理道德層面，例如，Graydon（2006）即曾探討個人同意發生性關係的問題以及如果那人是智能障礙者是否可不事先徵得其同意：她在論文的開始舉了如下的一個例子，然後將其置入

一個法律與概念架構中討論。

思考點

閱讀以下的一段短文並思索 Clare Graydon 進行這方面研究的原因。

在 1981 年，一位 23 歲但僅具有 10 歲 8 個月心智年齡的女子來到了一個鄉村市集。她之前未曾有過性經驗也沒有接受過性教育。在市集，她花了很多時間與金錢在投環套物的遊戲攤位，試圖贏得一隻大綠蛙。一位市集擺攤者向她搭訕，一會之後即問她是否願意「做愛」。她表示同意並隨他來到一輛大蓬車進行性交易。他給了她一個玩具青蛙，她也回到了市集與朋友快樂地聊天，沒有顯露出悲傷且與那男人繼續聊天。之後，另一位擺攤者亦與她接洽給她一隻玩具貓熊作為性交易的條件。她隨他來到了一輛卡車進行第二次性交易。同樣地，在這事之後她依然未感受到悲傷。但是當第三位男人企圖與她發生性關係時，她拒絕了並跑開。到她母親來接她的時候她看起來很不高興。這段敘說提出了許多有關智障者性表達的問題。該女子有表示同意的能力嗎？什麼是、或應該是同意能力的表記（marker）？尤其是，如果人們被認為有能力對性行為表達同意，一個人應該知道些什麼事實？（Graydon, 2006: 1）

有關一個人生命中的重大事件，甚或個人事件的敘述，亦可作為研究計畫的起始點。Best（2007）即利用一件路上交通意外傷害事故的例子發展出對後現代疼痛概念的批判：

本論文是根據一件令我傷痛並短暫住院之意外事件、而對疼痛文獻所做的一篇評論。純粹是偶然的意外事件讓我有機會與當時接觸的

傷痛患者討論由許多疼痛文章中而來的議題。然而，因為當時與這些人討論，並沒有做成紀錄，而且也沒有徵求這些人同意引用他們對疼痛的描述，因此未直接引述他們的看法。此論文並非只是個人對疼痛經驗的描述，而是採用一種「關鍵事件」（critical incident）的方法，該方法在護理、助產與教育領域已穩固建制，但並未運用於殘障研究領域。（Best, 2007: 162）

人們覺得他們必須從事研究係基於許多不同的理由。在你的職涯生活中，你可能被要求進行員工評鑑，評量機構日常業務，檢討、更新與稽核組織內政策、計畫與流程的進展與成效，甚而評估組織本身的績效。身為學生，你可能必須成功地完成指定作業以獲致所攻讀之學位學程。然而，我們選擇以抽象的層面來界定研究，它涉及有助知識成長之完善規劃的資料蒐集與分析過程。

為什麼人們要積極置身於資料的蒐集？在日常生活中，我們不時判斷所處的情境。我們必須判斷我們知覺的正確性：我們怎麼知道我們所知曉的及為何我們以某種方式來看待事物？真實的研究是試圖尋找證據來支持論點，並提出在實質上比未有證據支持的個人意見更令人信服的解釋。換句話說，研究讓個人得以縮短從「我知道」（I know）到「它是已知的」（it is known）之間的心智旅程。

有豐富多元的資料蒐集與分析方法讓我們運用以縮短心智旅程。在研究過程的開端，你需要了解作為研究者你自己的技能、希望蒐集的資料類型，以及所要呈現研究結果的方式。在許多情況下，我們如何選取蒐集的資料並使資料具有意義是取決於自己。但是，對那些必須完成指定作業的研究學生來說，他們的選擇可能是非常有限的。

研究理由

任何研究計畫的良好開端是，研究者撰寫研究的理由。理由（rationale）是

身為研究者的你解釋為何要進行該項研究計畫的說明或陳述。你的理由應該包括選擇該計畫的個人性理由。撰寫理由有助於讓你清楚所欲進行研究的類型，以及你所要尋找蒐集資料的類型與性質，例如：如果你要從一大群人中獲取非敏感性的少量資料，你可能考慮採用郵寄或電子郵件（email）的問卷調查方法。另外，如果你想探討個人對敏感議題的態度與感受，那麼深度訪談是最適合採用的方法。研究理由亦將對你所欲研究的主題所持之立場提供一些建議。

　　然而，當在選擇研究計畫時最重要的考量是，是否該計畫能在許可的時間內產生你所要的結果。一種方法是只考量能補充現有研究主題的研究問題。也就是說，你應該考慮只看那些其他研究者已有詳盡研究與調查的問題。你可能發現在他們的研究結果中有異常現象，在此種情況下，仍然有對知識作新貢獻的機會，另外的好處是有大量的書籍與論文可供你參考，作為研究的支持與引導。

　　許多研究新手認為，研究計畫應該是客觀的、平衡的以及政治中立的。換句話說，研究計畫應該是「價值中立的」（value-free），即研究人員不應容許自己個人的、政治的或道德的信念，在資料蒐集或分析過程中扮演影響研究的角色。此論點通常是基於此種信念：即價值中立的研究是較為有效度和信度的，因此品質較佳。

定義

▶▶ **效度**（validity）

　　效度的概念是指研究計畫的完整性。資料蒐集方法所蒐集到的資料與回應研究目的的有關程度如何？是否資料蒐集的方法能真正測量出我們所欲測量的東西？此外，研究結果回應研究所探討相關議題的完整程度如何？我們是否能夠相信我們的研究結果？研究者考量研究效度之潛在威脅（如研究者的偏見），並且著手解決這些威脅，是很重要的。

▶▶ 信度（reliability）

　　如果研究者明確地勾勒研究方法，而該研究設計可以被重複或複製實施，那麼我們可以宣稱我們的研究方法是有信度的。

　　本書將針對如下研究最常用的資料蒐集與分析方法提出明確但具批判性的概述：

- 行動研究。
- 個案研究。
- 關鍵事件研究。
- 量化研究。
- 質性研究。
- 立場研究。
- 實驗研究。
- 評量研究。

　　有一種非客觀的、不平衡的、非中立或非價值中立的研究方法，即眾所周知的「立場研究」（standpoint research）。在此種研究方法中，研究者採取某一觀點，這可能是母群體中特定一群人如婦女、少數族裔或殘障兒童的觀點。這種形式的研究並非必然是無效的或不可信的。立場研究者所做的事是，透過資料蒐集與呈現用以支持其所欲提倡的論點。他們研究的內涵是一個看法或觀點。觀點是有關世界假定的一種框架，並且以此選擇資料的蒐集來強化觀點本身的有效性，例如：在馬克思學派的分析，你將預期研究者會著重於蒐集有關在社會中階級之影響的資料。相對地，在一個女性主義者的分析，你將預期研究者聚焦於蒐集有關在社會中性別與父權之影響的資料。

　　對一位研究者來說，向讀者說明研究的理由，那是很正常的事，例如：

1. Oakley（1981）在她對育有第一個小孩之婦女的研究中，於說明研究理由時，即非常明確地表明其女性主義者的立場：

　　我是一位女性主義者，也是一位社會學家及育有小孩的婦女。在我還沒有小孩之前我並非女性主義者，而且為了迴避生兒育女的問題，我成為一位社會學家。（Oakley, 1981: 5）

2. Fullagar（2002）亦對有關旅遊的研究計畫，發展了個人的研究方法。Fullagar 認為，慾望是一種身體的體驗，我們是受到情緒的激勵來滿足我們的慾望。接著她主張當我們在我們接受的文化規範中旅遊時，慾望即能自然而然地與我們已有的經驗相調和。她宣稱大部分在該領域的研究均漠視了此一見解，反過來將旅遊的慾望認為是一種個人動機或是一種消費動機：

　　作為本研究方法的一部分，我援用我自己旅遊日誌的摘錄來檢驗不同的慾望軌跡如何在充滿男性中心思想的（phallocentric）文化中建構女性主體性（feminine subjectivity）的運動。（Fullagar, 2002: 57）
　　身為白人中產階級澳洲個人旅行者處於模糊性別角色中的一位女性主體，這種慾望的分析激勵著我，去了解世界的差異。（Fullagar, 2002: 59）

3. Goodley（n.d.）對於他有關殘障與教學（學習）的論點，提出了非常明確的理由。其論文開宗明義地寫著以下見解：

　　在主要教學法的論述中均排除了殘障的學習者……相反地，他們的參與往往被設想為與「融合教育」（inclusive education）有關……。學校遵循或抗拒必須融入殘障學習者的法律要求……。殘障學生依然被邊緣化，經由他們的解釋，殘障學生為需要強化能力的另一群學生。（Goodley, n.d.: 1）

本論文針對執行與推展可被稱之為社會公平教學以支持殘疾人士的迫切需要性問題。（Goodley, n.d.: 4）

4. Olivier（2006）在其研究中試圖為從事極限運動者的活動所面臨的一系列批判作辯護：

「極限」（extreme）活動現在為「一般」（ordinary）人於週末與假期所追求的熱門活動……。對此參與的根本批評是，隨著從事冒險休閒娛樂人數的增加，所以重傷害與死亡人數也增加。其他的批評包括急難救助隊所付出的代價，例如財務費用與人員傷害，以及對至親好友的負面情緒影響。本論文將試圖為參與冒險休閒活動作辯護，就此考量責任、後果、自主性與家長作風等議題。（Olivier, 2006: 96）

客觀性

從以上所引述的研究，可能顯然地許多資料蒐集不僅單純是為了尋找「真相」（truth）。這引發了一個重要問題，即我們的研究是否應該是客觀的與價值中立的。如果我們的研究是客觀的，那麼我們應該有立場說我們的研究結果並沒有受到我們自己個人的、政治的或道德的信念所影響，以及其他探究相同問題的研究者，在相同受訪者、採用相同資料蒐集方法的情況下，亦將獲致相同的結論。總言之，我們在進行資料的蒐集與分析時，應該要免於偏見及免於我們個人政治與道德價值觀的影響。

思考點

什麼是真相？

Michel Foucault 曾著有許多有關瘋狂、性、懲罰與醫療之有趣的與高要求的個案史。他的論點是，隨著現代世界的發展，其特徵為機構與國家對我們知識的控制程度日增，已臻至真相被認為應是在一個主導的制度化情境中被製造的一些東西。Foucault 認為，國家產生了有關組織人民日常活動的基本理論（epistemes），並形成了常規（normality）的基礎。

在你繼續閱讀前，思索這個深奧的哲學問題：什麼是真相，以及當你找到它時你是如何知道的？

正如上述所提及，社會研究者是人且是有感受的，要他們罔顧研究的道德層面是有困難的。因此，我們必須假定完全的客觀性將總是超越我們能力所及的。在許多方面，採用一個特定觀點可能是一個較為誠實的立場，例如：Anne Oakley 所持的女性主義立場，如此讀者可以考量與理解研究者已從一清楚明顯的政治觀點來選擇與分析他們的資料。

如果對研究方法有明確勾勒且研究設計可以重複或複製，那麼採用某一社會或政治觀點的研究仍是可信的。此種研究就給予調查領域全貌而言可能是沒有效度的，但是其仍可有高度的信度。相對地，有些形式的研究旨在與受訪者間有非常高度的互動，並且試圖藉熟練溝通技巧如深度訪談方法來理解他們某些方面的生活。深度訪談法係採用對話的方式，依據先前的回答與（或）觀察，運用提示、探索與補充問題技巧與受訪者交談。其目的是要從一小群的受訪者中產生高品質的資料。這類研究的結果經常產生有關受訪者想法與感受非常有效或完整圖像的許多高品質資料，但是資料蒐集與分析的方法有賴於研究者的個人技能，致使研究設計難以被其他研究者加以複製或重複。此種研究計畫或許在方法上不可信，但是卻具有非常高的效度。

　　如果我們設想我們係基於個人的信念或價值觀（包括如我們對某領域有興趣或喜歡探究的價值觀，或因為我們出於政治動機而導致某種定論如女性主義或馬克思主義）來選擇我們的研究問題，這意謂整個研究是有偏頗的嗎？Weber（1922）的見解是，雖然我們基於我們的價值觀來選擇研究計畫，一旦選定研究問題，我們就應該以*存在*但沒有*確鑿*的方式來處理它。我們應該承認我們的價值觀與信念在選擇研究主題時具有重要的影響作用，但一經選定，我們就應該以均衡的、中立的與客觀的態度來進行資料的蒐集與分析。

思考點

　　在繼續閱讀前，你可能想考量如下問題：價值中立或客觀的研究是否是可能或可取的？

　　是否有可能就本章中曾提及的任何研究計畫以價值中立方式進行探究？如果你確定以價值中立方式探討議題，有沒有任何檢測方式可用來確保你的研究不會受到無意識的偏見、觀點或看法的影響？

　　Bhavnani（1993）認為，女性主義的客觀性應該來自於「立場」（positioning），而「偏頗」（partiality）來自於「情境知識」（situated knowledge），因為大多數的學術研究都邊緣化有色女性。許多白人研究者認為種族主義是人性的一部分，是以種族主義是正常日常生活的一面。相反地，Bhavnani 的研究則駁斥此種觀點，其理由乃基於此種生物必然性（biological inevitability）的假定將助長種族與社會不平等的再生，並給予種族主義一個合理的藉口。

　　這些論點挑戰居主導地位的現實和真理的觀念，質疑研究過程的價值負載（value-laden）與政治化的性質，包括我們用以組織與分析資料的類別。就立場研究者（standpoint researchers）言，價值觀與偏見在知識產生中占有主要的地位。

思考點

　　思考如下 James Dingley 與 Marcello Mollica 之論文的研究理由，並回答下列問題及説明你的理由。

　　　　在絕食抗議者與炸彈自殺客及普通士兵之間的道德權威層次上似乎存在著根本的差異，此乃證明恐怖份子宣稱他們應被視為在戰爭中作戰的普通士兵，是虛假的。（Dingley & Mollica, 2007: 460）

▶▶ 問題

1. 用你自己的話，你認為這項陳述的意義是什麼？
2. 你覺得有可能以價值中立的方式來研究絕食抗議者或炸彈自殺客的動機嗎？

行動研究

　　「行動研究」與被稱為「實務工作者研究」（practitioner research）的相關方法，都是從實務工作者的觀點援用行動（action）與反思（reflection）的研究方法。行動研究在教育研究領域中最得以被充分發展，但是身為研究者的你沒有理由不在你的工作或專長領域使用這種形式的研究。所有的實務工作者均熟諳他們的領域或工作，例如：教師「知道」諸如教科書、教案、測驗、個別學習者、教學方法、與同事共事等許多事情。教師對每日活動具有知識，因此他們可以成為具有反思能力的實務工作者。

　　你覺得自己會對哪些與工作相關和其他專業議題的類型加以省思？此種反思的形式通常非僅簡單地「思考」。反思可嚴密地構思，並配合實務工作者對

現實的了解作為研究的準則。此種研究案例，可以說是行動中知（knowing in ac-tion）可轉變成行動中省思（reflection in action）的過程。這要大費周章才能說明可能有一種參與者的驅動（participant-driven）與省思的研究方式。在教育研究領域，此種研究在本質上通常是協同合作的。幾位志趣相投的研究者一起進行一項研究計畫；此種研究形式的目的是意圖改變人們的工作方式，換句話說，是帶來對實務的改善。Kurt Lewin 於 1940 年代開啟此種研究的先河，他概括地認為，所有的實務工作者都應該培養一種研究意識。他的方法包含下列階段：個人理念、發掘事實、行動計畫、實踐、監控、修正，以及修訂計畫等。

就教育行動研究言，實務工作者必須直接省思他們自己的教學情境與經驗。此種研究開始及奠基於教師的知識，而且明確地聚焦於教學議題。行動研究係建構在正常的評量過程上，彌合實務者與研究者間的差距，此種研究能銳化實務工作者的批判意識（critical awareness）。

文獻探討

一旦你有了研究計畫的想法，重要的是你必須對該領域現有的研究進行全面檢視，此即通稱的文獻探討（literature review）。

在第 3 章，我們將仔細討論如何進行有效的文獻探討。此部分的研究程序之所以重要乃基於一些理由：

- 它能幫助你確定是否當前的研究有所不足。
- 它能顯現既有研究如何支持你的研究問題。
- 它能幫助你確認各種衝突或不明確的研究結果。
- 最重要的是，誠如 Gunter 所指出的，雖然文獻探討「不能夠保證天才，但它至少應該能夠防止愚蠢」（Gunter, 2005: 166）。

文獻探討是一種有系統的、明確的及可重複的（reproducible）方

法，用以確認、評估及詮釋研究者們已發表的現有整體著作。（Fink, 1998: 37）

確定變項與指標

在許多研究計畫中，你將需要確定兩個變項之間的關係。在以下框框中有兩個經確認的變項：工作與壓力。工作與壓力兩語詞的定義是非常廣泛的，如果我們要測量工作對壓力層級的影響，我們就需要確認什麼事物與工作有明確且直接的關係，以及什麼事物與壓力有明確且直接的關係。此外，我們所選擇的事物也必須是僅與工作相關的活動，需要容易被識別，以及是一種能加以測量的形式。同樣地，我們所選擇有關壓力的事物也必須僅與壓力有關，也必須能被識別，以及是一種可以測量的形式。

變項與指標

變項是我們研究計畫中所要調查的概念或觀念，指標則為可以用來測量一個變項的影響的有形事物。

變項最好被理解為你的「分析單位」（unit of analysis）：它是你的研究計畫想要測量的「事物」（thing）。依變項（dependent variable）是隨著獨立變項（independent variable）的改變而受影響的變項。

假設（hypothesis）是以一種可測試形式加以呈現的一種命題。通常假設陳述預測兩種或兩種以上變項之間的關係。

如果我們提出性別與顧客滿意度之間存有關係的假設，那麼滿意將是依變項，因為滿意無法影響性別（獨立變項）。

例如：我們可試圖測驗如下的假設：工作負擔愈重，壓力程度愈高。該假設聯繫了兩個概念：即「工作量」與「壓力程度」。

每一概念必須是「可操作化的」（operationalised）。這意謂著我們

必須找到顯然與主要概念有關且是可測量形式的某些具體有形事物，我們將之稱為指標（indicator）。在工作與壓力的研究計畫中，我們需要分別為「工作量」與「壓力程度」確認它們各自的指標。始終要牢記在心的是，一個指標應該是易被觀察、測量及能表徵我們感興趣變項的事物。

我們可用一天內完成與工作有關任務的數量作為測量「工作量」的指標。類似地，我們可以用因為壓力關係生病請假的天數作為壓力程度的指標。

在此種情況下，「一天內完成與工作有關任務的數量」將是獨立變項，而「因為壓力關係生病請假的天數」則為依變項。

是以：

● 獨立變項被假設為會影響結果。

● 依變項被設定為獨立變項的結果。

思考點

利用以上框框中所提供的訊息，回答下列問題。

▶▶ 問題

1. 此種假設能讓身為研究者的我們辨識兩個變項間之因果關係嗎？

2. 對於「工作量」與「壓力程度」，你能否分別想出任何其他我們可以使用的指標？

可以不做問卷調查嗎？

除非你是學生被指定進行要使用特殊資料蒐集方法的研究，否則你能如你

所願完全自由地選擇蒐集資料的方法並使其有意義。

在你選擇資料蒐集方法之前，你會發現自問如下問題並誠實回應是有所幫助的：身為研究者，你有什麼技能？在這個階段，你可能不知道你有什麼研究能力。你可能沒有能力去回答諸如此類的問題：你較喜歡用什麼方法去蒐集資料與分析資料？然而，當你閱讀完每一章後，作為一位研究者，你將對你的技能、能力與偏好會有更加清楚的想法，從而對你所欲進行的研究有了想法。某些類型的研究問題本身即適合特定形式的資料蒐集與資料分析。然而，如果你享受尋找與辨認數字關係，那麼能產生數據的資料蒐集方法將適合你。相反地，如果你的興趣是試圖理解人們的動機、意圖、意義與感受，那麼這說明你較喜好詮釋性或人種誌的資料蒐集與分析方法。

這並不表示在選擇方法時不存在著體制的限制（institutional constraints）。重要的是在開始進行資料蒐集前先行了解你研究或工作機構的資料蒐集政策與協定為何。你或許有技巧與能力讓你能以隱密的方法蒐集資料，沒有知會且獲得被調查人們的同意。然而，在道德上你可能會覺得這是不正當的方法。或者對於隱密地調查你的研究主題，你可能沒有道德上的顧慮，但你仍可能必須取得大學倫理委員會的批准同意，該委員會可能不允許教職員或學生進行隱蔽的研究。第 2 章將探討研究過程中的倫理問題。

許多初次面對研究計畫的學生自然而然地認為問卷調查是他們唯一可用的方法。事實並非如此。此外，當學生發覺也可以利用詮釋性或人種誌研究方法時，那些不喜歡數學的學生通常會排斥產生數據資料的研究方法。本書將幫助你就你所要探討的問題，辨識與選擇適當的資料蒐集與分析方法。

設計與執行研究計畫的「常規」階段

任何研究計畫的規劃與執行有一些重要的步驟，包括：

1. 界定你想要探討的問題。

2. 搜索你所選擇研究領域的文獻，這將有助於精煉修正你的研究問題、了解有經驗的研究者如何處理待答問題，以及協助你界定你的研究目標（你要達到什麼）。

3. 確定研究設計：你想要進行的是量的、質的或混合方法的研究？你將需要寫出你選擇資料蒐集方法的理由，因此你要審慎思考什麼方法是最適當及為什麼。身為研究者，你應也能針對問卷或訪談中的每一問題說明理由，以及解釋每一個問題是如何與你的研究問題及該領域文獻有關。這將有助你刪除非相關研究問題，例如：不要隨意提出有關性別或年齡的問題，除非性別或年齡是你想要探討的重要變項。

4. 確認你所要調查的母群體（population）並選擇回應者或參與者的樣本。當考慮受訪者時避免刻板標籤或知覺，並牢記在心，一個母群體是由多樣化的許多個人所組成，通常在彼此間有相當差異的見解與理念：他們不僅是一群人而已。考慮採用可潛在地包括所感興趣母群體之所有個人的抽樣策略。

5. 留意你的研究設計確實考量樣本中的回應者或參與者的倫理問題。特別要確定你已經得到回應者的知會同意（informed consent），以及確定當他們同意參與你的研究計畫時，他們確實了解其所同意的內涵為何。

6. 選擇你的資料分析方法：你將如何使你蒐集到的資料具有意義？資料分析可以採取許多形式：包括根據訪談轉譯稿尋找主題或類型；來自內容分析的數值摘要；以及利用推論統計（inferential statistics）所測變項指標而獲得的數值摘要。

7. 導出適當的推論。推論是達到結論的過程：這是介於資料蒐集與提出研究結果（或發現）意義之解釋二者之間的階段。推論是研究者致力於研究問題之結論提出說理或辯護必經的過程；當研究者根據其所蒐集到的證據而做出判斷時，即產生了推論。在這個階段，研究者需要說明為何其所提出的結論，較文獻中所提出的其他結論更佳。

8. 最後，撰寫與報導研究。

在往後各章裡，這些階段都將加以探討。從文獻中而來的例子將提供好的實作楷模，以便你能運用於自己的研究中。

思考點

人類真的很有趣，即使是他們最平凡的活動亦可能引人入勝。想像在某個下午，你沿著一條忙碌的市區街道走著，同時亦有數百人沿著同條街但不同方向走著。行人總是避免彼此溝通與碰觸，甚至避免目光接觸，他們試圖不互相碰撞。走在街上的行人絕大多數彼此不曾相識，然而他們在繁忙街道行走時，似乎有一套共同遵行的規則。人們如何獲得這套行走的技能？如果有一套規則，為什麼人們要遵守，而對於那些違反規則的可能懲處是什麼？

思考一下你如何進行一項研究來試著回答這些問題。你將如何蒐集資料？你覺得用什麼資料蒐集方法是最適當的與為什麼？

結論

本章首先考量的問題是：什麼是研究？接下來討論研究計畫的想法來自何處，以及針對如何思考可能的研究計畫提供一些建議。讓你省思其意義的批判性閱讀、個人事件或觀察，都能被用來作為研究的起始點。我們可以援用許多多樣的資料蒐集與分析方法，以縮短從「我知」到「它是已知」的心智旅程。任何研究計畫的一個好開端是研究者撰寫研究的理由。研究理由的撰寫將讓你清晰所要進行研究的類型。許多研究的生手認為研究應該是客觀的、平衡的及政治中立的；他們亦認為研究應該是「價值中立」的，即研究者不應讓他們自己個人的、政治的或道德的信念在資料蒐集或分析過程扮演影響的角色。立場研究也有某種程度的效度與信度，例如：在馬克思學派分析中，研究者將聚焦

於蒐集有關階級在社會中之影響資料,其研究目的是蒐集支持某特定觀點的資料。

在最後的分析中,所有資料蒐集與資料分析的方法都涉及到事先了解以下一些簡單問題的解答:

- 你想要什麼資料?
- 你將如何蒐集這些資料?
- 你將如何分析這些資料?

Erica 被要求撰寫一個研究計畫,但她不知如何著手!

開始著手

Erica 被賦予調查「動物園履行提供遊客生物多樣性與永續發展教育與訊息的法定義務」的程度的研究計畫。她的研究問題是:

動物園履行其提供遊客有關生物多樣性與永續發展教育與訊息的法定義務到什麼程度?

她以文獻探討開始著手研究。她發現動物園有一悠久的歷史。自從 18 世紀初期以來,人們為了娛樂的目的而參觀有趣與稀有動物的收藏。再者,自 19 世紀以來有許多科學團體基於學術理由,也對這些動物收藏感到興趣。

Erica 發覺在整個 20 世紀,動物園開始更加關注對遊客解說人類的行為如何威脅到生物的多樣性。根據環境、糧食與鄉村事務部(Department for Environment, Food and Rural Affairs, 2004),動物園有道德與法律上的責任向遊客提供有關生物多樣性與永續發展的教育與資訊。動物園被期待應像科學機構一樣協助訪客了解他們的生活如何能影響環境並最終影響野生動物棲息地。然而,Erica 在其研究計畫中將面臨的問題之一為,動

物園的遊客來自多元歧異的社會與經濟背景，以及有多種參觀動物園的理由。許多學童參觀動物園是以有規劃的學校旅遊方式，動物園負責教學的人員給予説明，並在參觀後為教師和學生提供學習材料。另一方面，大多數的遊客認為到動物園參觀是一種休閒體驗之旅，他們期望在動物園度過有趣的一天。因此，動物園必須能辨識非正式的學習機會好讓學習產生，並有效地利用互動科技以最具娛樂性的可能方式教育遊客。

Erica 關注到許多動物園訪客對於動物生物學的了解非常有限。一些研究人員業已發現唯有長有毛髮的生物（creature）方才被認為是「動物」（animal），人類、鳥類和無脊椎動物常常不被視為動物。此外，動物的棲息地與家經常被混淆。此種錯誤觀念可能會阻礙動物園對人們有關生物多樣性的教導。有關生物多樣性與永續發展的專門術語通常是不容易了解的。

Erica 應該如何進行此項研究計畫？她應該使用何種資料蒐集方法？她應該採用什麼資料分析方法？

在每一章的結尾，我們將檢視 Erica 為順利完成其研究計畫所可能採取的研究方法。

 參考文獻

Best, S. (2007) 'The social construction of pain: an evaluation', *Disability & Society*, 22(2): 161–71.

Bhavnani, K.K. (1993) *Shifting Passions, Changing Genres*, London: Sage.

Department for Environment, Food and Rural Affairs (2004) *The Secretary of State's Standards of Modern Zoo Practice*, London: DEFRA. www.defra.gov.uk/wildlife-pets/zoos/standards-zoo-practice/

Dingley, J. and Mollica, M. (2007) 'The Human Body as a Terrorist Weapon: Hunger Strikes and Suicide Bombers', *Studies in Conflict & Terrorism*, 30(6): 459–92.

Fink, A. (1998) *Conducting Research Literature Reviews: From Paper to the Internet*, Thousand Oaks: Sage.

Fullagar, S. (2002) 'Narratives of travel: desire and the movement of feminine subjectivity', *Leisure Studies*, 21(1): 57–74.

Goodley, D. (n.d.) 'Towards socially just pedagogies: Deleuzoguattarian critical disability studies', www.shef.ac.uk/applieddisabilitystudies/

Graydon, C. (2006) 'Can consent be uninformed? Suggested reform of sexual offences against persons with intellectual disability', paper presented to the Social Change in the 21st Century Conference Centre for Social Change Research, Queensland University of Technology, 27 October 2006, pp. 1–10.

Gunter, H. (2005) 'Conceptualizing Research in Educational Leadership', *Educational Management Administration and Leadership*, 33(2): 165–80.

Lewin, K. (1946) 'Action research and minority problems', *Journal of Social Issues*, 2(4): 34–46.

Oakley, A. (1981) *From Here to Maternity*, London: Penguin.

Olivier, S. (2006) 'Moral Dilemmas of Participation in Dangerous Leisure Activities', *Leisure Studies*, 25(1): 95–109.

Reichenbach, H. (1938) *Experience and prediction; an analysis of the foundations and the structure of knowledge*, Chicago, Ill.: The University of Chicago Press.

Weber, M. (1922) *Economy and Society*, G. Roth and C. Wittich (eds), New York: Bedminster Press, 1968.

社會研究的倫理

閱讀本章後你將能理解到：

- 倫理的概念。
- 你的研究計畫需要倫理上的許可。
- 知會同意的意義及獲得研究參與者同意的困難。
- 什麼是所理解的研究上的不當行為。
- 研究人員的倫理規範。
- 保密與隱私權的理由。
- 道德目的論如何與道德義務論形成對比。

前言

　　良好的研究是有效的、可信的，以及對讀者忠實交代所調查的事件或問題。「倫理」規範是一套有關人們應該如何自我遵行以及明確引導他人正當行動或行為方式的道德原則，所有研究實例都必須意識到倫理的問題。有人可能認為如果我們的研究是有效的且是可信的，那麼就是道德的，不管對研究對象的影響如何。有些研究者，如Lynoe（1999）主張，一個設計不良的研究計畫明顯地就是違反倫理，閱讀本章後，你可能會對此評論有所省思。在人種誌與其他形

式的質性研究，倫理問題往往發生在資料蒐集階段，人類學家經常努力迎合專業團體，諸如：英國教育研究協會（British Educational Research Association, BERA）、英國社會學學會（British Sociological Association, BSA）、社會研究協會（Social Research Association, SRA）、衛生部（Department of Health），以及在美國的聯邦法規規範（Code of Federal Regulations）之倫理要求所發展的良好研究實務。如 Wiles、Crow、Charles 與 Heath（2003）表明，許多研究人員習慣性地將倫理許可的過程多看作是一種有待克服的官僚障礙，而不是研究過程中之正向或有幫助的一部分。

在社會研究中，關於一個問題是否與道德相關經常有歧異的看法，也就是這個原因，才有倫理規範的制定來引導研究者採取正確與正當的作為。身為社會研究者，你需要在你的研究報告中包含倫理聲明。在該聲明中，你需要解釋是否你曾嘗試獲得研究對象的知會同意，以及為了取得該同意你採取了什麼步驟。

Lindsay（2000）主張，研究倫理規範較之研究其他部分更加強調研究過程的某些特徵，重點通常是與研究對象的接觸、選擇、同意、匿名及保密有關。

其他有關研究倫理的主要概念尚包括：

● 誠實（veracity）：身為研究者，我們應該是道德的模範，致力於誠實與坦率。作為研究者，我們不應該欺瞞被研究者有關我們的研究。此外，我們應該敏感地處理在研究過程中從研究對象獲致而來的訊息。

● 無瀆職（non-malfeasance）：換言之，不傷害、公平的，以及在心中時時關心被研究者的福祉。

總言之，所有研究實踐皆須意識倫理問題。在人種誌與其他形式的質性研究中，倫理問題經常發生於資料蒐集階段，而且人類學家亦經常努力符應專業機構為良好研究實務所制定的倫理要求。身為研究者的我們不應該欺瞞我們的研究，而且應該敏銳地處理在研究過程中被研究者提供給我們的訊息。

為何研究倫理是重要的？

在我們更換話題前，重要的是要簡要地列出為何研究倫理對研究者的你是重要的，以及為什麼行為合乎倫理是重要的。你有一種要避免利用研究參與者責任的專業。你必須始終記住，研究的過程可能會對於參與者、研究者本身、大學，以及該領域的其他研究者等造成傷害。此外，誠如 Wiles 等人所指出：

> 很明顯地，如果在研究中發生有害的事件，知會同意原則亦在保障研究機構之法律架構下運作發揮作用。在這方面，知會同意與賠償程序相結合在法律框架下發揮效力。（Wiles et al., 2003: 8）

換言之，如果有人覺得被欺瞞、受到傷害，或覺得其隱私由於你的研究的直接影響而受到侵害時，你可能即將面臨法律的控訴。

在本章我們將檢視：

- 什麼是研究人員所了解的知會同意，以及為何在研究計畫中取得研究參與者的知會同意是一種普遍的要求。
- 為什麼倫理上的許可成為研究過程中的一個重要階段。
- 為什麼在研究過程中考量保密議題是重要的。

本章亦將考量道德目的論（teleological theory of ethics）、道德義務論（deontological theory of ethics），以及道德情境理論（situational theory of ethics）之間的差異。

知會同意

　　取得研究參與者的知會同意是所有研究倫理規範中的一種共同要求。在英國，經過對 Alder Hey 醫院與利物浦大學（Liverpool University）研究案例的調查後，知會同意議題已蔚然成為一個主要的政治問題，在該研究中，父母在未被充分告知他們同意了什麼的情況下，已逝小孩的器官被摘取作研究之用。

　　在美國，獲有聯邦政府資助之機構所進行的所有社會研究均必須取得研究參與者的知會同意，這是法律上必要的。Brody、Cluck 與 Aragon（1997）的研究提供了忽視參與者的知會同意且因此造成他們傷害的一些令人困擾的案例：

> 　　一些顯著的例子包括開始於 1930 年代之公共衛生服務（Public Health Services）的 Tuskegee 梅毒研究，在該研究中，參與研究的 400 位貧窮的黑人男性有計畫地被中止救命醫療；在猶太慢性疾病醫院（The Jewish Chronic Disease Hospital）的研究裡，病人在未獲告知的情況下被注射活的癌細胞；以及 Willowbrook 的肝炎研究裡，肝炎病毒被注射到弱智兒童體內，而其父母卻被誤導認為這是接種疫苗以對抗疾病。最近的例子是，美國總統克林頓（Bill Clinton）任命一個諮詢委員會調查於 1944 到 1974 年所進行的人體輻射實驗，確定當時經常違反知會同意程序（Advisory Committee on Human Radiation Experiments, 1996 ）。（Brody et al., 1997: 286）

　　Tuskegee 實驗的研究設計頗佳，具有明確的假設，試圖測試是否梅毒的蔓延會因為不同種族而有差異。研究設計包括公共衛生的員工說服非裔美籍之梅毒患者不要服用盤尼西林（penicillin），即使它是公認針對病情的標準治療。同樣地，Willowbrook 的肝炎研究亦設計良好，該研究的目的是了解肝炎如何在體內快速蔓延並測試某種新藥方的效用。Willowbrook 研究的資料是蒐集自有某種

程度身心障礙的小孩。

Brody 等人（1997）亦批評 Berkun、Bialek、Kern 與 Yagi（1962）所進行有關人們在高度緊張情況下之反應的一系列實驗。入伍新兵被告知他們的生命處在墜機、輻射感染、森林火災及導彈攻擊的危險中。研究者成功地讓受測者誤信他們的生命處在危險之中，但當時並非如此。

Aronson、Wilson、Akert 與 Fehr（2007）表示，在研究實務中的欺瞞是：「藉由誤導參與者研究真正目的或事件實際真相的作法。」（p. 54）由 Milgram（於 1964 年）、Ash（於 1951 年）及 Zimbardo（於 1981 年）所分別進行的著名心理實驗，均曾利用欺瞞手段使受測者誤信他們所處的情境。Milgram 設法說服一組自願者讓他們誤以為他們對一位陌生人輸送了致命的電流；Ash（1951）設法使一組自願者相信他們不能夠信任自己的知覺；而 Zimbardo 利用催眠術的暗示，逐漸在不知不覺中（從自願者的感覺）消除一組自願者的聽覺，看這是否會造成他們的妄想症。所有這些形式的欺瞞均可能對參與者造成有害的副作用。

對 Brody 等人（1997）言，知會同意係基於個人自主的道德原則，這意謂：包括個人「自決權」（right of self-determination）與「隱私權」（right of privacy）的「尊重個人的完整性」（respect for the integrity of the individual）。

在研究情境中，個別受測者不應該只是同意接受研究而已，也必須了解其所同意的是什麼。所有可能的參與者應該有權利拒絕參與研究，而身為研究者的我們就應該尊重他們的決定。

思考點

在此階段，你可能想要反思有些人不想要參與某一研究計畫的理由。

Faden 與 Beauchamp（1986）主張，知會同意唯有在滿足如下四個條件時方為有效：

1. 身為研究者的我們必須充分告知任何可能影響受測者決定參與研究計畫的訊息。
2. 受測者應該充分了解我們提供的有關研究計畫之訊息。
3. 參與的決定是出於自願的。
4. 受測者能夠了解他們行動的後果。

大多數的研究計畫均想當然地認為，如果一位受測者簽署了同意書，即表示他們授予了知會同意。然而，Gtunder（1978）主張，在許多情況下，同意書所撰寫的語言文字對有意參與者是太難充分理解的。

處理知會同意

研究方法的教科書往往側重知會同意的抽象原則，這些原則見諸於如英國教育研究協會、社會研究協會以及英國社會學學會等組織所提出的指導方針。此將於本章稍後討論。

對何時知會同意已達成了的理解有很大的差異。就某些研究者來說，當同意書簽署後，即表示知會同意完成。就另外其他的研究者言，「適當的」知會同意則是要經歷較漫長的過程，唯有當研究者能保證或確保在研究過程，包括研究結果如何由他人使用，不會剝削利用研究參與者時，才能由研究參與者提出知會同意。你可能要考慮的問題是：是否研究參與者應該有機會審閱他們的轉錄稿？研究參與者應該有權利修改或甚至剔除部分或所有的轉錄稿嗎？

如果研究者能以隱瞞身分、變更名字、地點、詳細履歷等方式提供被研究者保密措施，此即被認為是良好的研究倫理實務。然而，為了努力給予更多的隱匿性而修改資料是合乎道德的嗎？總結問題是研究者為了努力使研究實施合乎倫理，卻實質上捏造了對所觀察事件的陳述。一方面，我們要使接受研究者的身分保持隱密；另一方面，如果我們必須竄改許多履歷的細節，使讀者不能充分了解被研究者的實際情況，那麼這樣可能會有損研究結果的有效性。作為一位研究者，重要的是要力求公允並與被研究者協商究竟他們願意其個人資訊披露在你的研究報告中的程度如何。

思考點

　　誰擁有轉錄稿的所有權，例如在研究案中逐一回應一組訪談問題的逐字稿？這些研究發現歸屬於研究者嗎？身為研究者，我們可以就我們所選用的轉錄稿加以編輯嗎？

委員會與指導原則

　　在過去十年間，有關研究的倫理審查在英國與北美的大學業已制度化了。獲得倫理委員會的審查通過已成為研究過程中的一個重要階段。倫理委員會的目的是防止研究過程中的不當作為。所有大學對教職員、研究生與大學生都有一套倫理審查程序。你可以取得有關倫理審查程序的細節說明，以及一如往昔，就任何研究計畫如果你對細節不是很清楚，就請教你的指導老師。

　　對研究計畫著手倫理審查的主要目的，是協助研究者避免不當研究行為（research misconduct）的議題。底下是有關不當研究行為的定義，接下來列舉 Clarke（1996）的研究案例。請閱讀如下兩段文字並回答隨後的問題。

思考點

不當研究行為

　　依據美國科技政策辦公室（Office of Science and Technology Policy, OSTP）指出：

　　　　不當研究行為係界定為於研究構思、執行或報告審查時，或於研究成果報告時的捏造、竄改或剽竊行為。捏造是指虛構研究結果並加以記錄或發表。竄改是指操弄研究資料、設備或過程，

或者改變或刪除資料或研究結果，以至於研究不能精確地呈現在研究紀錄中。剽竊係指盜用他人的觀念、流程、結果或詞語卻未給予適當的表揚，包括那些從保密審查其他研究者的研究計畫與文稿中而獲得者。不當研究行為不包括誠實的過失（honest error）或誠實的意見紛歧（honest differences of opinion）。〔"Research Misconduct－A New Definition and New Procedures for Federal Research Agencies" (14 October 1999) http://www.whitehouse.gov/WH/EOP/OSTP/html/9910 20.html〕

Clarke（1996）在一個法醫單位使用了欺瞞手段，宣稱為了取得「未受汙染的」（uncontaminated）資料，這種方法是必要的。當在擔任護理佐時，她使用超過六星期以上的參與觀察（participant observation）；Clarke 並沒有表露其作為研究者的角色，她迴避到盥洗室作筆記或對著隱蔽式的小錄音機錄音。Clarke 為這種方法所提出的辯解是，當「處理研究對象行為的敏感面向」時，某種程度的欺瞞是可以被允許的（Clarke, 1996: 38）。

▶▶ 問題

在研究過程中，欺瞞被研究者的作為曾經被辯解為正當嗎？

在 2004 年，英國教育研究協會（BERA）修訂其「研究倫理指導方針」（Ethical Guidelines for Research）。BERA 規範明白規定研究者應該避免捏造資料；被研究者必須給予知會同意，而研究者應該將其研究結果提供給被研究者；研究結果報告必須精確與誠實；以及被研究者有權要求匿名。該規範亦規定：

本協會認為所有的教育研究應該在如下倫理尊重（ethic of respect）的範圍內進行：

人（The Person）

知識（Knowledge）

民主價值（Democratic Values）

教育研究品質（The Quality of Educational Research）

學術自由（Academic Freedom）。（BERA, 2004: 5）

此外：

> 指導方針的根本目標是使教育研究者能夠在任何既定情境內（從學生研究計畫到鉅額資金的計畫），權衡教育研究過程的各個面向，達到倫理上可接受的情況，即在其中他們的作為被認為是合理正當與完好的。（BERA, 2004: 4）

指導方針揭示，研究者必須尊重人，這意謂研究者必須遵守資料保護法規、被研究者需要知道誰將有機會接觸這些資料，以及他們為研究所提供的資料將如何及為何被保存。

而且，指導方針載明，身為研究者的我們應該要尊重知識，BERA 意指：

> 研究者必須對所有的研究方法與相關的方法給予應有的尊重。他們必須對批判性分析和建設性批評的社群精神有所貢獻，以促進實務的改善與知識的提昇。（BERA, 2004: 13）

活動

在網路上查閱 BERA 指導方針，並撰寫一篇簡短的敘述說明什麼是 BERA 所指的尊重：民主價值、教育研究品質，以及學術自由。你能夠在 http://www.bera.ac.uk/search/node/research%20ethics 網址找到 BERA 研究倫理指導方針。

BERA 研究倫理指導方針被許多研究者視為係倫理研究實務的基準，並且是所有社會科學研究者倫理規範的代表。

研究倫理指導方針加諸於研究者有關官僚監督層級方面的憂慮。我們仍然認為社會科學研究對於有關的可能傷害、同意及匿名等負有責任。然而，有些批評者認為，由於少數在科學、技術與醫學造成對人傷害的引人矚目案例，特別是有關醫學，致使所有的社會科學研究都遭受高度的倫理指導與監督，例如：雖然 Haggerty（2004）認同所有的研究都需要有倫理議題的意識，他仍表明如下論點：

> 然而，由於法規管制體系，研究倫理程序現在對執行大學基礎研究的能力造成危害。（Haggerty, 2004: 392）

倫理「蠕變」

就 Haggerty（2004）言，在過去研究倫理是基於研究者的專業能力與責任以及他們學科的操守規範。專業能力與責任業已被官僚管理或監督的體制所取代。Haggerty（2004）認為，記者有較大的自由，以較之於社會科學家更批判的方式去探究社會與政治問題。他發展「蠕變」（creep）的概念來描述對研究過程之監管體系的意想不到轉變與擴張，官僚監督或監管正以各種方式損害研究實踐。知會同意的規定也使得利用欺瞞手段（即研究者未對被研究者充分說明）的研究愈來愈難以進行（即便沒有任何傷害產生）。Haggerty（2004）認為，倫理委員會對研究者的強制與遵循規範的要求，可以阻止研究者冒風險進行重要的研究：

> 對規範的盲信可以將倫理體系轉化成一種循規蹈矩、墨守成規的形式。當研究者未向研究倫理委員會（research ethics board, REB）提交申請書或無法取得同意書簽署時，儘管幾乎少有可能有任何人因該研究而受到傷害，但是研究者仍有冒被檢舉為違反倫理作為的風險。雖然遵守規則阻礙了研究，但似乎可以避免任何可能的傷害。研究者

遵循規範不是因為他們認可 REB 組織的道德權威與倫理見解，而是因
為如果他們沒有這樣做，他們的聲譽和事業將可能因此受到傷害。倫
理組織的權威風險變得比道德更具強制性。（Haggerty, 2004: 411）

換言之，就 Haggerty（2004）而言，有關進行研究的倫理本質，規範體制
已發展成一種強制性與執著於順從遵循規則的不健康念頭。體制已相當強調官
僚程序，例如確保人們簽屬相關的同意書，即使被研究者少有可能受到研究的
傷害。沒有這樣做，將可能使個人的聲譽與職業前途受到損害。

思考點

孩童為被研究者

　　根據 BERA 的研究指引，如果一位教育研究者在其研究計畫中想將孩
童作為被研究者，這將產生問題。在法律上，孩童是指未滿 18 歲者。在社
會研究中，對孩童研究的傳統方法是家長式作風（paternalistic），孩子
被認為是弱勢的，無法保護他們自己的利益，而必須依賴成年人。孩子被
認為其行動須受制於他人，即非社會的行動者或能憑自己能力行事的人。
一位孩童的幸福是取決於他們生命中的成年人，特別是負有照護孩童法律
責任的父母與老師，正因為如此，兒童沒有表示同意參與一項研究計畫的
能力。如果我們要研究兒童，我們需要得到小孩父母的同意，而他們卻沒
有責任要徵詢他們的小孩。

　　另一種觀點經由 Alderson（1995, 2000）及 Thomas 與 O'Kane
（1998）提出，他們引用了「聯合國兒童權利宣言」（UN Convention
on the Rights of the Child, CRC）具體地解釋道，所有的孩子都有參與
權：被告知所有的問題以及表達意見的權利，包括參與社會研究的權利。
在英國，兒童受到《兒童法》（Children Act）（1989）的保護。此外，
在《兒童保護法》（Child Protection Act）（1999）下，研究者無法承
諾確保一個孩子的隱私或匿名。

▶▶ 問題

1. 根據上述的兩段內容，寫出要點的總結。
2. 一位社會研究者無論其是研究成人或小孩都應該使用相同的道德標準嗎？

保密

是否應該對每一位研究參與者均給予保密？違反保密是適當的嗎？這些都是當我們討論保密問題時應該考量的問題。

首先，身為研究人員，我們必須遵守有關的資料保護法律。如果我們同意給予保密，之後卻違約，那麼被研究者可以對我們採取法律行動。然而，在很多情況下，對有關當局揭露我們的研究結果是符合公眾利益的，比如說在社區保護小孩或其他人免於受到傷害。此外，如果我們的研究結果含有非法活動的證據，那麼警方或法院可能要求我們披露訊息，如果研究人員拒絕向法院提交這類訊息，他們可能觸犯了藐視法庭的罪。這些都是施加於研究人員的**法律規定**，而非倫理義務，因此更好的作法是你不是給受訪者保密的保證，而只是聲明你會盡一切努力維持保密。同樣也是重要必須注意的是，有些被研究者不希望自己的身分被隱瞞。

研究人員通常以不記錄姓名及其他不透露細節隱私資料的方式來保護被研究者及其活動的隱密性，例如：可以對研究進行所在地之城鎮名稱作假。然而，身為研究者，不是我們單方面能決定什麼訊息對被研究者來說是屬於敏感的或有傷害的。Tolich（2004）曾主張由研究者從研究對象那裡去發覺他們認為什麼訊息可能會構成傷害。資料改變形式如僅呈現彙總的資料，可以有效地藉隱蔽個別研究對象的身分來保持資料的隱密。然而，來自個案研究、生命故事或深度訪談的人種誌資料與來自問卷調查的資料相比較之下，是較不容易掩飾、分

隔或彙總的。

　　研究者業已指出許多保密的理由。許多被研究者如果知道研究訊息將任意地傳送給第三者，特別是如果研究題目具有敏感性而且訊息的傳送可能對他們帶來不利影響時，他們將不會同意透露有關他們自己的詳細訊息。每個人都有接受或不接受他人訪問的權利，這是我們的隱私權，是基於尊重自主權的原則。換言之，人們應該有權利維護自己的秘密，並能決定誰能知道有關他們的什麼訊息（Allen, 1997; Beauchamp & Childress, 2001）。但是，有一些研究倫理規範，例如：英國社會學學會的研究倫理規範與美國聯邦法規規範（45 CFR 46.101, 3[iii]），主張對於那些擁有公職如國會議員或公務人員，提供我們有關其公眾工作訊息的人們，我們不需要給予保密。

如何成為一位有道德的研究者？

　　有關資料蒐集與資料分析的過程，研究者可以採取一些不同的立場。一方面，道德目的論主張如果研究過程的結果是合乎道德的，那麼該研究即是合乎道德的，不論在資料蒐集的過程中研究者的作為如何。身為研究者的我們需要確定我們的研究有正當的目的或終極目標（telos）。在資料蒐集的過程，我們可能欺瞞了被研究者，未對他們充分說明我們研究的目的，或我們希望探討的論點，但是如果在研究的結果，我們產生了一個能夠造福廣大群眾的研究報告，那麼只要目的正當，可以不擇手段。相反地，道德義務論強調研究人員在現場的行為。有關其研究方法的主張、研究人員在研究過程中的行為方式與決定都應該是合乎道德的，不僅是研究結果。

定義

- 目的論（teleology）：終極原因學說（the doctrine of final causes），主張只要目的正當，可以不擇手段。
- 義務論（deontology）：義務科學（the science of duty），強調達成研究結果的作為。

　　合乎倫理不僅是對研究實務規範施以口惠而已，它涉及有關研究者的誠實與明確了解他自己的價值觀與動機。Hursthouse（1991）認為，以其所指稱的「單套的人類美德」（a single set of human virtues）確認客觀基準是有可能的。在研究情境中，倫理美德（virtue ethics）是奠基在身為研究者其所作所為應如一位德行完美者的假設上。倫理美德含涉研究者應如好人般地作為，而非僅是遵循一套有關如何作為的規則：我們應該據實以告，應該信守承諾，應該對研究參與者仁心以待，而不要刻薄對待他們，欺瞞他們或違背對他們的承諾。

　　Hursthouse 的「倫理美德」是建立在任何行為的道德價值是源自於個人高尚品德的假設之上。如果在一既定的情況下，我們的作為如一位有涵養與道德高尚者在同一情境下的行為表現，那麼這種作為即是合乎倫理的。支持義務論方法者主張此種觀念是建立在一個被誤導的假設，即在研究過程中沒有一套規則來指導你的行為，一位研究者仍有可能是一位有道德的人，並強調在研究過程中需要有規則以為道德判斷。然而，這仍然有遵守規則（rule-following）的問題存在，毫無疑問地，遵守規則可能是道德上的問題。參與 Tuskegee 實驗、Willowbrook 肝炎研究以及 Alder Hey 醫院器官移植研究的這些人應該不能夠宣稱因為他們遵守規則，因此他們的作為是合乎道德的。根據 Cullity 的說法：

　　　　因此，可能一定有一些觀念是沒有獨立的明確規則存在；如果是這樣的話，我們就沒有理由認為道德觀念必須受到此種規則的規範。……根據此一論點，我所需要的是道德的感受性、良好的道德判斷：

一種對事物真實道德價值的鑑識能力。（Cullity, 1999: 282）

> **思考點**
>
> 在你繼續閱讀之前，你認為 Cullity 在此指的是什麼意思？

正當的作為

所有倫理規範始於一個簡單前提，即正當的作為是合乎道德的，因此，任何作為如果能符合道德規則或倫理原則即是正當的。此種假設界定了正當作為與道德規範之間的關係，但是它卻沒有提供研究者有關如何辨識道德兩難（moral dilemma）困境的指引（譯者按：研究中如有違反道德的作為，卻仍假借規則執意進行研究，此即陷入社會科學研究的道德兩難困境）。然而，如果我們的行為方式被普遍認為是合理的，或者我們可以假定，我們的選擇將會是所有其他理性的人所做出的選擇，那麼這就是我們根據道德規範所最期盼的。研究倫理規範具有在規則、正當作為與合理性間建立一個概念連結（conceptual link）的趨勢。

在 Alder Hey 醫院與利物浦大學的案例中，我們認為一個小孩的死亡對父母來說是一種非常悲傷的經驗。醫學需要對往生小孩的器官進行研究，藉以提供更好的醫學知識，防止其他小孩在未來死於同樣的醫療情況。因此，在未獲得父母完全知會同意的情況下，摘取死亡小孩的器官是合理的，因為拒絕同意摘取器官是不理智的且可能被認為是冷漠的，因為此種作為將置其他小孩於未來的風險中。

> **思考點**
>
> 考量問題：因為該行動促進了最佳的結果，所以它是正當的嗎？

合乎道德的作為將涉及倫理的詮釋。你可能不會接受此種論調的邏輯，但重要的是必須認識在任何一套倫理指導原則中，仍有相當的機會讓研究者以沒有道德觀念甚至不道德的方式作為。倫理規範也可能是衝突的，例如：身為社會研究者，我應該獲得我所要調查者的知會同意，但是如果研究對象沒有能力給予其知會同意時，我是否應該將研究目標以他們較容易理解的文字形式來表述（雖然這不是完整的計畫說明）？

在下一節我們將仔細檢視曾引起許多重要倫理問題的一項非常有影響力的研究。該研究顯示，研究者並無意圖要取得研究對象的同意，他在研究對象不知情的情況下對他們加以觀察，並進行掩飾的訪談，自稱是一位社會健康調查者。

公廁交易

1970 年，Laud Humphreys 出版了《公廁交易：同性戀者在公共場所邂逅的研究》（*Tearoom Trade: A Study of Homosexual Encounters in Public Places*），該書引起有關社會研究倫理的爭論，值得我們詳細探究 Humphreys 的研究方法。Humphreys 告知其讀者，他對「同性戀世界」（the homosexual world）感興趣是源自於當他在精神病醫院從事臨床培訓時，以及在擔任牧師十年期間與男同性戀者的談話，而促成對有關同性戀心理分析理論的理解。

在研究的初始階段是與被研究者建立信任的關係，以獲得接近同性戀社群的機會。Humphreys 描述了他是如何做到這一點：

> 我必須表示打算成為新會員以進入該次級文化，並掩飾成一位同
> 性戀者以便與研究對象接觸。（Humphreys, 1970: 24）

就此，他的研究目的是「僅為了要獲得一種對偏差社群的感受」（Humphreys, 1970: 25）。他經常去同性戀者聚集的酒吧、派對、澡堂及「私人聚

會」，並「與同性戀社團的參與者有許多次非正式的晤談」（Humphreys, 1970:
25）。

持續對研究對象隱瞞他身為研究者的身分是研究設計的主要核心要素，他
並於附註中說明其理由：

> 我之所以不想說出我是一位社會學家，部分原因是有一位同性戀
> 的朋友曾經給我警告說同性戀社群的人對於社會學家特別懷有警惕之
> 心。據說這是因為一位某大學之研究生在其碩士論文中沒有假造酒吧
> 與研究對象的名字的結果。（Humphreys, 1970: 24）

Humphreys 扮演把風皇后（watchqueen）的角色，觀察陌生同性戀者在公園
公廁進行同性性交的互動過程，包括開始同性戀安全性交所要遵守的規範。把
風皇后站在公廁附近，負責把風，如果有警察靠近立刻通知參與者。鑑於這些
接觸過程中很少有交談，該研究藉用 Goffman 的符號互動論*（symbolic interac-
tionism）的概念來描述所進行的「偏差」（deviant）行為，並加以洞察人們如
何及為何要從事這類活動。Humphreys 以各種手勢，如定位（positioning）、示
意（signalling）、收縮（contracting）、愛撫（foreplay）及回報（payoff）來描
述此種互動。

Humphreys 蒐集了參與同性戀性交男子的 134 個車牌號碼。此外，他在其
「系統觀察表」（systematic observation sheet）中詳盡地記錄了他的觀察，並使
用隱藏式錄音機輔助資料蒐集。他解釋了他如何設法找到這些他所觀察之男同
性戀者的姓名與家裡地址：

> 幸運地，一位友善的警察讓我能夠進入汽車監理所，並沒有要求
> 看這些車牌號碼或仔細盤問我所進行的研究是否屬於「市場研究」的

---

* 一種社會科學的觀點，關心的是如何運用被研究者世界觀的同理與敏覺的研究方法，使持續的
社會互動成為可能。

類型。（Humphreys, 1970: 38）

Humphreys 開始利用這些訊息，拜訪這些男同性戀者的家，以進一步評估影響因素如他們的社會階級地位，這可以從他們所居住房子的類型及其住家位於城市的區域來加以判斷；如果他們是已結婚成家的，那麼在庭院裡可能可以看到小孩的玩具等。Humphreys 亦想發現這些男人更多的家庭情況，並認為觀察本身不足以對這些人給予適當的推論，因此為了要有更全面的了解，他需要與他們進行訪談。

正當此時，Humphreys 於華盛頓大學（Washington University）擔任副研究員，他被要求擬定一份社會健康調查的問卷。Humphreys 將他所要觀察對象的名字加入健康調查的訪談樣本中。健康調查的額外好處是，一些有關性與性行為之親暱問題均可以合理地提問；再者，Humphreys 可以比較他在公廁所觀察到的那群人與其他受調查的人，使研究幾近類似準實驗的性質。Humphreys 自信地表示：

> 在此重要的是，沒有任何一位研究對象的訪談是受到威脅的……雖然我認得每一位曾於公廁觀察過的訪談對象，但是沒有跡象顯示他們記得我。我很小心地改變我的外表、衣著及汽車，使與當時裝扮成叛逆者的樣子完全不同；我也將初始的選取樣本到進行訪談之間的時程相隔至少一年之久。（Humphreys, 1970: 42）

在那時，同性戀除了蒙受汙名化外，那些男人在公廁的作為以及 Humphreys 為他們把風的行為都是觸犯法律的。如果 Humphreys 的資料落入警察局或聯邦調查局之手，將會遭到起訴。雖然 Humphreys 自己認為他沒有被這些人認出來，但他仍不能確定，也正是因為如此，就不可能說這些資料的蒐集過程是完全沒有脅迫的。

在訪談時，Humphreys 發覺接受密談的男人（closeted men）立起了一道高度一致的道德防護，他稱之為*正義的護胸甲*（the breastplate of righteousness）。

他們利用護胸甲作為一種外在的自我保護，維持高尚生活的假象。許多相關的人為現役軍人、42%為天主教徒、54%為已婚、32%政治觀點是屬於保守的。

思考點

Humphreys 的研究所引發的倫理問題

- 在此研究中的人們是否給予知會同意成為被研究者？
- 你並非同性戀者，但是為了接近同性戀社群而偽裝為「同性戀者」，這是合乎道德的嗎？
- 在這個計畫中，Humphreys 是否曾違背任何承諾？
- 在人們不知情且對於「系統觀察表」並沒有表示同意，以及使用隱藏式錄音機記錄訪談訊息，這是合乎道德的嗎？
- 對一位「友善的警察」說謊是有道德的嗎？
- 雖然 Humphreys 說「沒有任何一位受訪者受到訪談者的脅迫」，但是讓受訪者處於一種讓他們可能感受到威脅的處境，這是道德的嗎？
- 對一群願意接受健康調查者，然而研究者的真正意圖卻主要在於探究有關個人的性行為時，這是道德的嗎？
- 將這些同性戀者列入健康調查的樣本中，這是否有損健康調查的效度與信度？
- 研究者為了蒐集資料而改變了其外表，這是否合乎道德？

Humphreys 在其著作的結尾，以一段簡短的論述討論有關他蒐集資料的道德問題，他駁斥任何他涉及不實陳述的指控。個人在公廁互動中的身分已經由其所扮演的角色顯現出來：「我作為觀察者的部分並無任何不實陳述：我的確是一位『偷窺者』（voyeur）……。廁所門上唯一的標誌是『男士』，這讓我有足夠的資格進入裡面。」（Humphreys, 1970: 170-171）

Humphreys 很可能是一位偷窺者，但是目前尚不清楚的是，無論他是否是一位探究性騷擾的性偷窺者，或是一位欲尋找更深入研究的社會學偷窺者，他

是不是全然地對他的讀者誠實以對。有些 Humphreys 所發表的訊息是無法僅藉著觀察即可以蒐集到的，根據 Carrier（1999）的說法：

〔Humphreys〕極可能在公廁中的作為不僅止於扮演把風的角色——在他進行研究的時候，他雖尚未出櫃，但實際上已是一位同性戀者——他可能從他自己在廁所裡的性接觸中蒐集到重要的訊息卻無法透露，因為他不希望讓他的家人與同事知道他是一位同性戀者。（Humphreys, 1999: 218）

在 Humphreys 的書出版之後數年，他離開了他的妻子，並開啟其公開的同性戀生活。

Humphreys 討論的第二個目的是為了研究對象未知的目的而蒐集資料是否合乎道德。他的論點是，如果資料能安全隱密地保存以及研究結果是以整體的方式呈現，那麼就沒有道德上的問題，銀行與稅務及海關總署（Revenue & Customs）即公布了整體國民所得的詳情，並不會涉及任何單一的個人。系統觀察表、訪談筆錄以及汽車牌照的資料最後都由 Humphreys 加以銷毀了。加以，在這些資料銷毀前，它們是置放在資料蒐集地區以外的某個城市的一家銀行的保險櫃中。

Humphreys 的主張是，所有的訪談者都有某種程度的不誠實，研究者的身分也沒有全然地向受訪者披露。他認為重要的問題是，我們權衡「可能的社會效益與人們痛苦的可能代價」，並了解「沒有任何方法可以是完全安全的」（Humphreys, 1970: 170）。

情境倫理學

就 Humphreys 來說，在社會科學研究的倫理是屬於情境倫理學（situation ethics）。情境倫理方法是由 Joseph Fletcher 所提出的。他與 Humphreys 一樣是一位聖公會牧師（Episcopalian minister）。該方法是建立在一種假設之上，即只要你的意圖是有益於被研究者，就可只求目的不擇手段。換言之，Humphreys

的方法是屬於目的論的性質。他在研究情境中的個別行為在道德上或許可受質疑，但是他的動機是以更正面的觀點呈現他所觀察人們的行為。然而，如果一個人掩飾了其外表是為了要詢問人們有關他們的性行為，當受訪者知道研究者已經目睹他們在公共場所從事非法的性行為，以及大眾對這事的認知將導致受訪者成為許多方面的受害者時，那麼這種蒐集資料的方式是合乎道德的還是不道德的呢？

你是哪一類型的研究者？

在研究計畫開始的時候，你需要考量社會研究的倫理，並提出一份倫理聲明，在其中說明對本章所提出之相關問題的立場。Lee（1993）主張，對於資料蒐集的道德問題有三種方法：

1. **絕對主義者的立場**（absolutist position）：這是基於社會研究者應該是道德模範（moral exemplars）且只能以道德的方式進行研究的假設。如果我們無法取得研究對象的知會同意，我們就不應該進行研究。罔顧研究對象的權益將使研究者變成懷疑人間有善的人，並視人們為研究標的而非有情感的個人。

2. **實用主義的立場**（pragmatic position）：這是基於研究者應該取得研究對象知會同意的說法。然而，如果所進行的研究雖然沒有獲得研究對象的知會同意，但是研究結果所獲得的利益超過所付出的代價與對研究對象的可能傷害時，那麼就應該進行研究。該立場認同需要保護研究對象免於受到傷害以及維持他們的匿名。

3. **懷疑立場**（sceptical position）：這是奠基於道德上任何事情都會發生於社會研究的假設。社會上最有權勢的團體可以保護自己免於受調查，以至於社會研究人員取得的是大量有關社會上最貧窮與最弱勢人們的訊息。唯有透過使用隱瞞的方法，我們才可以了解社會上最有權勢的人們在社會中的所作所為。

結論

　　身為社會研究者，你需要在你的研究報告中含括一篇倫理聲明。在此聲明中，你需要解釋是否你曾試圖取得研究對象的知會同意以及你曾採取什麼步驟來達此目的。如果在你的研究中包含有隱瞞的部分，那麼你需要就此提出說明。重要的是要注意，BERA 與上述所提到的其他機構並沒有禁止隱瞞的研究。

　　所有的道德規範均始於一個簡單的前提，即正當的行動是合乎道德的，因此，任何行動如果它是符合道德規範或道德原則即是正當的。研究倫理規範目前趨勢傾向於建立一種規則、正當作為與合理性間的概念連結。倫理許可不應該被看作是一種在研究過程中需要克服的官僚障礙。倫理委員會的目的是為了防止在研究過程中的不當行為，所謂不當即在提出、執行或審查研究，或在報告研究結果時有偽造、竄改或剽竊的情事。總之，取得研究參與者的知會同意是可在所有研究倫理規範中發現的一種共同要求。

　　大多數的研究均假設，如果一位受訪者已簽署了知會同意書，那麼這表示給予了知會同意。然而，對何時達成知會同意的理解則有很大的差異。對有些研究人員來說，當知會同意書簽署完成，即表示知會同意達成了。Tolich（2004）曾主張，研究人員要從研究對象身上去找出什麼訊息他們可能認為是種傷害。資料選取的形式，譬如只呈現整體資料，可以非常有效地透過隱藏個別受研究對象的身分來確保資料的隱密性。

　　如果我們想要將孩童納入成為我們研究的對象，那麼這種方法會有一些問題。在社會研究中，對孩童研究的傳統方法是家長式作風，即一個孩子的福祉是取決於他們生命中的成人，特別是負有照護孩童法律責任的父母與老師。又兒童係受到《兒童法》（1989）以及《兒童保護法》（1999）的保護，研究者無法保證維護一個孩子的隱私或匿名。

　　最後，本章仔細檢視了 Humphreys（1970）的研究，該研究調查了男同性戀者在公共場所的交往。Humphreys 的道德立場是奠基於情境倫理學。這項研

究引發了嚴重的道德問題：Humphreys 的資料不能僅靠觀察來蒐集，但是在研究對象不知研究目的的情況下，蒐集資料是合乎道德的嗎？

Erica 被要求撰寫一個研究計畫，但她不知如何著手！

研究動物園的倫理

所有的研究實務都必須意識到倫理問題。身為社會研究者，Erica 需要在她的研究報告中包含一份倫理聲明。就本章所了解，倫理守則是有關當研究者在蒐集研究計畫的資料時應該如何作為的一套道德原則。在她著手蒐集所需要的資料之前，Erica 必須取得研究對象的「知會同意書」。她能夠採取的一種方法是，給予每一位研究對象一份書面的聲明，其中包括自我介紹、提供聯繫細節、有關研究計畫的概述、誰將看到該研究計畫、誰將看到研究對象所給予的回應，以及研究對象的身分是否將受到保護與（或）以匿名處理。

許多動物園的訪客都是兒童。兒童無法給予參與研究計畫的同意。Erica 設想如果兒童是在父母或法定監護人的陪伴下參訪動物園，那麼父母或法定監護人能夠同意他們的小孩參與研究計畫。然而，如果兒童是隨著祖父母或成年的家人朋友或學校旅遊來參觀動物園，Erica 可以設想祖父母、成年家人朋友或教師能夠同意小孩成為 Erica 之研究的研究對象嗎？

Erica 需要做些什麼？首先，她需要向主管徵詢建議。該主管將能提供該機構內有關倫理監督政策與程序的訊息。Erica 也需要寫一份倫理聲明並將之包含在其研究計畫中。在這聲明裡，她需要解釋她打算如何取得研究對象的知會同意，說明研究對象因為參與該研究計畫而可能面臨什麼傷害，以及保密與匿名的問題如何解決。

參考文獻

Alderson, P. (1995) *Listening to Children: Children, Ethics and Social Research*, Barkingside: Barnardo's.

Alderson, P. (2000) 'Children as Researchers: The Effects of Participation Rights on Research Methodology', in P. Christensen and A. James (eds) *Research with Children: Perspectives and Practices*, London: Falmer Press.

Allen, C. (1997) 'Spies Like Us: When Sociologists Deceive Their Subjects', *Lingua Franca*, November: 31–9.

Aronson, E., Wilson, T.D., Akert, R. and Fehr, B. (2007) *Social psychology*, Toronto, Canada: Prentice-Hall.

Beauchamp, T.L. and Childress, J.F. (2001) *Principles of Biomedical Ethics* (5th edn), Oxford: Oxford University Press.

Brody, J.L., Cluck, J.P. and Aragon, A.S. (1997) 'Participants' Understanding of the Process of Psychological Research: Informed Consent', *Ethics & Behavior*, 7(4): 285–98.

BERA (2004) *Revised Ethical Guidelines for Educational Research* at www.bera.ac.uk/publications/guides.php

Berkun, M.M., Bialek, H.M., Kern, R.P. and Yagi, K. (1962) 'Experimental studies of psychological stress in man', *Psychological Monograph*, 76(134): 1–39.

Carrier, K. (1999) 'The Social Environment of Second Language Listening: Does Status Play a Role in Comprehension?', *The Modern Language Learning*, 83(1): 65–79.

Clarke, L. (1996) 'Covert participant observation in a secure forensic unit', *Nursing Times*, 92(48): 37–40.

Cullity, G. (1999) 'Virtue Ethics, Theory, and Warrant', *Ethical Theory and Moral Practice*, 2: 277–94.

Department of Health (2001) *Research Governance Framework for Health and Social Care*, London: HMSO.

Faden, R.R. and Beauchamp, T.L. (1986) *A history and theory of informed consent*, New York: Oxford University Press.

Gtunder, T.M. (1978) 'Two formulas for determining the readability of subject consent forms', *American Psychologist*, 33: 773–5.

Haggerty, K. (2004) 'Ethics Creep: Governing Social Science Research in the Name of Ethics', *Qualitative Sociology*, 27(4): 391–414.

Humphreys, L. (1970) *Tearoom Trade. A study of homosexual encounters in public places*, London: Duckworth.

Hursthouse, R. (1991) 'Virtue Theory and Abortion', *Philosophy and Public Affairs*, 20(3): 223–46.

Lee, R. (1993) *Doing Research on Sensitive Subjects*, London: Sage.

Lindsay, G. (2000) 'Researching Children's Perspectives: Ethical Issues', in A. Lewis and G. Lindsay (eds) *Researching Children's Perspectives*, Buckingham: Open University

Press.

Lynoe, N. (1999) *Mellan cowboyetik och scoutmoral. Medicinsk forskningsetik i praktiken*, Kristianstad: Liber.

Thomas, N. and O'Kane, C. (1998) 'The Ethics of Participatory Research with Children', *Children and Society*, 12(5): 336–48.

Tolich, M. (2004) 'Internal confidentiality: When confidentiality assurances fail relational informants', *Qualitative Sociology*, 27: 101–6.

Wiles, R., Crow, G., Charles, V. and Heath, S. (2003) 'Informed Consent and the Research Process: Following Rules or Striking Balances?', *Sociological Research Online*, 12(2), www.socresonline.org.uk/12/2/wiles.html

文獻的檢索與探討

閱讀本章後你將能理解到：

- 如何進行文獻探討與文獻檢索，包括如何使用杜威系統。
- 什麼構成抄襲。
- 參考著作如何使用與引用。
- 如何辨識你透過搜索引擎如 Google 所找到資料的素質、效度與信度。

前言

　　在任何研究中，針對你研究領域的相關文獻進行探討是很重要的。在本章中我們將了解，文獻探討能夠讓你對你的研究提出理由；讓你評論你的研究是如何與該領域的其他研究有關；提供建議避免重蹈先前研究者所遭遇的問題；以及於討論研究發現時，讓你能夠評論你的發現與該領域其他研究是如何的相似或差異。重要的抄襲議題亦將於本章中討論。你不應有抄襲行為，因為它是一種舞弊的行為，可以導致你接受評估的研究無法通過，甚而遭受更嚴厲的懲罰。本章將檢視人們為什麼在沒有獲得許可的情況下，抄襲其他研究者的措辭與想法。

建構文獻探討

　　文獻探討是一種有系統的、明確的及可重複的（reproducible）方法，用以確認、評估及詮釋研究者們已發表的現有整體著作。（Fink, 1998: 37）

　　有一些理由說明為什麼要對你感興趣之研究領域進行文獻探討。如果你是一位學生，撰寫研究計畫是你學習成績評量的一部分，那麼就會有一些成績配分是屬於相關研究的檢索以及評論的撰寫。此外，如果你相信你的研究計畫是具有原創性的，將對知識付出新的貢獻，那麼你可能要找出你的研究計畫是否如你自己所認為的那般具有獨特性或原創性。換言之，是否在你之前曾有其他研究者已有同樣的想法。誠如 Helen Gunter 指出：

　　〔此種〕心智的方法（intellectual method）雖然不能夠保證天才，
　　但它至少應該能夠防止愚蠢。（2005: 166）

　　許多你閱覽的研究雖不必然對知識有新的貢獻，但是仍然可藉由它們來強化某一既有理論或普遍接受的觀點，進而豐富現有知識的累積。換言之，為了著手再發現盡可能多的此類性質的學術著作，而執行一項研究計畫，並沒有什麼不好。

為何需要合理解釋研究問題？

　　對任何研究者來說，提出理由說明其研究計畫的需要是很重要的。如果你試圖發展出一獨特的研究問題，你將需要證明在過去並沒有其他研究者曾研究

過該問題。或者,如果評估你的計畫的人或其他人認為你的計畫沒有什麼重要性時,那麼文獻探討將能幫你證明你的計畫正探討一個適當且值得研究的主題。

文獻探討有助於將你的計畫置於該領域現有的研究情境中。如果你能夠確認當前的研究在某一方面是欠缺的,或者如果你能指出研究發現的衝突與不明確,這將特別具有重要性。文獻探討讓你能夠表示,在你的研究發現尚未提出之前,現有的研究如何能驗證你的研究問題或假設。對於絕大多數的研究計畫,有為數眾多的現有研究,非你能完全融入於文獻探討中,所以你需要有一套明確的條件來決定哪些書籍、文章與論文你將引用或排除。文獻評論不應該是主觀的,而且在你文獻探討的開始應該有一個簡短的聲明,解釋你所專注的是什麼研究以及為什麼。在建構你的文獻探討時,需要有一套明確與合理的標準,主要理由之一是,文獻探討對你研究發現的討論與分析都是很重要的。

評量問題

大多數對學生研究計畫評量分數的標準將相當多的比重配分歸於學生對其所蒐集資料的討論與分析。於討論研究發現時,最常用與有效的研究發現討論方法之一為,利用你的文獻探討作指引,預期你希望在該領域有什麼發現,然後將你所期盼的發現與實際的發現做一比較。這種方法稱之為「模式配對」(pattern matching),將於第 6 章討論個案研究方法時詳加解釋。根據你的文獻探討,產生正是你所期望發現的資料,這是不常見的;同樣也是不尋常的是,所產生的資料都是非如你所預期的。實際上通常是介於兩者之間,這取決於身為研究者的你如何從研究發現推斷出最合理的結論。引用他人的研究對社會研究推論的過程具有相當的重要性。

確定變項與指標

在許多研究計畫中，你需要確定兩個變項間的關係。變項是我們研究計畫所要調查的一種概念或觀念，指標則為可以用來測量變項之影響的具體有形事物，例如：如果我們有興趣研究貧窮，我們將需要確定一項指標，譬如低所得，來表示一個人身處貧窮。

文獻探討亦將讓你清楚地確定你研究計畫的變項與適當的指標；換言之，例如在問卷調查或訪談時，文獻探討將有助於決定什麼是最適合問的問題。文獻探討也將提供你良好的研究實例，例如：在該研究領域裡探討與你研究問題相類似的有經驗研究人員，他們所採用之適當的資料蒐集與分析方法。

文獻探討不是一個表列清單；而應該是對與你的研究計畫直接相關的研究盡可能全面周詳的討論。有個很好的主意，即想像文獻探討是概述與評論你所探究領域之研究著作的一篇短文。在文獻探討的過程中，你必須是一位積極的閱覽者（active reader）。這意謂你從資料來源中僅擇取與你的計畫直接相關的訊息。

成為積極評論者的訣竅

- 你必須嘗試指出作者著作內的基礎或隱含的假設，並使你的讀者明確地了解。

- 在處理與你所探究之相同問題的整體研究中，指出不同的看法或觀點。這將讓你確認你的研究發現與該領域其他研究者的相關性，並讓你的文獻探討有一種聚焦與批判性的感覺。

- 如果你覺得難以概述作者的著作，或者你不能確定任何正面或關鍵要點，那麼可考慮參考書評。書評通常就一本書的論點提出完整總結，以及一些針對內容之有見解的評估與評論。

在任何社會研究的領域，通常有少數國際知名的領域專家，你需要將他們的著作涵蓋在你文獻探討中。但是如果你是該領域的新手，你又如何確認這些知名的專家？一種方法是，確認在研究上誰最常發表著作或被引用。另一種方法是徵詢！如果你是一位學生，會有一位計畫的指導老師指派給你，或者會有一位指導你作業的人。你的指導老師將指導你需要閱讀些什麼。此外，當你已在進行文獻探討時，探詢是否有任何主要的研究被排除在你的文獻探討外。

重要的是，要將你的評論聚焦在具有嚴謹研究水準的優質研究上。你必須檢視你有意加以評論之研究及出版刊物的效度與信度。本書的目的之一是，不僅要幫助你進行自己的研究計畫，還要協助你評量他人研究的素質。每一章將檢視特定研究計畫所採用之特定資料蒐集與資料分析方法的適切性。這將讓你能夠應用一套和研究效度與信度相關的要件於某一研究，這將有助於你決定該研究是否應該包括或排除於你的文獻探討。在最後的分析，你的文獻探討應該是高品質且周詳的。

期刊

所有的學科都有一些國際公認高品質的學術刊物，身為研究者的你幾乎可以全然信賴這些期刊中之論文的品質，例如：無庸置疑的，一位社會學家能夠信賴 *British Journal of Sociology*，一位休閒研究學系的學生信賴 *Leisure Studies*，以及一位管理學系的學生信賴 *Harvard Business Review*。登載在這類期刊內的論文的研究品質都經過該領域其他專家所組成的編輯委員會加以評審通過。更何況，這些論文也都是由優質且富經驗的學者所撰寫的。因此，檢索這類相關期刊是你著手文獻探討流程的一個很好的起始點。

檢索期刊論文

如果你為了你的研究計畫學習作業，正著手文獻探討，你的指導老師將會給你一些建議的或指定的閱讀讀物，並建議一些值得查閱的期刊。這是你進行

檢索的一個良好開始。但是，期待你仍應該搜索那些指導老師沒有向你建議的其他相關的、新發表的及高品質的論文。如能提出你的指導老師未曾向你建議的觀念與論點，那麼你的作業將獲得較高的成績。

　　大學圖書館採購高品質的印刷版或線上學術期刊館藏。線上館藏如 SwetsWise、Informa World 等可以經由你的大學圖書館網站使用，使用者可以利用關鍵字、作者、書名、摘要內的字詞或期刊文章內的字詞，自數以百計的刊物中來檢索。檢索可以利用時間欄位（如 2009 年後或 1998 年前）加以限制。

　　為了有效利用該類線上的圖書館服務，你需要以非常精確的術語來形成你的研究問題，否則你將得到許多可能不相關的論文。你的關鍵變項是一個很好的檢索開始；使用與你自己研究計畫相同的變項來檢索論文。

　　檢索相關期刊論文最有效的方法之一是使用關鍵字。大多數的期刊論文在第一頁摘要（有關研究論點包括所達成之結論的概要）之後均有五個左右的關鍵字。這些關鍵字即是論文中的主要變項或關鍵變項。如果一篇論文所提出的關鍵字與你的研究計畫相同，它即可能值得閱覽。至於你應該使用什麼關鍵字？這決定於你的研究問題，而且問題愈明確，檢索就愈明確，也能找到更為相關的論文。

範例

　　底下是 Helseth 與 Slettebø（2004）所撰寫之期刊論文的摘要與關鍵字：

　　　　在挪威一項有關 7 至 12 歲小孩於患重病期間在家中如何過以及在這期間他們的生活品質的研究中，顯然有一些倫理問題。這些倫理問題主要關注的是在研究期間兒童的易受傷害性、他們的自主決定能力，以及有關在研究過程中如何尊重他們的隱私權的考量。在這篇論文中，我們利用先前研究所獲得的經驗來處理這些問題，在道德理論與相關研究倫理指導方針的架構下，討論這些問題。最後，根據該論文的整體目標來討論我們的經驗：如何

處理在有幼兒參與的研究中可能發生的道德兩難問題。

關鍵字：贊同／同意；兒童；隱私；研究倫理；易受傷害性

　　重要的是，要知道你自己的研究變項、主要概念與想法，因為這將有助於確認你自己的關鍵字。

活動

　　檢視下列研究問題，選擇一個問題並指出你認為什麼是該問題的五個關鍵字。

1. 在英國，「賭博法案」（Gambling Act）（2005）建制了賭博委員會（Gambling Commission），一個非政府部門的公共機構（a Non-Departmental Public Body），由文化、媒體和體育部（Department for Culture, Media and Sport）贊助，但是經費來自賭博業的牌照費。

   賭博委員會的角色是什麼？你認為賭博委員會如何有效地執行其角色？

2. 在英國，據信「新休閒信託」（New Leisure Trusts）盤據了「公共部門和私營部門之間的一個中間地帶」（Simmons, 2001: 101），並根據Pringle，信託可以：「擺脫委員會中央部會的惡劣影響。該中央部會往往追求它們自己的行事，而不是他們名義上所支持的服務」（Simmons, 2001: 44）。

   什麼是「新休閒信託」？為什麼地方當局要建立一個「新休閒信託」？

3. 你對「公共服務播送」（Public Service Broadcasting）該詞的了解如何？公共服務提供者在提供民眾收看電視上的體育賽事時面臨什麼問題？

4. 在何種程度上文物遺產的觀念將歷史轉變為以營利為目的的娛樂？

5. 上網評估英國彩票基金分配在藝術或體育領域的標準。

教科書

圖書館的藏書也是你文獻探討的一個非常重要的資料來源。然而，對教科書有一警示。學科教科書旨在協助學生，向讀者介紹學科領域的知識。教科書經常未被涵蓋在文獻探討之內，因為它們通常包含其他人研究的摘要與討論。換言之，使用教科書即表示你使用其他人在該研究領域的文獻探討。此外，教科書通常提供讀者該領域的簡短摘要，過於簡化原著者的論點。始終較佳的方法是，找到原始研究並撰寫你自己對其所提出之論點與發現的摘要與評論。但是教科書可能是研究計畫構想的很好來源。加以，教科書經常對該領域主要思想家最重要的理論與觀念提出極佳的總結。

杜威系統

為了善加使用圖書館的資料，你必須熟悉杜威系統，該系統又稱「杜威十進分類法」（Dewey Decimal Classification）與「杜威十進制系統」（Dewey Decimal System）。這是 1876 年由 Melvil Dewey 開發迄今仍使用的一種圖書館分類系統。透過該系統，圖書館人員以一種可預料的方式編錄書籍，以協助研究者能更迅捷與有效地進行文獻探討。

同一學科的書籍有相同的杜威分類編碼，且根據作者姓氏的字母順序並排置於圖書架上，例如：社會學書籍的分類編碼為 301，有關反思社會學書籍的分類編碼為 301/583。

範例

假如你對 Loïc Wacquant 的著作有興趣，想進一步了解他的方法，那麼你可能想要閱讀他與 Pierre Bourdieu 合著的《反思社會學的邀約》（*An Invitation to Reflexive Sociology*）這本書。這本書的分類編碼為 301/B583，因為 Bourdieu 是第一作者。如果你想比較 Bourdieu 與 Wacquant 的反思社會學研究方法和其他研究者之方法的差異，就需要查看圖書架上在他們的書附近有同樣 301/583 杜威編碼的書。

網際網路

是否所有發表在網際網路的東西都是值得與適合納入在你的文獻探討中？任何使用網際網路的人均能建置他們自己的網站，並向世人傳輸他們的知識價值（value of their knowledge）。有一些關於線上訊息的效度與信度的問題，因為不同於期刊論文，大多數網站上的論文內容都沒有經過同儕審查（peer reviewed）。重要的是，你要以審慎的眼光閱覽任何資料來源，不管是線上的或是印刷出版品。留意是否有偏見、錯誤訊息、欺瞞以及單純的誤解。

Google

無庸置疑地，Google 為網際網路帶來了革命性的改變。Vise（2005）宣稱 Google 的重要性有如印刷術的發明。無論同意或不同意此種說法，毫無疑問地，Google 現在已是一個非常成功的全球公司，它使得人們能夠更加善用網際網路。在 1998 年，Larry Page 與 Sergey Brin 提出 PageRank 演算法專利申請；該軟體使得 Google 能對使用者提供較當時其他搜尋引擎（search）更明確且更快速的檢索結果。加以，透過採用與使用者之搜索有特定相關之贊助商的連結，Google 即能不必靠速度緩慢且占用大部分螢幕的彈出式廣告（pop-up advert）來賺錢。每次點擊贊助廠商的連結，廠商即付給 Google 一定數額的錢。贊助商連結會出現在引發關鍵字搜索之螢幕的右側，因此，搜索與廣告應該與使用者的利益有關。如此，Google 在財務上有賴出現在其網頁上之贊助商連結。

許多 Google 使用者不能確定哪些連結是屬於贊助商連結。如果你透過贊助商連結進入一個網頁，你必須記住你正透過廣告（但是 PageRank 認定與你的搜索有關），進入一個網站。

PageRank 如何運作？

據 Google 所言，PageRank 具有「唯一民主的」（uniquely democratic）性質，採用類似學術界評斷學術期刊的同樣方法，根據 Google 的網頁狀態估算給予每一個別網頁一個值。Google 以得票數來解讀從一個網頁到另一個網頁的連結，網頁 A 對網頁 B。Google 不只是關注票數或一個網頁所接受到的連結，它亦判斷投票的網頁。因此，如果一所大學與某一特定的網站有連結，那麼這計數將超過孤立的個體。高品質的網頁獲得較高的 PageRank（每次進行搜索時 Google 的考量）。

你可能要思考一下該網頁排名制度是不是流於主觀。

雖然你對任何利用 Google 或其他搜索引擎所找到的網頁都應該審慎處理，但不要排除它們不用，因為在網際網路有許多非常有用的資料，身為研究者應該要利用該資源。此外，Google Books 與 Google Scholar 對一位積極的研究者來說也是有用的資源。但是，你需要有一套明確的標準來評估某一個網站是否值得使用。

網頁的評價

Harris（1997）設計了一個如下的檢查表，幫助學生明智地判斷網頁內所含資料的品質。它包含一些非常有用的設計，你可以利用一序列的問題就效度與信度來評估網頁。

- 網頁的內容是否隨著該領域近期發生的事件而更新？
- 是否可能識別作者對相關問題發表意見的權威性；作者的教育背景與（或）條件是否被認可？
- 該網頁是由誰出版的？它是由宗教團體、政治組織如壓力團體或新興社會運動所主持？

- 論文是否有獨特的看法、觀點或偏見？
- 論文內容是否結構嚴謹？是否以有條理的方式呈現？
- 該論文有列出引用出處與參考書目嗎？如果有，那麼能查閱一些參考書目看它們是否能得到證實？
- 是否有證據顯示，該論文業經同儕審查過？

活動

利用你覺得是你所理解的學科或學科領域中的任何一個主要概念，從網際網路上蒐集四個資料來源。

就每一個你線上搜尋到的資料來源，撰寫一篇大約 500 字的評論，概述與評量來源的效度與信度。

在評論中，你可能需要說明，就 Harris 的檢查表來說，這些資料來源是如何地適當。

什麼時候結束你的文獻檢索？

的確在某個時間你必須結束你對適當文獻的檢索，但是在什麼時間點應該結束檢索？要多久才算耗費太長時間在相關書籍與論文的搜索？這可能是一個相當難以回答的問題，因為或許在下次查閱圖書館目錄或在 Google 或 SwetsWise 上，可能出現你真正需要的重要研究或論點。但是指定作業有繳交期限，如果你遲交了將要受罰。一種方法是預先規劃好一段時間進行檢索。我個人的作法是當我不再發現有新的研究時，我就停止檢索。如果我使用圖書館的線上服務或網際網路的搜索引擎，得到的都是同樣的文件，甚至當我一再定義與重新定義我的關鍵字，以及進行更長時間的搜索等，仍然獲得同樣的結果時，那麼這就是我決定停止搜索的時間點。

Muijs, D., Harris, A., Chapman, C., Stoll, L., & Russ, J. (2004). Improving
　　schools in socioeconomically disadvantaged areas: A review
　　of research evidence. *School Effectiveness and School Impro
　　vement, 15*(2), 149-175.

Gunter, H. (2005). Conceptualizing research in educational leader-
　　ship. *Educational Management Administration and Leadership,
　　33*(2),165-180.

抄襲

　　你的文獻探討勢將產生一些你要融入到你研究計畫中的卓越研究。然而，非常重要的是，你要表明引用研究的來源，不要企圖「冒用」其他人的詞語或觀念充作是你自己的著作。引用其他研究者的觀念與（或）詞語卻好像是自己的，此種作為稱作抄襲（plagiarism），如果你是一位大學生被發現犯了此種行為，你將受到懲處。

　　有一位學生曾問我：「資料來源要如何修改才能免於抄襲？」該問題引發一些有關許多學生對一般評估、著作權以及智慧財產權之態度的重要問題。一般認為，使用網際網路的機會愈多以及搜索引擎軟體愈精密，就讓學生有更多剽竊（plagiarise）的機會（Underwood & Szabo, 2003）。因為在網際網路有相當多的資料是可以免費使用的，而且在某些情況，譬如維基百科（Wikipedia），你可以編輯與改寫你所閱覽的網頁，因而私自認為沒有個人或團體對呈現在網際網路的資料擁有著作權，因此學生能使用這些資料而不需要註明所引用的觀念或詞句係來自其他出版來源。非常重要的是，你不能有這種想法，認為網際網路上的資料能夠引用而不需要註明引用之觀念或詞句的來源。你的著作必須

是有原創性的。你的研究計畫應該是你個人自己努力的成果。

近年來，英國頒證機構（awarding bodies）對有關抄襲已採取更嚴格的立場。OCR 新聞通訊 *Uplink*（2006: 1）報導在英國的公開考試，抄襲的案例由 2004 年的 67 件增加至 2005 年的 167 件，主要是因為從網際網路「複製」（copying）。但是，OCR 說明報導中所提及抄襲案例的增加可能是「資格審查聯合委員會」（Joint Committee on Qualification）更加注重抄襲的結果。此訊息業已在一系列其他文件中一再重申。各頒證機構與各大學學系對抄襲認定的情形也遠較往年為佳。

究竟什麼是真正的抄襲？

就 Park 而言：

> 抄襲行為意謂「從（其他著作或作者）盜用（觀念、一段文字等）」。抄襲包括文辭上的偷盜（literary theft），偷竊（複製）別人所言或想法，而當作是自己的沒有標示來源。（Park, 2003: 472）

Scollon 認為，西方文學傳統：「往往對於有創意的、獨創性的個人有一假定的共同想法，認為他（她）是一位自主的學者，以自己的名義公開發表其著作」（Scollon, 1995: 1）。換句話說，在社會中，像我們這樣的個別人有想法、進行研究並以自己的名義發表研究結果，因此該人以原創發表的理由宣稱對那些想法與所使用的文字擁有著作權。

Park（2003）繼續發表對抄襲文獻的概述：「非原創的罪」（the unoriginal sin）（Colon, 2001）、「思想竊賊」（thought thief）（Whiteneck, 2002）、「知識偷竊者」（intellectual shoplifter）（Stebelman, 1998），以及「不善辭令症」（a disease of inarticulateness）（Bowers, 1994）。Park 認為學生抄襲有幾種方式：

● 從其他來源剽竊資料並冒用這些詞句或概念為自己的；這可能包括從線

上服務，諸如www.writework.com、www.schoolsucks.com、www.buypapers.com、www.termpapers.com 或 www.ivyessays.com 購買論文。

● 複製來源的原文而未引註原始出處。

● 提出他人所寫的著作或十分貼近原文的改寫而未提及原始出處。

你可能不同意 Park 認為自網站購買論文是剽竊的說法，但是就評審你著作的人來說，這就是剽竊。你假裝擁有實際你並未具有的知識。你所繳交附上你名字的著作必須是出自你自己才智的努力成果。

Park 發現有些抄襲在本質上是無心之過，歸因於缺乏對引述、改寫、引用與參考來源之正確方法的了解，或者僅是疏忽大意地將研究時所做的筆記整合到繳交的報告中。然而，意圖抄襲經常是出於學生想要獲得較佳成績與（或）節省時間的動機所驅使。個人的價值觀／態度也有影響作用。一些學生「認為沒有什麼理由他們不應該抄襲或因為社會壓力而不這麼做，因為這讓他們感覺很好，或者因為他們認為走捷徑是聰明且可接受的」（Park, 2003: 479）。最後，Park 指出「藐視權威」（defiance）亦是可能的原因：「對某些學生，抄襲是表示異議與蔑視權威的一種具體有形的方式」（Park, 2003: 479）。

> **思考點**
>
> 如果有某個人抄襲了你的作品，你有何感受：受寵若驚或惱怒？

對抄襲的研究

幾乎少有針對抄襲的研究，但在這裡提到的研究可能讓你想到，是什麼促使人們抄襲，以及希望使你自己免於成為抄襲者。Gajadhar（1998）指出，有些學生認為在網際網路的資料是「免費的」，可以再使用而不需指出原始出處。在該領域首次有系統的研究之一是由 Bowers（1964）所進行的研究。他針對跨99 個校園的 5,000 位學生進行一項自我陳述的研究（self-report study），研究發

現 82%的樣本承認在撰寫作業時曾有一次或多次的抄襲。同樣地，McCabe 與 Trevino（1993）發現針對 31 所美國大學學生的郵寄問卷，在回覆的 6,000 位學生中有 67% 承認至少曾有一次抄襲。依據 Adenekan（2003: 1）的說法：「一般大學援引『懶惰』、『對評量準備不足』、『同儕壓力以及通過學習單元並獲得好成績的壓力』為學生作弊的一些理由」。

根據 Stoerger（Undated）的研究：「由羅格斯大學管理教育中心（Rutgers' Management Education Center）的一項調查發現，『4,500 位高中生中，有 75% 的學生在考試時曾嚴重作弊』。許多這些學生並不認為這種抄襲行為是錯的。」

Saltmarsh（2004）認為，抄襲的原因之一是由於教育的日益市場化，學生所面對的壓力愈來愈大。學生必須工作以支應高等教育的費用，並獲得優異的學習表現。這是 Park（2004: 293）所持的論點，他認為學生「面臨許多抄襲的誘惑，因為許多學生現在必須靠打工來支付學費，他們有許多課業且繳交期限緊迫，以及有日益增加的壓力必須有良好的學習表現來合理化其攻讀學位的投資」。

然而，Park（2003: 474）亦提出警告：「學生抄襲是一種道德迷惘（moral maze），因為這引發了有關善／惡或對／錯行為，以及有關可接受／不可接受作為的重要倫理與道德的問題。誰決定它是錯的，根據什麼，又是什麼理由」。

我們在討論抄襲時，不能不略微提及在該領域一些抨擊性的已發表著作。Leask（2006）主張抄襲是一種具有國際面向的文化建構的、政治化的與文化負載的概念（Chanock, 2003; Hamilton et al., 2003; Handa & Power, 2003）。有人認為亞洲學生是「剽竊慣犯」（persistent plagiarisers）（Deckert, 1993: 131）。Leask（2006）認為此種見解代表一種「東方主義」*（Orientalism）的類型，是基於西方的思維方式與學術實踐都優於「其他文化者」的假設，雖然，Leask 接著解釋，對劣等亞洲學生的刻板印象一直遭受到許多質疑（Biggs, 1997; Kelly & Ha, 1998; Melles, 2003; Pennycook, 1996）。

---

*「東方主義」是一種名詞，根源於西方文化中，一般嘲諷亞洲與東方根本上即是劣於西方。

什麼是道德迷惘？為何學生迷失在其中？

給抄襲的實際勸告，簡單的一句話是：如果你採用來自某一來源的資料、詞語或想法，那麼你就需要告知你所引用的來源。這對某些學生來說，可能說起來容易，但是卻很難完全理解。

在 Jordan（2001）研究的學生樣本中，有 85%表示作弊是不正當的，但是54.9%表示他們曾經有過抄襲。這是一個學生言行不一致與困惑的實例，或是有更根本的因素來說明這些數據？較有可能的是，這些數據強化了 Gajadhar（1998）的觀點，即一些學生認為在網際網路上的資料是「免費的」，可再使用而不需要引述原始來源。

當代的大學生並沒有將網際網路視為是新穎的。Watts（2003: 11）形容網際網路為一種「眾人之間的工具」（tool among many）。更重要的是，網際網路業已對文本之著作權（authorship）與所有權（ownership）之間的關係帶來了一種新觀念。在西方文學傳統，文本的著作權被理解為該文本的所有權。對比一下，例如：學生利用 P2P 技術下載音樂或影片。此種下載不被認為是智慧權的剽竊，而是「檔案分享」（file sharing）；此種辯護在法庭上已獲得了一些成功。

對許多學生來說，行為者的使用「檔案分享」與「擷取」（smapling）業已重新定義了西方文學傳統，從著作權等同於所有權的傳統觀念，轉變為從網際網路與其他地方的各種來源擷取資料不再被認為是欺騙或剽竊智慧權，而是合法的「衍生」（derivative）創意行為。但是，重要的是要記住，為了評量的目的，舊時西方文學傳統的著作權仍然是普遍受用的。如果你在接受評量的著作中有「擷取」的形式（譯者按：意指抄襲作為），那麼你仍將受到懲罰。

維基百科

維基百科是一種基於網際網路的百科全書，它是由任何有意願付出的人所

共同合作編寫的。重要的是學生要注意，學校教師並不認為維基百科是一種嚴謹的學術資料來源，並不鼓勵學生採用。根據 Elia（2006），維基百科是最流行的參考網站之一，每天接受到 5,000 萬次的點選。

　　雖然鑑於其資料建構的性質，你應該留意維基百科內容的效度與信度，但是維基百科在學生中仍非常流行。然而，就「著作權」的概念言，維基百科重要的是它鼓勵使用者可著手編輯以對百科全書付出貢獻。由此產生的貢獻是許多人彼此各自獨立運作、擷取借用與改寫的成果，而不涉及任何著作權即所有權的傳統概念。當學生認為指定作業的意義是屬於資料擷取的形式時，他們就能合理地認為他們可以簽署一份學術誠信聲明（declaration of academic integrity），並確認這是他們自己的著作，因為他們覺得本來就是這樣。若非學生企圖藉此謀取不公平的利益，我們可以認為這種形式的抄襲是一種消費的作為。在維基百科社群內，知識是集體共享的，且觀念是在重組與綜合之「脈絡」（thread mode）下共同形成的；沒有一位作者對這些觀念擁有所有權。如果這些觀念屬於任何一個人，那麼它們就是屬於維基百科社群，該社群依據維基百科網站的描述是一個「有意識的自我修訂實體」（conscious, self-modifying entity）。

　　誠如 Elia 所解釋：

　　　　傳統的寫作造成了作者與讀者之間的隔閡。維基技術調解了該間隙，因為在這新的開放電子環境（e-environment）中，作者與讀者扮演著可互換的角色。總之，維基文本並非一成不變的，因為它被認為是可修改的，經由協同寫作的過程，與時俱移，創造出一個不斷發展的主題網絡。（Elia, 2006: 2）

　　你是可以使用維基百科的資料，但重要的是要重申之前所提及的要點，即為了評量的目的，過去有關著作權的西方文學傳統仍然充分有效。如果你在你受評量的著作中引用了來自維基百科的字句或觀念，卻沒有標明出處，那麼你將受到懲罰。

引用與參考

　　如果你真正想要將其他作者的某一句話或某一段落納入到你的文獻探討中，那麼你應該註明出處，並完全引用它。同樣，如果你使用其他作者的想法，或者改寫一位作者的著作，那麼你也必須註明來源。有許多參考系統，但其中最通行的一個是哈佛系統（Harvard System），本書在此即將討論該系統。

　　就哈佛系統，在文本與一個引述之後，你通常要寫下作者的姓氏、出版日期以及頁碼，所有這些將呈現在如下範例中。

範例

　　"Educators ... should reject forms of schooling that marginalize students who are poor, black and least advantaged. This points to the necessity for developing school practices that recognize how issues related to gender, class, race and sexual orientation can be used as a resouce for learning rather than being contained in schools through a systemic pattern of exclusion, punishment and failure" (Giroux, 2003: 10).

　　如果有兩位作者，那麼應列出兩位作者的姓氏以及出版日期，譬如 Ramanathan 與 Makoni（2007）。如果有三位或以上的作者，那麼在第一作者之姓氏後加上「等人」（et al.），再寫上出版日期，例如：Smith 等人（2010）。

　　盡量少使用引述也是很好的作法。許多教師建議一頁一個引述是綽綽有餘的：這將意謂就一篇 2,000 字的指定作業，你不應該有五個以上的引用。

改寫

　　如果你要改寫（paraphrase）Giroux 的論點，你可以說：Giroux（2003）主

張……

　　如果你要改寫一些持有相同觀點的作者之內容，你可以使用作品集（folio）
的方式，即在句子的末尾列出一系列作者與日期，例如：以下來自 Ramanathan
與 Makoni（2007）的範例。

範例

　　"These discourses, of which societal discourses are a part (since the latter
tend on the whole to reify the former), have typically dehumanized 'patients' and
have attempted to understand them primarily in terms of their malfunctioning
body parts (Bury, 1998; Scambler & Higgs, 1998; Watson-Gegeo, 2005; Willi-
ams, 1999)." (Ramanathan & Makoni, 2007: 284).

完成參考書目

　　所有你引用的相關文獻都應該列於參考書目中。就哈佛系統，參考書目是
置於研究計畫之後，所有作者是以第一位作者之姓氏的字母順序排列，緊接是
一個逗號，然後是作者名字的縮寫，出版年份置於括號內，斜體字的書名，出
版處，出版者，最後以句號結束；如以下的例子：

　　Butler, J. (2004). *Undoing gender*. London, UK: Routledge.

　　如果是期刊論文，格式是一位作者（或多位作者）的姓氏與名字縮寫，括
號內的出版日期，論文標題，斜體字的期刊名稱，卷數，期數，論文起始到結
束的頁碼，例如：

　　Ramanathan, V., & Makoni, S. (2007). Bringing the body back: The (mis)languaging of bodies in bio-medical, societal and post structuralist discourses on diabetes and epilepsy. *Critical Inquiry in Language Studies, 4* (4), 283-306.

在繳交的作業附有充分與完整的參考書目的重要性並無誇大其辭。除了單純的事實，即在評量成績時總是有些分數用以獎勵學生作業附有資料引用出處與參考書目之外，正確的引用與完整的參考書目都將顯示你文獻檢索的完整性，並避免任何你有抄襲他人著作的聯想。

結論

本章探討研究中文獻探討的性質。文獻探討並非僅是一份清單，而是對你所要調查領域之相關研究的批判性評論，這將有助於確定你在該領域的研究。文獻探討可用以顯示你自己作品的原創性，並確定該領域的問題與議題。它亦能夠對適當的資料蒐集與分析的方法提供一些建議，讓你得以採用該研究領域最常用的方法。文獻探討亦能透過如「模式配對」的技巧，於分析與討論研究結果時，發揮它的作用。我們所採用的文獻能夠來自許多不同的來源：圖書館內的印刷出版書籍與論文、圖書館線上服務以及網際網路。然而，你必須以適當的方式註明你所使用與引用資料的來源。

Erica 被要求撰寫一個研究計畫，但她不知如何著手！

檢索與評論文獻

正如我們在本章所了解，文獻探討在研究計畫中具有一些重要的作用：

● 可以幫助研究者在該領域的其他研究情境中確立自己的研究計畫。

- 提供研究者著手研究的理由。
- 提供建議避免重蹈先前研究者所遭遇的問題。
- 在研究發現的討論中扮演重要的角色，使研究者得以評論其研究發現與該領域其他研究者的發現相似或相異之處。

然而，在 Erica 開始評估之前，她首先需要察覺當動物園要對遊客提供有關生物多樣性與永續發展的教育與訊息時，其法律責任為何。在 Google 搜索引擎鍵入「動物園」、「生物多樣性與永續發展」字詞時，Erica 找到了由「環境、食品與鄉村事務部」（Department for the Environment, Food and Rural Affairs, DEFRA）於 2004 年所出版有關動物園的文獻——《國務大臣的現代動物園實務標準》（*The Secretary of State's Standards of Modern Zoo Practice*）（DEFRA, 2004）。該文獻第 7 章概述所有動物園必須對遊客提供的保育與教育措施。

該文獻解釋「歐洲共同體的動物園指示」（European Community's Zoos Directive）（1999/22/EC）提出了一個正式的法定要求，所有歐盟境內的動物園均應該實施下列措施：

(a)參與研究藉以增進對物種，與（或）相關保育技能的培訓，與（或）有關物種保育訊息的交流，以及（或）在適當情況下，馴養繁殖、復育或引進新物種於野外自然的保育效益。

(b)促進民眾有關生物多樣化保育的教育與意識，特別是藉由提供有關所展示之物種以及其自然棲息地的訊息。（引自 DEFRA, 2004: Chapter 7, p. 1）

這些要求均納入在 1981 年「動物園執業法案」（Zoo Licensing Act）中。

根據「環境、食品與鄉村事務部」（DEFRA, 2004: Chapter 7, p. 1）：

除了這些法定的要求外，一般原則上，動物園應該建置倫理審查程序，以及在適當情況下，於規劃與執行它們的保育與教育

計畫時，尋求適當的協助。

基於該訊息，Erica 對於動物園應該對遊客提供什麼訊息有了更清楚的理解。

參考文獻

Adenekan, S. (2003) 'Students using the net to cheat', www.news.bbc.co.uk/1/hi/education/3265143.stm

Biggs, J. (1997) 'Teaching across and within cultures, the issue of international students', paper presented at the Learning and Teaching in Higher Education Conference, Advancing International Perspectives, Adelaide, South Australia, 8–11 July.

Bowers, N. (1994) 'A loss for words', *American Scholar*, 63: 545–56.

Bowers, W.J. (1964) *Student dishonesty and its control in college*, New York: Columbia Bureau of Applied Research.

Chanock, K. (2003) 'Before we hang that highwayman: the LAS advisers' perspective on plagiarism', in H. Marsden and M. Hicks (eds) 'Educational integrity: plagiarism and other perplexities', Proceedings of the Inaugural Educational Integrity Conference, University of South Australia, Adelaide, November, pp. 19–25.

Clegg, S. and Flint, A. (2006) 'More heat than light: plagiarism in its appearing', *British Journal of Sociology of Education*, 27(3): 373–87.

Colon, A. (2001) 'Avoid the pitfalls of plagiarism', *Writer*, 114(1): 8.

Deckert, G.D. (1993) 'Perspectives on plagiarism from ESL students in Hong Kong', *Journal of Second Language Writing*, 2(2): 131–48.

Department for Environment, Food and Rural Affairs (2004) *The Secretary of State's Standards of Modern Zoo Practice*, London: DEFRA. www.defra.gov.uk/wildlife-pets/zoos/standards-zoo-practice

Elia, A. (2006) 'An analysis of Wikipedia digital writing', http://www.sics.se/jussi/newtext/working_notes/04_elia_new.pdf

Franklyn-Stokes, A. and Newstead, S. (1995) 'Undergraduate cheating: who does what and why?', *Studies in Higher Education*, 20(2): 159–72.

Gajadhar, J. (1998) 'Issues in Plagiarism for the New Millennium: An Assessment Odyssey', http://ultibase.rmit.edu.au/Articles/dec98/gajad1.htm

Hamilton, D., Hinton, L. and Hawkins, K. (2003) 'International Students at Australian Universities: Plagiarism and Culture', in H. Marsden and M. Hicks (eds) 'Educational integrity: plagiarism and other perplexities', Refereed Proceedings of the Inaugural Educational Integrity Conference, University of South Australia, Adelaide, November.

Handa, N. and Power, C. (2003) 'Bridging the gap: lack of integrity or lack of skills?', in H. Marsden and M. Hicks (eds) 'Educational integrity: plagiarism and other perplexities', Proceedings of the Inaugural Educational Integrity Conference, University of South Australia, Adelaide, November, pp. 154–8.

Harris, R. (1997) *Evaluating Internet Research Sources*, Virtual Salt, http://www.virtualsalt.com/evalu8it.htm

Helseth, S. and Slettebø, A.S. (2004) 'Ethical issues in research involving children', *Nursing Ethics*, 11(3): 298–308.

Hesmondhalgh, D. (2006a) 'Digitalisation, Copyright and the Music Industries' in P. Golding and G. Murdock (eds) *Unpacking Digital Dynamics: Participation, Control and Exclusion*, New York: Hampton Press.

Hesmondhalgh, D. (2006b) 'Digital sampling and cultural inequality', *Social and Legal Studies*, 15(1).

Jones, S. (2002) 'Music That Moves: Popular Music Distribution and Network Technologies', *Cultural Studies*, 16(2): 213–32.

Jordan, A.E. (2001) 'College student cheating: the role of motivation, perceived norms, attitudes, and knowledge of institutional policy', *Ethics and Behavior*, 11(3): 233–48.

Kaser, D. (2006) 'Anonymity, Privacy, and Full Disclosure', *Information Today*, 23(10), http://www.infotoday.com/it/nov06/kaser.shtml

Kelly, M. and Ha, T.S. (1998) 'Borderless education and teaching and learning cultures: the case of Hong Kong', *Australian Universities' Review*, 1: 26–33.

Leask, B. (2006) 'Plagiarism, cultural diversity and metaphor – implications for academic staff development', *Assessment & Evaluation in Higher Education*, 31(2): 183–99.

Lyon, D. (1988) *The Information Society*, Cambridge: Polity Press.

McCabe, D. and Trevino, L.K. (1993) 'Academic dishonesty: Honour codes and other contextual influences', *Journal of Higher Education*, 64: 522–38.

Melles, G. (2003) 'Challenging discourses of plagiarism and the reproductive ESL learner', in H. Marsden and M. Hicks (eds) 'Educational integrity: plagiarism and other perplexities', Proceedings of the Inaugural Educational Integrity Conference, University of South Australia, Adelaide, November, pp. 60–6.

Morgan, M.C. (2006) 'BlogsandWikis', http://biro.bemidjistate.edu/morgan/wiki/wiki.ph

OCR (2006) 'Suspected malpractice in examinations and assessments', Cambridge: OCR.

Park, C. (2003) 'In Other (People's) Words: plagiarism by university students – literature and lessons', *Assessment & Evaluation in Higher Education*, 28(5): 471–88.

Park, C. (2004) 'Rebels without a clause: towards an institutional framework for dealing with plagiarism by students', *Journal of Further and Higher Education*, 28(3): 291–306.

Pennycook, A. (1996) 'Borrowing others' words: text, ownership, memory, and plagiarism', *TESOL Quarterly*, 30(2): 201–30.

Saltmarsh, S. (2004) 'Graduating Tactics: theorizing plagiarism as consumptive practice', *Journal of Further and Higher Education*, 28(4): 445–54.

Scollon, R. (1995) 'Plagiarism and ideology: identity in intercultural discourse', *Language in Society*, 24: 1–28.

Self, H. (2002) 'Digital Sampling: a Cultural Perspective', *UCLA Entertainment Law Review*, 9: 347–59.

Stoerger, S. (undated) 'Plagiarism', www.web-miner.com/plagiarism

Stebelman, S. (1998) 'Cybercheating: dishonesty goes digital', *American Libraries*, 29(8): 48–51.

Underwood, J. and Szabo, A. (2003) 'Academic offences and e-learning: individual propensities in cheating', *British Journal of Educational Technology*, 34(4): 467–77.

Vise, D. (2005) *The Google Story*, New York: Bantam Dell Publishing Group.

Wacquant, L. (2007) 'Territorial stigmatization in the age of advanced marginality', *Thesis Eleven*, Number 91, November, pp. 66–77.

Watts, P. (2003) *The Internet: Brave New World? (Debating Matters)*, London: Hodder and Stoughton.

Whiteneck, P. (2002) 'What to do with a thought thief', *Community College Week*, 8 July, 14(24): 4–7.

二次分析 —— 使用他人資料的研究

閱讀本章後你將能理解到:

- 主要資料與次要資料間的差異。
- 二次分析如何產生新的知識。
- 不同類別的次要資料及如何獲取它們。
- 政府及管制機構所能提供的資料。
- 官方統計數據的價值。
- 如何評量自殺與犯罪統計。
- 一些資料檔案所能提供的訊息以及如何取得。

前言

　　社會研究者將資料區分為**主要資料**(primary data)與**次要資料**(secondary data),前者為研究者為研究計畫所親自蒐集到的資料,後者是他人所蒐集的資料。依據 Hinds、Vogel 與 Clarke-Steffen(1997)說法,二次分析的目的是根據蒐集到的資料提出另類的觀點或新的看法。

Heaton（1998）指出，二次分析可以包括單一或多重資料組的使用，並且利用質性與量化的混合資料。她指出二次分析有三個目的：

1. 進一步的深入分析。
2. 根據資料發展出新觀點；任何一組資料均能以多種方式使其具有意義。
3. 根據資料發展出次層（sub-set）分析。

二次分析可以用來產生新知識、或為啟發式的目的（如形成新假設）、或找到資料以支持既有理論。二次分析也能夠讓研究者將人種誌的發現通論至更廣泛的群體，進而提昇人種誌研究的效度。此外，二次分析也可以用來檢視一些敏感性問題，因為對這些問題研究者自覺沒有技能去蒐集到有效且可信的資料，或者為了蒐集資料而可能身臨險境。

得自二次分析的資料在研究計畫的文獻探討中也非常有用，因為它可以讓研究者將不同時期書籍與論文的論點彙集起來，俾便在引用當前相關研究時能做出有據的判斷。

對研究新手來說，資料蒐集經常是困難的、所費不貲、有壓力及耗時的。Szabo 與 Strang（1997）鼓勵研究新手（如學生）考慮使用二次分析，因為這是較蒐集原始資料更方便的方法。因此，你可能要考慮是否有現存的資料集（dataset）可供使用，而不是自己蒐集資料。此外，有一些研究問題只能夠利用他人的資料才能有效處理，例如：探究某些健康相關問題的研究。譬如，Angst 與 Deatrick（1996）曾進行一項二次分析研究，該研究調查患有慢性疾病兒童與他們的父母如何決定對兒童給予適當的治療。這類形式的資料稱為群集資料（aggregate data），它是從資料集中不可被個別指認的人所蒐集到的資料。通常這類資料是來自於醫療專業人員、報稅表或逮捕與判罪的紀錄。有關收入、犯罪趨勢或其他歷史性資料的蒐集往往也是更有效的二次資料研究。

Hakim 將二次資料分析界定為：

對調查或社會資料集（social dataset）的任何進一步分析，就第一次調查報告的整體與主要結果所呈現的解釋、結論或知識，提出另外

的或不同的見解。（Hakim, 1982: 12）

重點是，研究者並沒有自己蒐集資料：原本蒐集的資料是為了另一研究目的。Cowton（1998）在《商業倫理期刊》（*Journal of Business Ethics*）的文章中認為對於資料蒐集方法的批評，如問卷設計欠佳，業已促使一些研究者，諸如 Dalton 與 Metzger 表示：

> 實質上，每一個有關應用商業倫理問題的經驗調查均涉及敏感、困窘、脅迫、汙衊或犯罪等問題的詢問。（Dalton & Metzger, 1992: 207）

Cowton 認為未來可行的一種研究方向，是不要自陷於好的原始資料不易蒐集的困境中，而是要使用二次資料分析的方法。

涂爾幹自殺論

社會科學中利用官方統計資料最具有影響力的研究之一，是涂爾幹（Emile Durkheim）於 1897 年發表的有關自殺的研究。涂爾幹注意到任何國家的自殺率都是逐年穩定成長的。如果自殺的決定純粹是屬於個人的決定，那麼我們應該不會看到穩定的自殺率，而應該是年年飄忽不定、無趨勢的變動。新教徒有較天主教徒更高的自殺率；單身者較已婚者更可能自殺；雖然年輕人較可能有自殺的意圖，但是老年人卻較年輕人更可能自殺。涂爾幹試圖指出個人的外在社會壓力是促成個人結束自己生命的主要原因。涂爾幹對自殺的有趣定義是：

> 自殺一詞適用於所有的死亡情況，而這些死亡情況是直接或間接導源於受害者主動的或被動的行為，且受害者知道將造成該結果。自殺企圖是如此定義的行為，但未必造成真正的死亡。（Durkheim, 1897: 44）

　　在涂爾幹的分析，人們都有一種順服（conform）的需求，一種依附的心理需求，且我們的想法和行動受到其與集體意識（conscience collective）之關係的影響。集體意識是一套共同的期望或集體表徵（collective representations），結合在一起形成了特定社會內規範社會秩序的基礎。一旦集體意識建立了，在一個社會內的共享觀念與被認可之行為方式將形成內化且集體意識制約了人們。集體意識是涂爾幹所稱的社會事實（social fact）的例子：社會事實被認為是個人外在的約制力，例如：社會事實在任何特定情況下，指導人們如何「正確行為的方式」。自殺的決定是受到個人與集體意識間關係的影響，如果一個人過度融入集體意識，那麼他即處於自殺的風險中；同樣地，如果一個人無法與集體意識相融，他也可能有自殺的危險。

　　涂爾幹指出四種類型的自殺。利己型自殺（egoistic suicide）源自於過度的個人主義，個人逃避社會及社會道德規範的影響。相對地，利他型自殺（altruistic suicide）係由於個人過度融入集體意識，個人覺得自殺是他的職責，例如：自殺式炸彈客，或與艦共沉的艦長。第三，脫序型自殺（anomic suicide）。涂爾幹將脫序界定為「無規範感」（normlessness）的狀態，其形成係因為個人若非對一套規範或道德義務的不了解，即是面對兩套相互競爭之規範的處境。在上述任何一種情況下，最終的結果是自殺的危險性增加。最後，涂爾幹指出宿命型自殺（fatalistic suicide），是一個人受到了過度的監管；奴隸或囚犯的自殺即為其例。

　　批評者認為徒爾幹採納自殺統計數據的表面意義是錯誤的，因為統計數據是驗屍官對猝死解釋（interpretation）的一種反映，不應該被認為是一種事實（fact）。驗屍官有他們自己對什麼造成了突然自殺死亡的理論，而這些理論可能是獨斷的，沒有任何證據的支持，例如：有些驗屍官認為，如果一個人獨自游泳而溺斃而且他的衣物整齊地疊好，這顯示有自殺的傾向。自殺的統計數據，像所有官方統計數據，可能有錯誤與疏失。有些猝死不是自殺，但是可能被驗屍官認定為自殺；同樣有其他猝死可能是自殺，但被驗屍官誤判為其他死因。

　　涂爾幹充分了解自殺統計數據是反映了編纂這些資料之人們的態度與信念。如他明確表示：

　　但是誠如 Wagner 許久之前的評論，所謂自殺動機的統計實質上是官員們（通常是負責該訊息職務的較低階官員）有關自殺動機之見解的統計。不幸的是，就所知，官方所建置的事實經常是有缺陷的，即使是應用於任何盡責的觀察者所能理解的明顯重大事實亦是如此，沒有置喙的餘地。（Durkheim, 1897: 148）

　　是以，當涂爾幹知道因為對自殺可能有錯誤的解釋而導致統計數據的缺陷，為何他還要使用這些自殺統計數據？簡單地說，他別無選擇。如果你思考一下他能使用的其他資料蒐集方法，事實上他別無更佳的選擇。涂爾幹能夠訪談那些曾企圖自殺但仍存活的人嗎？況且，企圖自殺但未遂的人有一些特質並非自殺身亡的人所具有的。自殺身亡的人往往是老年人，經常也是重病或疾病纏身，經常是痛苦的，通常是獨居的，以及經常使用暴力手段，例如槍擊或冒險自高樓跳下。自殺未遂者（parasuicides）（企圖自殺未成者）較可能使用自殺成功率較低的自殺方法，例如藥物過量。

　　文件的分析使得涂爾幹得以洞察自殺者的動機。涂爾幹亦曾援引了 Boismont（1865）的著作來補充他的分析。Boismont 曾對 1,507 位自殺者的個人文件進行分析。

　　然而，仍然有一問題。驗屍官在他們確認猝死為自殺時，他們的內心不可能存有涂爾幹對自殺的定義。就研究方法的意義言，驗屍官使用了一套指標來認定猝死為自殺，這並不足以充分反映如果涂爾幹有機會如此做的話他將如何操作變項（自殺）。

犯罪統計

　　每年的犯罪統計均會於電視或報紙上報導。英國內政部（Home Office）透過其網站：http://www.homeoffice.gov.uk/publications/science-research-statistics/research-statistics/crime-research/hosb1011/，免費對任何人提供犯罪統計數據。然

而，統計數據並沒有說明犯罪的性質或程度的原委。像所有統計數據一樣，存在不當的內涵與疏失。許多犯罪沒有被報導是有許多原因：包括人們可能沒有意識到他們受到犯罪的侵害，例如：某人侵入他人的網路寬頻；犯罪可能被認為過於微不足道而不值得報導；可能是家庭成員所犯下的罪行，但你不想對他（她）提起控訴；有人可能會因為是某種罪行（如強暴）的受害者而感到羞愧等。

英國犯罪調查（British Crime Survey, BCS）是過去十年來每年都進行的人口抽樣調查。該調查讓人們得以對任何其所犯罪行以及他們為受害者的罪行詳細陳述。該調查對通常被認為是「犯罪黑數」（dark figure of crime）的數據提出了一個實際說明，更精確地反映了英國犯罪的程度。英國犯罪調查所調查的主題包括：

- 個人犯罪經驗。
- 對警察、法院與刑事司法制度（Criminal Justice System）的態度。
- 對犯罪的恐懼。
- 鄰里守望相助與人們為了防範犯罪與火災以保護家人及車輛所採取的安全措施與其他安全措施。
- 在職場所受到的侵害與暴力。
- 對偏見及其與犯罪關係的看法。
- 合法與非法使用藥物。
- 性侵害。

從英國犯罪調查所引發的問題之一，是對犯罪的恐懼大於成為犯罪受害者的恐懼。詳細的英國犯罪調查報告亦可透過英國內政部網站免費獲得。

資料庫與資料集

資料庫為社會科學研究者提供了一個重要的資源。它們讓你可以認清隨著

時間發展的趨勢、評估主要研究結果的適用性、確定社會因素，以及增加主要資料的有效性。當資料集相結合時，也能夠提昇二次分析。在組合資料集時，有些方法上與技術上的問題需要加以處理。是否兩個或兩個以上的資料集在概念上相容？你也必須記住在初始研究中所提出的問題是經常與二次分析中所要處理的問題是不一樣的，或者可能使用不同的變項與（或）指標，例如：涂爾幹的批評者即曾指出，涂爾幹對自殺的定義可能與驗屍官在判定猝死原因時所採用的自殺定義有很大的不同。這意謂著在概念上，官方統計數據所顯示的意義與涂爾幹的定義可能是不一樣的，例如：種族在不同的資料集即經常有不同的意義。這表示在二次分析時研究者必須確定在原本資料集中所使用的變項與指標和二次分析中所使用之變項與指標的定義相契合。如果它們不相契合，這表示在原始資料集中的經驗指標（empirical indicators）沒有充分反映在二次分析中所使用的理論變項（theoretical variables）。在最後的分析，你必須驗證在原始資料集中所使用之指標的效度與信度。

思考點

有可能藉著檢視主持網站的機構之性質，對於網頁的素質給予初步的評斷。網主的類型可以從網址的最後兩個或多個字母來加以識別。

.ac.uk：在英國這表示網頁是代表教育機構，譬如大學或繼續教育學院所製作的。在美國則使用 .edu 而非 .ac.uk。

.com：表示網頁是代表營利或商業機構所製作的。

.org：表明網頁是代表非營利的機構所製作的。

.net：是一種 Windows 操作系統與網際網路界面的軟體架構。

.gov：表示網頁是代表政府機構或部門所製作的。

▶▶ 問題

與來自商業提供者的資料相比較，你是否更願意接受來自於大學或政府部門的資料為有效的資料？請說明你的理由。

概念與技術工具

　　Cicourel（1964）檢視犯罪統計數據與 Douglas（1967）檢視自殺統計數據，兩者的結論為，就社會科學家而言，官方統計數據的價值是有限的，因為雖然它們在本質上似乎是事實的，但實際上，是基於編纂者的主觀認識或常識推測。Hindess（1973）為了要評估「官方統計對社會科學研究的價值是有限的」此一說法，進行調查資料蒐集以及彙整成官方統計的方式。Hindess 亦檢視了在形成官方統計時所使用的工具。他指出有兩種工具被用於產生官方統計：概念性工具（conceptual instruments），其中問題是由蒐集資料的官員所界定的；以及技術性工具（technical instruments），這是用於蒐集與彙編的統計方法。

　　就某個死亡案件被歸類為自殺或某種行為被認定為犯罪，驗屍官或警察均必須遵循一定的政策與程序，而這些政策與程序並非必然是出於他們自己個人的見解或信念。這些政策與程序可以被認為是資訊藉以被歸類為某一類而非他類的法則。這個過程可以被描述與評估，並判斷政策與程序產生有效資料的可靠性與能力。如果類別能更有效地反映真實世界的事件，所產生的統計數據就更為有效與可靠。

　　除了變項與指標的相容性外，還有一些研究者在使用次要資料時，需要加以考慮的其他問題：如資料是如何蒐集的、研究的內容是否已告知、資料的蒐集是否合乎倫理，以及抽樣程序是否已告知？

次要資料的類別

　　網際網路的發展業已對次要資料之獲取帶來革命性的影響，給予時間有限的研究者帶來了便利。研究者在研究計畫中有許多次要的資料庫可以使用。

政府與管制機構

　　對一位在研究中要使用官方統計數據的英國研究者來說，一個絕佳的起始點是檢視《社會趨勢》（*Social Trends*）。這是一個優異的參考資料來源，彙集了政府部門與其他組織的資料。它共分為十三章：犯罪與司法、教育與訓練、環境、財政支出、衛生、家庭與家人、住宅、勞動力市場趨勢、所得與財富、生活方式與社會參與、人口趨勢、社會保障、運輸。政府提供研究者免費使用過去十年的《社會趨勢》，而討論議題可以經由 www.ons.gov.uk 獲取。

　　使用次要資料的主要好處是節省費用。英國國家統計局（Office for National Statistics, ONS）蒐集了大量的資料，研究者通常可以免費經由其網站使用資料。國家統計局進行了超過 100 項的商業與家庭調查，致力於出版訊息改善人們對英國經濟與社會的理解。而國家統計局所要求的是任何資料要加以引註且註明資料出處來源，所以你應該查訪國家統計局的網站 http://www.ons.gov.uk，並探索可用的豐富資料。

　　國家統計局的資料包括來自每十年一次的全國人口普查以及如下抽樣調查研究的資料：

1. 綜合家戶調查（Integrated Household Survey, IHS）是一種複合式的家庭調查，彙集了許多國家統計局所進行之家庭調查的問卷回覆，包括：生活費用與食品調查（Living Costs and Food Survey, LCF）、英國住屋調查（English Housing Survey, EHS）、年度人口調查（Annual Population Survey, APS）、生活機會調查（Life Opportunities Survey, LOS），以及一般生活方式調查（General Lifestyle Survey, GLF）〔前身為一般家庭調查（General Household Survey）〕。

2. 勞動力調查（Labour Force Survey, LFS）是每季針對以系統化的隨機抽樣所選取之 60,000 個家庭的調查。調查的目的為提供有關英國勞動力市場的資訊以確認勞動力市場的趨勢，並評估勞動力市場政策。該調查的抽樣母群（sample population）為 16 歲以上居住在英國的公民。勞動力調查之抽樣

框架是由郵局所提供，而且這份名單是來自英國每日收郵件少於二十五件的所有地址；醫院的樣本也是從 NHS 醫院的病歷紀錄中抽樣而來。

資料的蒐集是透過一系列有五個階段的結構式訪談而來。每三個月隨機選取大約 12,000 位年齡在 16 歲以上的個人，並以代表家庭中所有成年人的身分接受訪談。同樣的人在連續為期三個月期間接受五個階段的訪談；結束第五階段訪談之後，該 12,000 戶將自樣本中抽離，另由新的 12,000 戶樣本取代。受訪者在開始的時候是親身接受訪談，之後的不同階段則以電話接受訪談。

有一個完整系列的其他勞動市場統計（Labour Market Statistics）亦可供研究者使用。

3. 家庭支出調查（Family Expenditure Survey, FES）是針對家庭在商品與服務項目上之收入與支出的調查，該調查係由所有英國家庭中隨機抽樣進行調查。調查最初設計是為提供零售價格指數（Retail Price Index）消費模式的訊息。樣本中每位 16 歲以上的個人都被要求將兩個星期來的每日開支記錄下來。有關租金與抵押貸款以及其他大型項目支出的訊息亦蒐集在內。在去年進行了 2000 到 2001 年的調查，有 6,637 戶涵蓋於樣本中。

2001 年 4 月，家庭支出調查被支出與食品調查（Expenditure and Food Survey, EFS）取代（譯者按：該調查後於 2008 年為 Living Costs and Food Survey 所替代）。

4. 關於支出與食品調查中的家庭支出的編碼是根據一套稱為歐洲標準的「個人消費按用途分類」（Classification of Individual Consumption by Purpose, COICOP）的代碼，請見圖 4.1 所示。

人口普查

在英格蘭與威爾斯，人口普查是由國家統計局來設計與執行。簡單地說，人口普查是人口的計數並指出人口的主要特徵，如年齡、性別、種族、婚姻狀況以及宗教信仰。透過郵寄問卷的方式來蒐集資料。在英國，自 1801 年以來每隔十年即有一次人口普查。填寫人口普查問卷並於期限前寄回是人民的義務，

01 ── 食品與非酒精飲料
01.1 ── 食品
01.2 ── 非酒精飲料
02 ── 酒精飲料與菸草
02.1 ── 酒精飲料
02.2 ── 菸草
03 ── 服裝與鞋類
03.1 ── 服裝
03.2 ── 鞋類
04 ── 住房、水、瓦斯、電力以及其他燃料
04.1 ── 住房實際租金
04.3 ── 住宅的定期保養與維修
04.4 ── 有關住宅的其他服務
04.5 ── 電力、瓦斯與其他燃料
05 ── 室內陳設品、家庭設備以及房子的日常維護
05.1 ── 家具、室內陳設品與裝飾、地毯與地板鋪蓋物及維修
05.2 ── 家用紡織品
05.3 ── 家用電器
05.4 ── 玻璃器皿、餐具和家用器皿
05.5 ── 房子與花園的工具和設備
05.6 ── 日常家庭維護的商品與服務
06 ── 健康
06.1 ── 醫療產品、器具與設備
06.2 ── 門診服務
06.3 ── 醫院服務
07 ── 運輸
07.1 ── 購買車輛
07.2 ── 個人運輸設備操作
07.3 ── 運輸服務

（續下頁）

圖 4.1 COICOP 01-12：家庭個人消費支出

```
08  ─ 通訊
08.1 ─ 郵政服務
08.2/3 ─ 電話和傳真設備與服務
09  ─ 休閒與文化
09.1 ─ 視聽、攝影與資訊處理設備
09.2 ─ 其他康樂與文宣主要耐用品
09.3 ─ 其他娛樂項目與設備、花園與寵物
09.4 ─ 娛樂與文化服務
09.5 ─ 報紙、書籍與文化
09.6 ─ 套裝假期
10  ─ 教育
11  ─ 餐廳與旅館
11.1 ─ 餐飲服務
11.2 ─ 住宿服務
12  ─ 雜項商品與服務
12.1 ─ 個人照護
12.2 ─ 個人財物
12.3 ─ 社會保障
12.4 ─ 保險
12.5 ─ 金融服務
12.6 ─ 其他服務
```

圖 4.1 COICOP 01-12：家庭個人消費支出（續）

資料來源：European Commission 'Glossary: COICOP/HICP' http://epp.eurostat.ec.europa.
eu/statistics_explained/index.php/Glossary:COICOP/HICP

未填寫與寄回問卷者可被罰款 1,000 英鎊。所有問卷上的問題均必須回答，除非是有關宗教的問題。人們的回答將被轉換成統計數據。個人的普查資料在 100 年之後只開放給國家檔案局（Public Records Office）供社會與歷史研究使用。中央政府與地方當局利用這些資料以規劃公共服務。

資料檔案

英國國家資料庫（United Kingdom Data Archive）包含有數千個社會科學研

究人員所感興趣的訊息資料庫。檔案是設在埃塞克斯大學（University of Essex），其網址為 www.data-archive.ac.uk/home。該檔案於 1967 年在當時的社會科學研究委員會（Social Science Research Council）的贊助下開放，經濟與社會研究委員會（Economic and Social Science Research Council, ESRC）持續贊助迄今。雖然在檔案內有數千個資料庫，研究人員透過網際網路最常使用的包括：

- 經濟與社會資料服務（Economic and Social Data Service, ESDS）：該國家資料庫提供社會科學研究人員有興趣之範圍廣泛的重要量化與質性的社會與經濟資料。

- 每十年的人口普查資料，包括小地區之統計的子集，可以在 census.ac.uk 的網址找到。經由檔案庫，研究者可以使用經濟與社會研究委員會普查方案（ESRC Census Programme）所提供的資料。該 ESRC 普查方案為英國高等以上教育之研究人員提供了 1971、1981、1991 及 2001 年英國普查的資料。

- 歷史資料服務（History Data Service, HDS）提供了一系列有助於歷史研究的數位化資料資源。

- 調查資源網絡（Survey Resources Network, SRN）讓研究者能夠使用自 1990 年代中葉以來的題庫（Question Bank）。

- 從 2009 年開始，檔案庫亦提供安全資料服務（Secure Data Service）。這是經濟與社會研究委員會的提議，讓研究者能夠在同時維護個人與組織之隱私的情況下，安全、可靠與自由地使用敏感性或機密性的資料。

另一個對社會研究者極具價值的線上檔案庫是建置在曼徹斯特大學（University of Manchester）的曼徹斯特資訊及相關服務（Manchester Information and Associated Services, MIMAS）。經由其網站（http://mimas.ac.uk），研究者可以取得來自於人口普查傳播單位（Census Dissemination Unit, CDU）的資料，包括免費使用及連結至英國人口普查彙總統計（UK Census Aggregate Statistics）。曼徹斯特資訊及相關服務也擁有檔案集線器（Archives Hub），這使研究人員能夠搜索全英國各地近 200 個機構所持有的大量檔案。

凱西‧馬什人口普查與調查研究中心（Cathie Marsh Centre for Census and Survey Research, CCSR）（http://www.ccsr.ac.uk）也設在曼徹斯特大學。該龐大檔案包含匿名者紀錄樣本（Samples of Anonymised Records, SARs）資料庫。該資料庫是由 1991 至 2001 年人口普查之個人紀錄的樣本所組成。

匿名者紀錄樣本包含每一個人的紀錄，其識別訊息都被刪除以確保隱密性。匿名者紀錄樣本資料集讓研究者得以在全國或地方層級對小子群體（small sub-groups）進行全面性人口普查類別，如住屋、教育、衛生、交通、就業、種族與宗教的分析。

除了人口普查與資料檔案庫的調查資料，已公布的法律判決也是徹底了解許多問題與機構〔如廣告標準管理局（Advertising Standards Authority, ASA）〕之決策的重要資料來源，亦可能用於許多研究目的。廣告標準管理局對媒體進行調查，檢查其違法率並找出任何可能的問題。他們的研究通常都聚焦於曾有問題前科的廣告領域。研究人員可以從廣告標準管理局的網站（www.asa.org.uk/Resource-Centre/Reports-and-surveys.aspx）下載其研究報告。

英國社會態度調查

英國社會態度調查（British Social Attitudes Survey, BSA）是針對 3,600 位隨機抽樣自年滿 18 歲或以上之受訪者的抽樣調查。這是自 1983 年以來每年由國家社會研究中心（National Centre for Social Research）進行的調查。該調查蒐集了有關人民對廣泛經濟、財政、社會、政治與道德問題（例如：公共開支、對犯罪的恐懼、兒童保育以及公共政策其他領域）之態度與意見的訊息。問卷問題亦包括各項活動，諸如有關報紙讀者、政治派別、宗教、慈善捐贈、勞動力市場參與以及受教育程度等。調查結果出版成書。

該調查的主要贊助者為蓋茨比慈善基金會（Gatsby Charitable Foundation），它是塞恩斯伯里家庭慈善信託（Sainsbury Family Charitable Trusts）之一。

報刊

報紙、網際網路以及電視為有用的資料來源。報紙與電視經常委託進行對

研究者具有資料價值的民意調查。報紙上的文章可以被用來作為研究者可能沒有直接接觸之某事的相關「事實」（fact）資料來源，或者報紙文章與電視新聞可以被認為是可研究的資源。

已出版學術研究

有一種方法僅是對其他研究者已經蒐集與出版的資料，進行再分析。後設分析（meta-analysis）即是再分析的一種形式，它係從一些探究同樣研究問題的研究中萃取資料，並彙集相關研究的結果。全國兒童發展研究（National Child Development Study, NCDS）是最著名的縱貫式研究（longitudinal studies）之一，在其中，研究者經歷多年的研究並獲得很好的研究效果。

■ 全國兒童發展研究（1946）

全國兒童發展研究是一項持續性的縱貫式研究，它是追蹤 5,000 位以上於 1946 年 3 月第一個星期出生的嬰兒迄至其成年的研究。最初的計畫主持人 J. W. B. Douglas 原本打算要調查所有在那個星期出生的 15,000 位嬰兒，但是由於經費上的限制，他只能取樣 5,362 位嬰兒，來自勞工家庭與非勞工家庭背景者各半。在研究過程中，研究者維持與當初樣本之 80%到 90%之孩童的聯繫，通常只有間歇性地失去聯繫。有最初樣本的 70%完成資料蒐集。在第一次的調查時，對於孕產服務中心（maternity service）與小孩養育有詳細的描述。透過問卷調查、訪談、學校紀錄與教師的評量來蒐集資訊，以了解青春期、父母參與教育，以及家庭背景對教育成就的影響。在研究後期階段，研究的資料包括家庭關係、宗教信仰、就業、住房、休閒及組織成員。研究的目的是能夠對一個人一生的過程中人性的發展有更佳的了解。

對於出生世代（birth cohort）的所有成員已經經歷過八次的調查。前三次的調查是由國家兒童局（National Children's Bureau）分別於 1965、1969 及 1974 年進行。1985 年，該研究轉由當時的社會統計研究單位（Social Statistics Research Unit, SSRU），即現今之縱貫式研究中心（Centre for Longitudinal Studies, CLS）進行調查研究，第五次調查研究於 1991 年進行，第六次為 1999 至 2000

年，第七次於 2004 年，以及 2008 至 2009 年的最後一次調查。

來自 NCDS 的資料是由經濟與社會資料服務負責管理，研究者可以經由 www.esds.ac.uk/findingData/ncdsTitles.asp 網址取用。

■ 全國兒童發展研究（1958）

Wedge 與 Prosser 曾為國家兒童局進行一項類似縱貫式的研究計畫，該研究追蹤調查所有在 1958 年 3 月 3 日到 9 日出生的小孩迄至其學校生涯。他們出版了一本名為《先天不足》（*Born to Fail*）（1973）的書，在書中他們意圖從 1958 到 1969 年間所蒐集到的資料中確認出與學習成績不佳的相關因素。然而，隨著同世代之 18,559 位小孩長大成人，資料集已被研究者使用來檢驗一系列有趣的假設。

例如：Sargent 與 Blanchflower（1994）曾使用資料集來識別 23 歲成人的肥胖與其時薪（hourly earnings）間是否有相關。根據蒐集自 12,537 位可追蹤之受訪者的資料，他們發現就男性來說，肥胖與收入之間並無關係存在。但是，在女性方面，肥胖與收入之間則存在著統計上顯著的逆相關，無關父母的社會階級以及他們在兒童時的能力測驗成績。

經濟與社會資料服務亦提供一系列表列並連結到所有為研究目的而使用全國兒童發展資料集的研究計畫，可見之於 www.esds.ac.uk/longitudinal/access/ncds/usage.asp。

歷史資料

這種類型的研究包含了主要與次要資料來源的蒐集，讓研究者能夠根據這些訊息就其所要調查的問題導出更正確的推論。過去的表徵呈現可以從已經出版與未出版的文獻、紀錄、傳記、訪談人們有關他們的個人觀察與經驗來加以推斷。許多人以研究歷史為目的，但是它對於當代問題的研究者亦有價值。歷史資料讓研究者能了解趨勢，該地區社會變遷的指標，對於調查問題有影響的

相關變項指標，對該地區當前實務如何推展提供一些建議，以及說明其他研究者如何在過去探討該問題。

　　歷史資料服務（HDS）彙集並保存由歷史學家所出版之社會與經濟的歷史資料的國家歷史檔案，並以數位形式傳遞該訊息。自 2008 年以來，HDS 即由在埃塞克斯大學的英國國家檔案庫來託管。HDS 亦對研究者提供有關如何在其研究中更有效利用歷史資料的線上諮詢。學生可以免費使用該資料，若要使用檔案，學生必須透過 http://hds.essex.ac.uk/history/about/introduction.asp 網站註冊。

二次分析的優缺點

　　使用次要資料除基於務實的理由，如給研究者帶來節省時間的好處外，Hakim 曾主張當研究者倚賴次要資料而非自己蒐集資料時，將有利於理論的發展：

> 　　二次分析的優點之一，是它促使研究者更加密切地思考有關研究的理論目標與實質問題，而非蒐集新資料的實際的與方法上的問題。為一項新調查爭取經費與規劃所付出的時間與精力可以轉而致力於結果的分析與解釋。（Hakim, 1982: 16）

　　Smith（2009）曾經指出在社會研究中使用二次分析的好處與主要目標。在好處方面，她指出下列幾點：

● 使用次要資料讓研究者能夠獲取在某範圍內他們無法自己蒐集到的資料。它讓那些未具備有技術與能力的研究者能夠利用高素質、有效與可靠的資料集來進行調查；次要資料可以從不同的觀點來加以分析與引用，因此提供了發現先前沒有考慮到的關係的機會。
● 次要資料是社會建構的，意即它是蒐集次要資料之人們與組織間釋義與妥協的產物。將該資料轉化成數字形式，並不能反映其複雜性且將導致訊息丟失的後果。

● 次要資料有許多的錯誤，例如：「根據 2005 年的小學生級別年度學校普查（Pupil Level Annual School Census, PLASC），在 2003/2004 年有 6,479 位小學生曾被永久地排除於學校教育之外。這數字與當時之教育與技能部（Department for Education and Skills, DfES）於第一次發表的統計數據（Statistical First Release）9,880 位少了許多（DfES, 2005）。此種資料差異的原因迄今仍然不清楚」（Smith, 2009: 91）。

● 尤其是來自政府官方的次要資料是非價值中立的，而係反映了那些當權者的利益。

● 二次資料分析往往涉及資料的分析，但是這些資料在當初蒐集時內心有非常不同的目的。

思考點

　　認為此種資料是社會建構的，因此無助於了解社會世界（social world）的說法是站不住腳的。次要資料能夠提供了解社會世界的視窗，它能夠透過進一步的調查，通常是採用深度調查研究的方法，而有助於認識社會趨勢與不公平的現象。（Smith, 2009: 99）

　　的確很難爭辯說，研究人員對於遭學校永久開除之小學生所面臨挑戰的研究，將無助於了解哪些青少年被哪些類型的學校開除，以及在哪個特別時期？二次資料分析能讓我們知道有關社會發生了什麼？有哪些不公平依然存在？然而它卻不能讓我們知道為什麼存在這些不公平──這需要採用深度的研究方法，就此二次資料分析則是理想的輔助方法。（Smith, 2009: 100）

　　你認為 Smith 上述兩段論述的要點是什麼？請就此寫一篇總結摘要。你同意或不同意她的論點？請說明你的理由。

結論

　　官方統計對於社會科學家有莫大的實際利益；它們具有高度的效度與信度（如出生率）。然而，有些官方統計，特別是失業統計、自殺統計以及犯罪統計，確曾引起認為它們缺乏效度的批評。政府曾多次改變其對失業的界定、一些猝死被錯誤地記載，以及警察經常沒有登錄犯罪。政府統計數據的易於取用，將節省研究者的時間與金錢，而且這些統計也經常每隔一段時間以標準化分類的方式登載，讓研究者能夠識別資料所代表的趨勢。

Erica 被要求撰寫一個研究計畫，但她不知如何著手！

次要資料來源

　　在上過研究方法單元課程後，Erica 已知道在搜尋次要資料時，國家統計局的網頁是多麼地有用，例如：當她查閱時，她發現《社會趨勢》涵蓋了許多有關動物園成為吸引遊客的景點，以及在過去某一時段有多少遊客參訪動物園的訊息。雖然《社會趨勢》並沒有包含與研究直接相關的訊息，但是仍然有一系列其他可信的資料來源，譬如包括與研究問題相關的多樣資料集及兼採質性與量化資料的視察報告。發表可能含有可用訊息之報告的相關機構包括：

- 動物園督察局（Zoos Inspectorate）。
- 野生動物督察局（Wildlife Inspectorate）。
- 皇家防止虐待動物協會督察局（RSPCA Inspectorate）。
- 國家獸醫服務（State Veterinary Service）。
- 皇家獸醫學院騎馬場所督察局（RCVS Riding Establishments In-

spectorate）。

- 教育標準督察局（Ofsted）。
- 英王陛下的城鄉規劃督察局（Her Majesty's Planning Inspecto-rate）。

由於有一個假設認為研究應該由研究者蒐集他們自己的原始資料，因此你可能不想使用這些報告作為你研究的根據。然而，Erica 可能仍然要使用次要資料作為她文獻探討的一部分。正如在本章所言，二次分析讓她能夠彙集來自不同時期之書籍與論文的論點，使她能夠對所引用的當前相關研究做出明智的判斷。

 參考文獻

Angst, D.B. and Deatrick, J.A. (1996) 'Involvement in health care decisions: parents and children with chronic illness', *Journal of Family Nursing*, 2(2): 174–95.

Boismont, A.B.D. (1865) *Du suicide et de la folie suicide*, Paris: Librairie Germer-Baillière.

Cicourel, A.V. (1964) *Method and Measurement in Sociology*, New York: Wiley.

Cowton, C. (1998) 'The Use of Secondary Data in Business Ethics Research', *Journal of Business Ethics*, 17: 423–34.

Dalton, D.R. and M.B. Metzger (1992) 'Towards Candor, Cooperation, and Privacy in Applied Business Ethics Research: The Randomized Response Technique (RRT)', *Business Ethics Quarterly*, 2(2): 207–21.

Douglas, J. (1967) *The Meanings We Give to Suicide*, Princeton NJ: Princeton University Press.

Durkheim, E. (1897) *Suicide: A Study in Sociology*, translated by John Spaulding and George Simpson, London: Routledge and Kegan Paul.

Hakim, C. (1982) *Secondary Analysis in·Social Research: A guide to data sources and methods with examples*, London: George Allen and Unwin.

Heaton, J. (1998) 'Secondary analysis of qualitative data', *Social Research Update*, 22.

Hindess, B. (1973) *The Use of Official Statistics in Sociology: A critique of positivism and ethnomethodology*, Basingstoke: Macmillan.

Hinds, P.S., Vogel, R.J. and Clarke-Steffen, L. (1997) 'The possibilities and pitfalls of doing a secondary analysis of a qualitative data set', *Qualitative Health Research*, 7(3): 408–24.

Sargent, J. and Blanchflower, D. (1994) 'Obesity and Stature in Adolescence and Earnings in Young Adulthood: Analysis of a British Birth Cohort', *Archives of Pediatrics and Adolescent Medicine*, 148: 681–87.

Smith, E. (2009) 'What can secondary data analysis tell us about school exclusions in England?', *International Journal of Research & Method in Education*, 32(1): 89–101.

Szabo, V. and Strang, V.R. (1997) 'Secondary analysis of qualitative data', *Advances in Nursing Science*, 20(2): 66–74.

Wedge, P. and Prosser, H. (1973) *Born to Fail?*, London: Arrow Books/National Children's Bureau.

訪談法

閱讀本章後你將能理解到：

- 不同類型的訪談——結構式訪談；半結構式訪談；深度訪談；團體訪談；以及線上訪談。
- 如何編寫訪談大綱以及訪談計畫。
- 如何對得自訪談的資料進行資料分析。
- 如何使用訪談方法蒐集資料，以確認問題並獲得可行的解決方案。
- 你會如何發展你的訪談技巧。

前言

　　訪談是社會科學中最常用的資料蒐集方法之一。一言以蔽之，這是因為在日常生活中，我們要人們向我們提供訊息最常使用的方法之一就是問他們。有趣的是，除了研究的資料蒐集外，訪談亦廣泛地使用於其他情況的資料蒐集：例如電視台採訪、警方約談、工作面談、與醫生、護士及諮商師等的醫療訪談，市場調查訪談，以及博士口試等等。顯然地，在廣泛情況下，就許多不同的人們與組織來說，訪談被認為是自人們蒐集訊息的有效與可靠的方法。假設似乎是，在面對面接觸的情況下，當我們向人們提問時，他們會更願意提供有關自

己的詳細訊息：談話是人類行為的一個重要層面。

你可能要思考一下在雇用人員時，或者在蒐集破案證據時，面談是如何地有效用。在社會科學研究的資料蒐集方面，有許多不同類型的訪談，這如同在一連續的光譜上，從非常正式的**結構式訪談**（structured interview）到完全無結構化的、非正式的或**深度訪談**（in-depth interview）。前者，研究者就表列的問題，逐題照本宣科地以同樣的話與口氣問受訪者。後者，研究者列出其要與受訪者討論或關心的問題，而訪談的過程是採取引導式談話的形式。在結構式訪談與非結構式訪談之間，存在著一系列其他類型的半結構式訪談。關於**半結構式訪談**（semi-structured interview），研究者有一份他要問受訪者的正式問題清單，但在訪談過程中可能提出其他議題或問題。本章將針對這些不同類型的訪談法加以概述及評估、解說如何編寫訪談計畫或訪談大綱，以及如何進行資料分析。本章亦包含線上訪談與團體訪談（或焦點團體訪談）的討論；低回收率問題；受訪者不願提供完整與真實的回答；以及提示與探究的討論。

應注意的問題

訪談是為了蒐集可用以支持研究目的的資料，而主動採取的一種通常涉及兩個人的談話形式。激勵受訪者談論由研究者所提出的問題。然而，在日常生活中，有時當兩個人初次見面時，其中一個人可能開始對另一個人看不順眼，這種反感將影響他們的談話。彼此反感的問題亦可能影響研究訪談，如此雖然訪談是一種非常普遍的資料蒐集方法，訪談的一個共同缺失是研究者偏見的可能性。Cicourel（1964）指出，在進行訪談時，有些問題需要加以解決：

1. 受訪者對於被問到問題的某些方面可能感覺不自在，而完全規避某些問題或未給予完整的回答。
2. 溝通可能失敗，因為對於所說的意涵沒有共識。
3. 受訪者可能選擇保留訊息，例如：對研究者隱瞞其個人資料。

　　日常生活是受到約制的，在我們日常的談話中，我們不會總是對被問到的問題給予充分與坦誠的回應。那麼顯然地，因為訪談的過程即是基於對話，在我們日常生活中的談話，又無法倖免地會受到詭計與欺瞞的影響。

　　在訪談中，受訪者向我們提供有關他們自己的消息，但是這些消息幾乎很少完全是事實的。從訪談中所蒐集到的資料形式通常都是基於受訪者個人對有關世界的觀點、觀察與設想而來的自發性敘述。

　　令人訝異的是，針對同樣的問題，對抽樣自同一母群體中的同組受訪者進行訪談，但訪談結果的品質與內容經常差異甚大。這可能是因為非研究者所能控制之不同信任程度、社會疏離（social distance）或其他因素所造成的，例如：為了保持禮貌，卻往往導致人們說謊。我曾在晚宴中吃過一些令人作嘔的食物，但是為了避免讓主人受窘，當我被問到是否享受餐點時，我經常回答「是」。我假裝是真誠的！同樣地，在親密生活關係中，我們可能以某種方式對我們的伴侶撒謊來保護他們。

探究與提示

　　所有的研究者均以達到能產生有效與可靠研究發現為目標，但是為此我們需要受訪者能對我們的問題給予完整與坦誠的回應。如果受訪者沒有提供完整與坦誠的回應，我們將無法對所調查的問題了解其全貌，而將有損我們研究發現的效度。Fielding（1993）曾指出四種人們對訪談問題經常未給予充分與坦誠回應的可能原因：

1. 合理化：受訪者傾向於對他們的行為提出合理的理由，隱瞞那些較情緒化或偏狹的理由。
2. 缺乏認識：有些人可能覺得對使用適當的言詞表達他們的想法會有困難，或者對被要求回答的問題沒有充分的訊息。
3. 害怕被揭露：所有的人都會顧及自我形象，如果對問題給予充分與坦誠的回應可能會傷害到自我形象時，受訪者可能選擇不給予充分的敘述。
4. 過度禮貌：有些受訪者或許會因為被納入樣本中而受寵若驚，因此認為若

他們的回應未能迎合研究人員所需的話，是很不禮貌的事。

提示與探究是兩種最常用來克服這些問題的技巧。提示（prompting）是單純地激勵受訪者對問題提供更完整的回答。這可以透過重複、重新陳述問題，或者簡單地要求受訪者就他們所回答的某些方面多談一些。間接提問也是在處理敏感問題時的有用方法。如果你問一個人：「你是一位種族主義者嗎？」他們不太可能回答「是」，並繼續充分說明種族主義在他們的生活中所扮演的角色。然而，如果你間接地問，例如：「為何你認為他人是種族主義者？」那麼受訪者較可能給予坦誠的回應。當受訪者假裝代表他人說話時，他可能說出種族主義者的動機。

探究（probing）可以是口頭的或非口頭的，例如：當受訪者在說話時你點頭示意；對受訪者重複他所回答的一句話，以努力激勵受訪者對這句話給予進一步的說明；發出如嗯或啊的聲音；在受訪者回答後保持沉默，以激勵受訪者多說一些；補全一個人未說完的話；或使用圖片或其他視覺提示以幫助受訪者。

訪談者的偏見

對使用訪談為主要資料蒐集方法的研究來說，訪談者的偏見是對研究效度最常見的威脅。該偏見可能來自於：

- 問題本身可能具有誘導性。
- 研究者誤解受訪者的回答以及對於受訪者的回答妄加非受訪者本意的意涵。
- 誤導性的探究與提示：使受訪者說出並非真實反映他們立場的話。
- 在編寫階段，改寫訪談轉譯稿（transcript）（逐字敘述受訪者所說的）或者僅是選擇訪談轉譯稿中支持研究者論點的部分。

結構式與非結構式訪談

Kvale 與 Brinkmann（2008）勾勒出兩種非常不同的訪談過程概念，即被描述為訪談的資料挖掘（data-mining）概念與旅行者（traveller）訪談方法。

引用礦工的比喻，客觀的訊息或意涵被想像為深埋在受訪者腦海中的資源，訪談者則好比是從受訪者純粹的經驗中挖掘知識寶藏資源的礦工。這是最常用的訪談法，認為訪談僅是一種資料蒐集的方法。身為研究人員的我們，要求受訪者就其在世界上所親身經歷的感覺、狀態、態度、信念或事件，提出報告或描述，然後研究者必須將受訪者的回答編入編碼類別或主題。受訪者之回答中被採用的部分在研究報告中加上引號作為資料。任何研究者的主觀意識都應排除，因為這將有損資料的效度與信度。

相反地，旅行者的隱喻是根據談話（conversation）的拉丁文原意「徜徉一起」（wandering together with）而來，在此我們提出問題並激勵受訪者訴說他們自己的人生故事，進而探索他們視為理所當然的價值觀與習俗，為的是能夠更全面地了解受訪者的生命意義。在這種研究方法中，所強調的是詮釋。訪談的過程正如一位旅遊者踏上前往遠處國境的旅程，他沒有地圖的指引，漫遊在不知何處的地方，在旅途中所發現的軼事，可以在歸國後重述。旅行者研究方法非常重視對受訪者之立場的詮釋與理解。訪談有助於研究者更充分地了解受訪者的自身觀點。

如何進行訪談

如果你決定在你的研究中要採用訪談法來蒐集資料，那麼在開始蒐集資料前，你需要先完成一些重要的階段。

首先，你需要思考研究的目的，你要探究什麼問題，以及你的研究宗旨與

目標是什麼。如果你感興趣的，是去探究受訪者那些不干擾人的、非高度私人隱私性的或敏感性的事實訊息，那麼你可能要考慮問封閉式問題。所謂封閉式問題（closed question），即是受訪者就你所提供之有限範圍的答案中做選擇。使用該方法，受訪者被問了一個問題並被要求就研究者所提供有限範圍的答案選擇作答。封閉式問題可以包括有關年齡、種族、性別及收入等問題，例如：

- 你是男性或女性？
- 你幾歲？10 至 18 歲、19 至 25 歲、26 至 35 歲等。
- 你的年收入有多少？10,000 至 19,999 英鎊、20,000 至 39,999 英鎊、40,000 至 59,999 英鎊、60,000 英鎊以上。

這裡有個問題是，雖然你可能不認為上述問題是敏感的，但是受訪者可能不作如是想。

思考點

　　為何你認為有些受訪者可能對他們的收入問題敏感或其實隱瞞了實際收入數額？如果你已經編撰了一個問卷，那麼就測試看看並指出最具爭議性的問題。

　　或許，如果你有興趣於蒐集有關人們對某一特定問題的想法與感受，或對某一特定問題附加了什麼意義的資料，抑或你通常不確定人們將如何回答，那麼你將需要問開放式問題。所謂開放式問題（open queition），即是受訪者並沒有被給予一套答案供其從中選擇，而是可以依其所願回答問題。

　　封閉式問題的好處是，藉由提供受訪者問題與答案的選擇，資料在蒐集前業已經過分類。一旦受訪者回答了所有的問題，研究者只要計算受訪者所給的答案，即能產生研究結果。封閉式問題的形式設想研究者對於其所進行調查的領域非常熟悉，以至於所有可能來自受訪者的答案均能被預先料及。如果受訪者對某問題所要回答的答案未如研究者所預期的，那麼在研究者提供給受訪者

選擇的答案中將無該選項。如果受訪者無法從答案選項中選擇一個適當的答案，那麼這將有損研究結果的效度。許多研究者試圖以提供開放類別或「其他」答案類別供受訪者選擇，來解決該問題；這通常給予受訪者能夠有機會以其自己的話語更加完整地解釋他們的回答。因此，在訪談計畫中包含一些封閉式問題與開放式問題是相當合情合理的。

身為研究者，你需要對於問題的形式（question format）以及回答的形式（response format）有些想法：

- 這些問題將是開放式問題、封閉式問題，或者是兩者的混合？
- 你要人們如何回答你所問的問題？
- 你要受訪者給予簡單的是或非的回答嗎？
- 你要人們給予讓你能夠探究受訪者感受的較完整回答嗎？

封閉式問題的回答可能是簡單的（simple），但不是單純的（simplistic）。封閉式問題可用以蒐集有關人們之態度、信念、看法、憂慮、渴望等等的資料。甚至非常敏感的問題也可使用精心設計的封閉式問題形式來加以詢問。研究者可以提供受訪者一種封閉式問題，而該問題係採取陳述的形式，並要受訪者從一系列可能的答案中選擇一個適當的答案。

範例

▶▶ **問題一**

請閱讀下列的敘述並勾選最符合你自己看法的答案：「英國政府應該優先減少失業，甚於對環境的關心。」

非常同意	☐
同意	☐
無意見	☐
不同意	☐
非常不同意	☐

▶▶ **問題二**

請閱讀下列問題並勾選最符合你自己看法的答案：當搭乘大眾交通工具旅遊時，如果有一位留著鬍子、穿傳統衣飾並揹著背包的亞裔年輕人坐在你的旁邊，你的感覺如何。你將會？

非常擔心你個人的安全　　　　　☐

害怕　　　　　　　　　　　　　☐

無感覺　　　　　　　　　　　　☐

不害怕　　　　　　　　　　　　☐

一點都不擔心你個人的安全　　　☐

訪談計畫的問題來自何處？

研究者所問的問題應該來自於研究的宗旨與目標。問題的答案應該能提供研究者為充分達成其研究目標所需要的資料。有些在訪談中所問的問題是根據我們在該領域的個人知識。理想上，你的問題應該反映該領域內學術上所討論的關鍵議題。換言之，你在該領域的文獻探討應該能引發出在所問問題中需要加以探討的重要議題。你的研究計畫將需要包含方法上的理由。該理由應不僅止於簡單地列出選擇使用該方法的優缺點，而是如果你的計畫篇幅許可的話，更應該包括對每一個提問問題的合理說明。理想上，你應該能夠以指出該領域的相關研究，來對每一個提出的問題做出合理的解釋。

有許多我們在社會科學所使用的變項是非常抽象的，且僅見於概念層次。變項需要使之成為可操作化的：這意謂我們需要找出適當的指標來證明變項如何影響我們正在調查的領域。如果我們以貧窮作為我們的變項，我們需要指出一個或多個貧窮的指標。每一個作為衡量貧窮的指標應該是清晰且明確的。你可能需要花點時間考量可用以衡量貧窮的合適指標。教育研究者經常以兒童接受學校免費營養午餐作為貧窮的指標，因為為了申請免費學校午餐，孩童的家

庭必須符合一系列有關低收入的條件。

　　總言之，身為研究者，在你的訪談計畫中，你需要有一組明確的問題，反映出研究的目的以及該領域已出版之研究的相關主要問題。訪談問題需要反映該專業領域的變項或主要理論與概念，而且每一變項需要能夠透過從每一待答問題中所找到之適當指標的使用來加以操弄。

編碼與資料分析：結構式訪談

　　分析與詮釋是為了讓我們所蒐集的資料具有意義的過程。分析基本上是指拆解對我們所提問題的回應，以重建的方式讓我們能夠對事件何以那樣發展，提出一個有意義的解釋。這涉及導引出一個推論或達成一個結論，以辯護性的解釋說明為什麼人們以他們的方式回答我們的問題。

　　開放式問題的資料分析方法與封閉式問題的資料分析方法有很大的不同。有關結構式訪談，特別是其中有許多封閉式問題者，一旦資料蒐集完成，研究者即可開始著手資料分析。與深度訪談相較之下，結構式訪談的資料分析與資料蒐集能同時進行。

　　在封閉式問題形式，對受訪者提供了問題與答案的選項，且期待他們選擇最接近他們自己個人答案的選項。封閉式問題格式的最大好處，是其資料分析較之開放式問題簡單許多，因為我們提供給受訪者的可能答案選項業已經過編組成能反映研究目標與該領域關鍵問題的類別。

　　為了獲得來自受訪者的有效資料，訪談者應該努力達成「刺激等效」（equivalence of stimuli）。也就是說我們對每一位受訪者問同樣的問題，使用同樣的字詞，依同樣的順序，以同樣的語調。如此，使得研究者能夠宣稱，任何受訪者對問題回答的差異完全是歸因於受訪者彼此之間在看法、態度或信念上的差異，而不是訪談者個人偏見的結果。利用封閉式問題的資料，大多數研究人員從每一問題所得到的答案確定了集中趨勢。簡單地說，**集中趨勢**（central tendency）是受訪者樣本群所給的答案中最頻繁出現者，或受訪者答案的平均

數。平均數通常是以答案的平均值計算之。

平均數（mean）簡單地說是數字的平均，我們將所有數字加總，然後除以數字的個數，來計算平均數。例如：

$$7 + 12 + 8 = 27$$
$$27 \div 3 = 9$$

在第 8 章，你將對平均數與其他統計測量有更多的了解。

一旦研究人員已經確定了資料陣列中的集中趨勢，其接下來的工作是解釋為什麼人們會以他們的方式回答。如同所有資料分析，解釋的建構是一種創造性的過程。然而，適用於從訪談資料解釋建構的兩種最常用的分析與解釋形式，是對應（correspondence）與模式配對（參見第 6 章）。

深度訪談

深度訪談可以視為一種為了蒐集資料的深入交談。如果研究者熟練於交談，該方法可以有效地洞察那些往往隱藏在談話中的感覺、態度與信念。

根據深度訪談法，研究者有一個訪談指引（interview guide）而沒有訪談表（interview schedule）。訪談指引可能包含一些產生自該領域之相關文獻閱讀的特殊問題，但它也包含有一些疑惑。疑惑（puzzlement）是研究者對於其調查領域所具有的想法或不明確的看法。它們可能不會是措辭清晰的問題形式，但希望受訪者在該領域的主觀經驗能夠有助闡明我們所不清楚的問題。當研究者仍在規劃研究的宗旨與目標以及發展對該領域的了解階段時，疑惑在探究性的訪談（exploratory interviews）可以是非常有用的。

當深度訪談被採用為資料蒐集的主要方法時，其往往是非標準化的。受訪者被問到新的或補充性的問題，以彰顯或更充分探討他們在之前回答的論點。疑惑能夠在訪談當中自然形成，如此，訪談者經常必須決定在訪談過程中，要

與受訪者更充分持續地探討什麼觀念或話題。當研究主題屬於非常個人化、敏感的或錯綜複雜時，深度訪談被認為是一種有用的研究方法。Harris、Skogrand與Hatch在其拉丁美洲人（Latino）婚姻的分析中，曾對受訪者問到下列的開放式問題（open ended question）：「你如何描述一個穩固的婚姻（strong marriage）？」「什麼是穩固婚姻的要件？」「你是怎麼了解如何才能擁有一個穩固的婚姻？」以及「什麼是最有助於維繫拉丁美洲人夫婦的穩固婚姻？」（2008: 458）。

在深度訪談，研究者需要與受訪者培養出融洽的關係，因此研究者絕不能是被動消極的。如果對於受訪者的回答有任何的疑惑或不確定，研究者就是再問另外的問題，而絕不要讓一個不明確的答案未受到質疑而仍然存在。

資料分析

正如你能想像，分析該資料的工作遠較從封閉式問題的答案中找出集中趨勢更為耗時。誠如Harris等人解釋他們的資料分析如下：

> 研究者首先埋首於訪談資料，獨自閱覽所有的答案，包括大約250頁單行行距的訪談轉譯稿。從該閱覽而確認了友誼、信任及關愛主題。考慮到現有有關歐洲人與拉丁美洲人婚姻與家庭生活的研究，研究者獨自搜尋這二十五對夫婦如何談論有關友誼、信任與關愛，以及它們在拉丁美洲人婚姻中所扮演的角色。（Harris et al., 2008: 459-460）

友誼、信任與關愛等類別據信均是來自於資料中。換言之，它們是一些受訪者在談論有關牢固婚姻時所使用的觀念或主要原則（organising principles）。為何受訪者以此種方式來討論婚姻，就需要我們給予解釋。像Harris等優秀的研究人員首先引用其他研究去了解，是否有現存的解釋能說明為何人們依他們自己的方式回應問題。如果在文獻中無法找到充分的解釋，那麼作為研究者的我們就必須建構我們自己對為何受訪者依他們自己的方式思考與行為的解釋。此種解釋建構的過程可能在本質上是主觀的，但是如果我們的解釋能說明為何

受訪者依他們的方式思考與行為，那麼這即是一個正確的推論。

使用開放式問題

　　Crain 在她有關宗教教育者的研究中，亦使用開放式問題，並非常清楚地說明她是如何進行：

　　　我在每次開始訪談時都會說明我感興趣於：人們如何有信仰、他們如何看待上帝，以及他們的生活如何將他們引導到這裡。我常常說：「我感受到您是一個虔誠的人，是一個努力生活取悅上帝的人。我看到您來到這教堂。請告訴我有關您的生活，如此我將能了解為何您今天在此。」我也讓這個人知道我有時間來傾聽他所言。我可能說：「我有一個小時左右的時間。我要聽聽您的述說。」我使用一個小錄音機。我告訴這個人：「錄音帶將由我的秘書轉譯，然後我也會將轉譯全文寄給您。屆時您可刪掉任何您要刪除的部分。」在訪談過程中，有好幾次當受訪者告訴我某些談話不要錄音時，他（她）即會要求我關掉錄音機。我始終非常真誠地尊重其請求。在釐清這些之後，我回座位等待。我讓受訪者決定希望什麼時候開始接受訪談。我望著受訪者與仔細聆聽他（她）的述說，並頻頻以「啊哈！」、「真的嗎？」以及「嗯嗯！」等回應。我努力嘗試成為一位積極的傾聽者，告訴受訪者我對他（她）的回答很感興趣，但不會給予評論或回答範圍。我會讓這個人想出故事，因為這些選擇讓我了解許多有關什麼是最重要的及該受訪者如何思考。讓受訪者自行選擇範圍以及使用其言語來述說故事。如果我說得太多，這將不經意地添加了我自己的語彙與強調，而不是屬於受訪者的強烈個人認識論。（Crain, 2001: 391）

　　總言之，Crain 給予受訪者明確的說明，譬如請你在一個小時的時間內，敘述你的生活。接著，受訪者可以自在地以他們所希望的方式回答問題，雖然他們仍可能會受到 Crain 使用「啊哈！」、「真的嗎？」以及「嗯嗯！」之類的話的激發而提供較完整的回答。談話主題或範圍源自於受訪者本身，隨著受訪人數的增加，主題的意義也更加明確，或者由於比較不同的受訪群體而產生新的主題或類別。資料的蒐集是使用錄音然後轉譯的方式。值得注意的是，在類似的研究，受訪者敘述的轉譯可能並非逐字的說明。其生活敘述可能由研究者加以重述：這意謂有些研究者將修改逐字不漏的描述使之合乎文法。

內容分析

　　一旦錄音轉譯稿謄寫完成後，Crain 即採用內容分析的方式進行資料分析，如她解釋：

　　　　分析需要另外一整套的技巧。我們已發展出一種使用六種不同顏色螢光筆的方法，使得尋找某些段落（passages）變得更加容易，例如：粉紅色用以代表明白指向發展階段的陳述，藍色是有關教會制度的陳述。那麼，當你想到某些你的參與者曾使用過的主題，如上帝的影像時，你就可以搜索出所有黃色的部分，並很快找到這些參考文獻。（Crain, 2001: 392）

內容分析的步驟

　　內容分析是一種明確且經常有效的資料分析方法。其步驟如下：

- 決定你想在文本中搜索的中心主題。
- 編撰一套分析類別——在書面的文本，這些可能是特定的詞。
- 計算次數，或在 Crain 的研究個案中，每一指標在文本中出現的空間大小（amount of space）。（Crain 在錄音轉譯稿上使用彩色

螢光筆來標示關鍵詞。）

- 在文本中屬於某一主題的空間大小將告訴你有關它的重要性的訊息。
- 一旦你計算出所有的關鍵字，就能導出推論。

利用該方法，研究者對於受訪者在訪談中所表示的意見加以分類。研究者接著以彩色螢光筆在錄音轉譯稿中將所確認的主題或類別標示出來，並進行創造性與靈敏性的資料彙整以導出適當的推論與建構解釋。有些人可能認為此種詮釋建構的方法是流於主觀的——但是對許多研究者而言，卻沒有更好的方法能夠了解人們對深度訪談問題之回答的複雜性。

敘事分析

轉譯稿資料分析的另一種方法是敘事分析（narrative analysis）。敘事分析的目的是了解整體的敘述（人們的口語）。轉譯稿經仔細審查以確定其主要意義，讓研究者能夠確認主題。研究者檢驗轉譯稿的文字紀錄，為的是要發覺能反映整體敘述之重要意義的措辭。在研究的最後報告中，會有一段文字就主題做代表性的敘述，並反映受訪者的共同認識，讓讀者能夠清晰地洞察受訪者對問題的看法。Kallioniemi 曾採用此種分法：

在七次訪談之後，開始以依資料所建構之初步類目（preliminary category），著手進行對研究資料的分析。所有的研究資料先行查看一下，以獲得一個整體的印象。之後，每一單獨的訪談均分別加以分析。然後，它們將被歸納為受訪學生的普遍想法，並確認他們所著重的差異。在分析資料時，研究者藉由關鍵問題以界定解釋的單元。解釋的單元可用以發覺一個或以上的含義。這些解釋單元雖然可以在研究者閱覽與分析資料時被發覺，但不能夠預先給予定義。（Kallioniemi 2003: 190）

此種轉譯稿的分析方式，可能易於造成錯誤，譬如類別的錯誤，我們將某一觀察錯置於不當的類別，或是誤解了我們所看到或聽到的事物。此外，研究者的看法、個人或政治偏見亦可能改變或影響我們對蒐集之資料的理解。

思考點

通常假設：如果訪談者與受訪者具有共同的主要個人背景特徵（demographic characteristics），例如性別、年齡、種族以及社會階級等，將更有助於獲得更真實、完整與坦誠的回應。Reinharz（1992）與 Harding（1987）認為就某些主題而言，唯有女性的研究者才應該訪問婦女。

Anne Oakley（1981）調查一群首次分娩婦女的個人經歷。她的論點為，首次懷孕對婦女的生活、職業生涯、與丈夫（夥伴）關係、家務，以及自我意識均有重大的影響。Oakley 要探討她昔日初為人母的感受是否與其他婦女是相同的。Oakley 問了一些有關懷孕與生產經驗的開放式且經常是非常私密的問題，她並且與這些婦女分享她對自己經驗的想法、感受與反思。

▶▶ **問題**

1. 你可能要思考當你與異性面談時你將有何感受？是否有些問題你不願意與異性研究者討論？
2. 一位男性研究人員能夠進行 Anne Oakley 對懷孕與母性的研究，並取得相同品質的資料嗎？

漏斗

有一種由 Brannen（1988）所開發，用以蒐集敏感的個人敘述資料的方法稱之為漏斗（funnel）法。我們請求受訪者回答有關非常概括性領域（如「家庭生

活」）的調查問題。然而，在訪談過程中，我們逐漸將我們的提問聚焦於我們感興趣的與家庭生活相關的敏感問題，例如家庭暴力或兒童虐待。其假設是，雖然一個人可能不同意接受該主題的訪問，但是經由嫻熟追問技巧的運用，訪談仍可能讓我們的問題獲得非常完整與私人化的回應。

思考點

深度訪談的倫理

漏斗（或任何其他方法，其涉及受訪者同意回答有關調查領域的一般性問題，然而研究者的真正意圖是在訪談過程中仔細詢問與敏感問題相關的問題）的使用是否會引起任何道德問題或知會同意的顧慮？

協同訪談

為了排除漏斗法可能引起的倫理問題，Laslett 與 Rapoport（1975）開發了一種深度訪談的方法，稱之為協同訪談（collaborative interviewing）。該方法業已使用於女性主義的研究。在協同訪談中，受訪者與訪談者共有訪談指引，因此受訪者在訪談過程中事先知道要被問的問題。訪談通常屬於縱向（longitudinal）性質，換言之，在經過一段時間後對於同樣的受訪者進行一系列的一些訪談。在訪談開始時，受訪者被要求反思上一階段的訪談，並能夠要求對所給予的敘述增加或刪除某些訊息。該方法亦承認關於敏感性話題，受訪者可能對於將具有可能傷害或令人尷尬的個人訊息提供給一位陌生人而感到不悅。為克服此種心理不平衡，協同訪談法嘗試在訪談者與受訪者之間建立一個更加完美的融洽關係。在訪談中，訪談者與受訪者彼此分享個人的訊息，因此在資料的蒐集過程有種對話的感受。

選擇樣本

　　對於從抽取自大母群體中的樣本著手資料蒐集的結構式訪談，通常研究者會勾勒其抽樣的程序。如果我們要主張我們的研究發現對於母群體具有代表性，那麼就需要有一個能夠代表母群體的樣本。本書第 12 章論樣本調查將詳細檢視抽樣的過程包括：各種抽樣框架（sampling frame）、選擇一個適當的抽樣框架、抽樣步驟、概率抽樣（probability sampling）、抽樣間隔（sampling interval）、非概率抽樣（non-probability sampling）、分層抽樣（stratified sampling）、配額抽樣（quota sampling），以及樣本數（sample size）。第 12 章亦將著眼於運用適當的統計技巧從一組資料中導出結論；變項的觀測值（observed values of variables）稱之為統計（statistis）或統計特徵（statistical characteristics），藉此嘗試從我們所觀察的（樣本）推論至我們沒有觀察的（整個母群體）。

　　在此階段，重要的是要注意，隨機樣本（random sample）或稱概率樣本在本質上是非常系統化的。當研究者的我們以此種方法選擇樣本時，在我們感興趣之母群體中的每一個人均有同等的機會被選為樣本：這通稱為隨機抽樣（randomized selection）。隨機樣本並非單純地指隨意攔下人們並問他們是否願意回答幾個問題〔這種方法稱為便利抽樣（convenience sampling）或機會抽樣（opportunistic sampling）〕。這種抽樣的方式應該避免，因為它不能產生一個能代表母群體的樣本。簡言之，為了進行隨機抽樣，你需要：

- 確認你有研究興趣的母群體。
- 確認或找出你有興趣之母群體中所有人員的名單——此為抽樣框架。
- 利用隨機的方法，例如：選擇一個亂數（random number），選取抽樣間隔（抽樣間隔是指第一位你抽樣選取的人與第二位之間的差距，之後你維持同樣的等距選取樣本，直到名單的最後一位為止）。

在深度訪談，經常有這種情況，即你有興趣的母群體是公眾所看不到的，或是你無法取得你有興趣之母群體內所有人員的名單。在這些情況下，研究人員通常必須使用某種非概率抽樣程序的形式，如滾雪球抽樣（snowball sampling）。你聯繫你有興趣之母群體中你已經認識的成員，並詢問他們是否願意參與研究。此外，你也問他們是否可以與母群體中其他的人聯繫，邀請他們自願加入樣本。該想法是，雖然我們不能保證滾雪球樣本能代表母群體，但是樣本確是逐漸加大。如果研究者能夠獲得一位支持者的協助，讓他能夠向他所接觸的人再保證該研究是合法的，那麼滾雪球抽樣將有更大的效用。Harris 等人的研究即借助於一位支持者，他們概述該支持者的作為如下：

　　該論文的第二作者，也是計畫的主要調查者，聯絡了兩位拉丁美洲人組織的領導者與兩位擁有龐大拉丁美洲人教友的天主教神父。這兩位領導者與兩位神父協助找出了十八對婚姻牢固的夫妻。（Harris et al., 2008: 459）

本章迄至目前為止，我們都認為訪談是介於一位訪談者與一位受訪者之間進行的。然而，你也可能發覺團體訪談（group interview）或焦點團體的形式是很有用的。

團體訪談與焦點團體

焦點團體（focus group）能夠被界定為一個以團體為基礎的深度訪談，其主要目的是解釋與理解影響具有共同文化或問題之人們的行為的意義、情感、信念與態度。焦點團體的參與者是使用立意抽樣（purposive sampling）的方法選取的。換言之，一些個人可能對於母群體不具有代表性，但是他們卻是我們有興趣的特定人群。他們都具備有我們所正調查領域的知識，因此我們可以合理地預期該團體將「聚焦於」討論的主題。如果團體成員都能自在地將個人的訊

息分享給其他的成員，那麼他們將會彼此質問，並且（或）提出研究者經常沒有意識到的問題。此外，團體內的意見交流也往往揭示團體成員間看法的差異。這種方法往往較之一對一訪談能蒐集到更深入且豐富的資料。然而，為了確保資料蒐集的過程合乎倫理，包括保密與匿名性，團體成員彼此間需要有高度的信任。

就資料蒐集的實際步驟言，有個需要討論的問題是，研究者是否選擇彼此都已經認識的人為團體參與者。這一方面，能夠激發更真實的回應，但是另一方面，在團體內與討論主題不相關的話題可能會影響團體內的動態。如果團體討論要妥善安排，有許多重要的角色需要有人擔任。其中之一是團體主持人或協調人，其任務為主持討論並確保所有參與者有機會參與討論。此外，即使你獲得同意在團體討論時可以錄音，你仍應雇用記錄員記錄團體內的非語言互動。身為研究者的你也需要決定參與團體訪談的人數。愈多的人參與討論，能蒐集到的資料也愈多。但是，參與人數愈多，欲完成錄音轉譯稿或維持秩序也愈加困難。

線上訪談

在本章，迄至目前為止，我們認為訪談是指研究者與受訪者之間面對面直接進行的。事實上，沒有理由認為訪談必須面對面進行：同步（synchronous）訪談與非同步（asynchronous）訪談都有可能在線上進行。

網際網路不僅是一種非常普遍的資料來源，以及友人及同事間互動溝通的方式，而且透過社交網站的使用，讓來自不同社會與文化背景、跨越遙遠的距離且未曾謀面的人們，也能夠在線上溝通與交往。使用同步訪談，受訪者與研究者必須同時在線上，通常透過MSN或聊天室（chat room）。最常見的非同步訪談形式是經由電子郵件的使用，但仍然有一些其他的形式，例如：布告欄（bulletin board）或線上討論團體。透過非同步電子郵件訪談，研究者寄送一封電子郵件給受訪者們，並詢問他們是否願意參與該研究。只要受訪者同意參與，

研究者接著寄發一封附有訪談問題的電子郵件給受訪者，然後受訪者完成問題的回答並予以寄回。訪談的進行，可以經歷一段時間，經由多次電子郵件的交流。

電子郵件訪談的優點

- 人們都熟悉電子郵件且它較之必須走訪且面談的方式節省不少經費。
- 可以明顯減少往往是耗時的錄音轉譯工作，因為受訪者的答案可從電子郵件的主文中直接剪下，並轉貼到文書處理（Word）文檔。
- 可以對遠在不同時區的人們快速寄送電子郵件並獲得回應。
- 受訪者可以在方便的時候回答問題。
- 該方法對縱貫式調查研究來說是很理想的，因為研究者能夠針對受訪者的回答提出補充問題（supplementary question）。
- 受訪者有時間思考他們的回答。
- 焦點團體或團體訪談亦能夠以電子郵件的方式進行，要求受訪者在回答問題時回覆給所有參與者。
- Joinson 與 Paine（2007）、Nguyen 與 Alexander（1996），以及 Wellman 與 Gulia（1999）均曾主張，受訪者在網上較之面對面的訪談，更願意與陌生人進行開放與坦誠的訪談。
- 害羞的人可能不同意面對面的訪談，但可能更願意加入電子郵件訪談。
- 由於受訪者與研究者在性別、年齡、種族或殘疾狀況等方面的差異，而可能於面對面訪談時所產生的偏見，在電子郵件訪談中將不復存在。
- 滾雪球式抽樣在線上訪談更為有效，因為它可以利用電子郵件寄送給與我們希望訪談之母群體相關的機構或贊助團體。

然而，有許多研究者可能認為空洞的、匿名的與文字的網際網路環境並不適合於質性研究，特別是如果這個研究需要去蒐集敏感性與隱私性的資料時。有一些可能的缺失研究者必須加以考慮。

電子郵件訪談的缺失

- 審慎考慮、草擬與改寫回應將增加受訪者在回應問題時，對他們的行為或看法提出合理的或社會可接受理由的可能性，這將有損於研究發現的效度。
- 由於受訪者能刪除或不理會電子郵件，因此提示與探究受訪者的機會是有限的。
- 採用線上訪談所蒐集到的資料，其真實性可能受到質疑。
- 研究者必須信以為真地接受一位自稱是受訪者的人，這之後則有另外的倫理問題需要解決。
- 研究者對受訪者的保密與隱私維護可能更加困難。
- 另外有確保線上資料安全的問題。
- 最後，在線上公共與私人領域之間的界線需要加以劃清。如果有人投書部落格或在網站發表評論，我們能夠未經作者的知會同意而使用這些資料嗎？這些資料可能存在於公共領域，但你為了研究目的而使用它仍可能需要獲得許可。

有關線上同步與非同步訪談的更完整說明可參見如下各人的著作：Beck（2005）、Davies、Nutley 與 Smith（2004）、Egan 等人（2006）、Hamilton 與 Bowers（2006）、James（2007），以及 James 與 Busher（2007）。

結論

重要的是要牢記在心，一個良好的線上訪談非常類似一個良好的面對面訪談，在訪談中有許多你開始蒐集資料前必須歷經的階段：

- 對你需要從受訪者所獲得之資料的類型有一明確的看法。
- 選擇適合的一群人或樣本進行訪談。
- 有一明確序言，在其中向受訪者解釋：這是什麼樣的研究、保密、誰將看到他們提供給你的訊息、這些訊息資料將如何運用，以及研究報告是否將對一般大眾公開。
- 獲得許可與倫理核准。
- 問題應該與主要概念與變項相關——這包括開放式問題、封閉式問題以及混合問題。
- 先問非敏感性的問題——使受訪者感到輕鬆自在。
- 在訪談結束時，反思訪談是如何進行的。你有獲得完整或有效的答案嗎？
- 選擇適當的資料分析方法。

Erica 被要求撰寫一個研究計畫，但她不知如何著手！

Erica 應該使用訪談作為她蒐集資料的方法嗎？

　　根據她的閱讀，Erica 知道如果她要使用訪談作為她蒐集資料的主要方法，第一階段是她要思考研究計畫的目的、她要探討什麼問題、該計畫的宗旨與目標是什麼，以及她將訪談誰。

　　就我們現在所知，動物園有對遊客提供有關生物多樣性與永續發展教育與訊息的道德與法律義務。

　　Erica 的研究計畫目標是找出動物園如何善盡或未善盡它們的法律義務。但是，她要如何才能找到她所需要的資料？她能夠訪談誰？有一種選擇是，訪談視察動物園的人，以了解動物園是如何善盡其義務的履行。有一些機構可以接洽，譬如動物園督察局、野生動物督察局，或皇家防止虐待動物協會督察局。但是她可以直接從這些機構所發表的報告找到這些資料，因此，她轉而決定訪談遊客。

　　有一個問題是，並沒有可資利用的抽樣框架，沒有 Erica 可以用來著

手隨機抽樣的動物園遊客名單。她可以訪談正要離開動物園的遊客，並問他們有關他們的生物多樣性與永續發展知識的問題。可以透過國家統計局取得的《社會趨勢》，提供了一些有關動物園遊客人數以及他們的個人背景特徵（如年齡）的資料。Erica 可以利用這些資料設計一個配額樣本：該樣本的選取雖然不是經由有系統的抽樣程序，但應該會產生一個具有隨機抽樣樣本特徵與特質的一群人，例如：有適當的男女人數、孩童、退休人員、父母與祖父母。

Erica 認為她應該嘗試從她的受訪者中找出一些有關他們對生物多樣性與永續發展知道些什麼的事實性資料。尚且，因為 Erica 亦認為這些資料是不會干擾人的、非隱私的也是非敏感性的，所以她決定問封閉式問題，受訪者就所提供的答案中選擇作答。

閱讀本章後，她了解封閉式問題格式的最大優點是，由於她所提供給受訪者選擇的答案都已經過整理成能反映她的研究目標的類別，因此，資料分析將更為簡單。不過仍然有些問題需要她去解決。設計有關生物多樣性與永續發展的封閉式問題並不是一件容易的事，特別是當許多受訪者都是小孩時更是如此。Erica 也知道，在理想上她的問題應該能夠反映學術研究業已探討之領域內的主要問題。

她決定對欲離開動物園之自願接受訪談的遊客進行小測驗式的訪談。她決定選擇一個或多個動物園，閱覽動物園提供給遊客的標誌、其他訊息與教育文獻，並設計一個含有是非問題之事實問題的題庫。這應該能為她提供有關遊客對於生物多樣性與永續發展知識的事實資料。

Erica 撰寫了一篇序言，在其中她自我介紹，解釋她正進行一項有關生物多樣性與永續發展的研究，並問人們是否願意參加這個「測驗」。

參考文獻

Beck, C.T. (2005) 'Benefits of Participating in Internet Interviews: Women Helping Women', *Qualitative Health Research*, 15(3): 59–61.

Brannen, J. (1988) 'The study of sensitive subjects', *The Sociological Review*, 36: 552–63.

Cicourel, A.V. (1964) *Method and Measurement in Sociology*, New York: Free Press.

Crain, M.A. (2001) 'Looking at People and Asking "Why?": an ethnographic approach to religious education', *Religious Education*, 96(3): 386–94.

Davies, H.T.O., Nutley, S.M. and Smith, P.C. (2004) *What Works? Evidence-Based Policy and Practice in Public Services*, Bristol: The Policy Press.

Egan, L.A., Butcher, P., Howard, J., Hampshire, A., Henson, C. and Homel, R. (2006) 'The impact of tertiary-level humanities education for homeless and marginalised people', http://www.aare.edu.au/06pap/ega06635.pdf (accessed April 2010).

Fielding, N. (1993) 'Ethnography' in N. Gilbert (ed.) *Researching Social Life*, London: Sage.

Harding, S. (ed.) (1987) *Feminism & methodology*, Bloomington: Indiana University Press.

Harris, V.W., Skogrand, L. and Hatch, D. (2008) 'Role of Friendship, Trust, and Love in Strong Latino Marriages', *Marriage & Family Review*, 44(4): 455–88.

Hamilton, R. and Bowers, B. (2006) 'Internet Recruitment and Email Interviews in Qualitative Studies', *Qualitative Health Research*, 16: 821–35.

James, N. (2007) 'The use of email interviewing as a qualitative method of inquiry in educational research', *British Educational Research Journal*, 33(6): 963–76.

James, N. and Busher, H. (2007) 'Ethical issues in online educational research: protecting privacy, establishing authenticity in email interviewing', *International Journal of Research & Method in Education*, 30(1): 101–13.

Joinson, A.N. and Paine, C. (2007) 'Self-disclosure, privacy and the Internet', in A.N. Joinson, K.Y.A. McKenna, T. Postmes and U-D. Reips (eds), *Oxford Handbook of Internet Psychology*, Oxford: Oxford University Press.

Kallioniemi, A. (2003) 'Adult Senior Secondary School Students' Concepts Concerning Religious Education from a Qualitative Perspective', *British Journal of Religious Education*, 25(3): 185–99.

Kvale, S. and Brinkmann, S. (2008) *Interviews: Learning the Craft of Qualitative Research Interviewing* (2nd edn), London: Sage.

Laslett, B. and Rapoport, R. (1975) 'Collaborative Interviewing and Interactive Research', *Journal of Marriage and the Family*, 37(9): 68–77.

Nguyen, D.T. and Alexander, J. (1996) 'The Coming of Cyberspacetime and the End of the Polity' in R. Shields (ed.) *Cultures of Internet: Virtual Spaces, Real Histories, Living Bodies*, London: Sage.

Oakley, A. (1981) 'Interviewing Women: A Contradiction in Terms', in H. Roberts (ed.) *Doing Feminist Research*, New York: Routledge.

Reinharz, S. (1992) *Feminist Methods in Social Research*, New York: Oxford University Press.

Wellman, B. and Guila, M. (1999) 'Net Surfers Don't Ride Alone: Virtual Communities as Communities', in P. Kollock and M. Smith (eds) *Communities and Cyberspace*, New York: Routledge.

個案研究

閱讀本章後你將能理解到：

- 個案研究的性質與個案研究的不同類型，附有適當例子的工具性個案研究與本質性個案研究。
- 關鍵事件技術在研究計畫的早期階段是一種有用的探索工具。
- 在研究計畫中，何時使用個案研究法。
- 何以詮釋始終是個案研究方法的一個主要要素。
- 個案研究法的資料分析與解釋。
- 個案研究法的一般批評。

前言

對一位時間與資源有限的獨自研究者言，個案研究是最適當的資料蒐集方法之一。簡言之，個案研究方法是對某一案例的深入調查，而該案例（case）即是我們研究的焦點。個案研究（case study）的目的是蒐集大量有關該單一個案的詳細資料。

這意謂個案研究在本質上往往非常廣闊，身為研究者的你需要向你的讀者釐清你的研究焦點或「分析單元」（unit of analysis）（你所探究的特殊事物）

是什麼。個案研究能聚焦於地理位置，如 William Foote Whyte 對他稱之為 Cornerville 的義大利裔美國人社區的研究；如 Graham Allison 對古巴飛彈危機事件有關決策的深入探究；或如 Harold Garfinkel 有關 Agnes 變性的個人歷史研究。

根據 Yin（1989）的說法，個案研究是一種經驗的（empirical）調查，用來探究實際生活情境中所關心的議題。身為研究人員的我們經常無法確認是否人們的行為動機是受到其所處情境的影響，抑或是依自己的自由意志採取行動。如 Yin 所主張，在個案內個人動機與行動發生的情境間的界線是不清楚的：

> 個案研究讓調查得以保留現實生活事件的整體性與有意義的特點，
> 譬如個人的生命週期、組織與管理流程、鄰里周遭變遷、國際關係，
> 以及產業的成熟。（Yin, 1989: 14）

傳統上，個案研究一向與資料蒐集的*質性方法*有關聯。詮釋始終是個案研究方法的主要部分，且被研究者的動機與含義必須由研究者直接確認。此外，作為研究者的你必須知道從事個案研究法所付出的代價通常是很高的，這不僅僅是在時間與金錢方面，採用此種研究方法，有許多可能的倫理顧慮，因為此種社會研究方法涉及某些個人隱私權的侵犯。個案研究方法可能經常是主觀的，類似其他質性研究方法，研究者必須知道在什麼時候對個案提出個人與主觀的看法。然而，個案研究讓研究者能夠確認來自於被研究者的問題以及來自個案外加諸於被研究者的問題。

Yin 認為，個案研究是人種誌研究方法的主要部分，但是在沒有離開圖書館或甚至你的住家的情況下，仍有可能進行個案研究。

簡言之，個案研究的兩個主要用途是獲得：

1. 描述。
2. 他人的詮釋。

因為這些理由，個案研究最常被從事質性研究的研究者所採用。

質性方法

　　質性研究被界定為「任何一種研究其所產生的研究結果並非得自於統計程序的方法或其他量化的方法」（McLeod, 1994: 77）。

　　Denzin 與 Lincoln 將質性研究界定為：

　　　專注於與涉及對主體事物的詮釋的與自然的多元研究方法。這意謂質性研究者是在事物的自然情境下探究它們，試圖以人們賦予它們的意義來理解或詮釋現象。

　　　質性研究涉及探究地運用與蒐集描述個人生活之日常作息難題時刻與意義的多元實證資料（empirical materials）（如案例研究、個人經歷、反思、生命故事、訪談、觀察的、歷史的、互動的及視覺的文本）。（引自 McLeod, 1994: 2）

個案研究的形式

　　在個案研究中，研究者同時使用多種資料蒐集的方法是司空見慣的；這是因為研究者經常有興趣於從許多來源蒐集資訊與證據。個案研究可以是下列兩者之一：

- 工具性個案研究（instrumental case study）。
- 本質性個案研究（intrinsic case study）。

工具性個案研究

　　這涉及了解世界中一些更廣泛的現象或關係的研究，例如：Willis（1977）為了更完整了解馬克思主義對階級形成的分析，曾調查一所單一性別中學中十

二位「小伙子」（lad）的行為。雖然 Willis 認為 1970 年代是屬於一個社會向上流動（upward social mobility）的時期，其中任何單一的個人都有可能藉由教育制度而提昇其社會階級至專業或管理的職業，但是並非所有學校的孩童均能向上流動。因此，Willis 希望能了解如何及何以工人階級的小孩得到工人階級的工作。

Willis 隱身工作在附屬於 Midlands 一所現代中學之青年中心的一間咖啡吧中。他確認了一群十二位「小伙子」為他所要研究的焦點，接著獲得學校允許在學校觀察這些「小伙子」。Willis 觀察學校內的兩個次文化團體（subcultures）。第一個為耳洞（earholes）的成員，他們接受教師對學校角色的定義，他們在學校用功讀書，希望能有優異的成績表現，並接受教師的權威。Willis 解釋該團體之所以稱為耳洞，是因為他們始終聽從教師的教誨。另一個 Willis 所觀察的次文化團體是稱之為小伙子的成員。他們不接受教師對學校角色的定義，在學校不用功學習，希望能不參加公開的考試而盡早離開學校，以及不斷挑戰老師的權威。

Willis 對小伙子的學校生活有非常詳細的說明，在其中，他描述與解釋小伙子在學校環境內所使用的男性勞工場所的文化（masculine shop floor culture）。小伙子們在學校的行為類型，諸如「撒尿」與「嘲笑」老師與耳洞成員，於其後他們在工廠工作時也觀察到有同樣類型的行為。然而，Willis 所關注的不僅是學校內的過程與事件，他感興趣的是在資本主義社會中階級形成的更廣泛過程如何可以從小伙子的行為加以觀察。

本質性個案研究

當研究者因為想對於個案本身有更多的了解，而進行個案研究時，即採用此種研究方法。換言之，個案本身是研究的主要而非次要的興趣所在。

就許多研究者言，描述與理解人們的具體經驗是他們研究的焦點。關於本質性的個案研究，重要的是對個案內的每一個人所具有之經驗性質的了解。在本章稍後，有對 Foote Whyte 於 1943 年所著《街角社會》（*Street Corner Society*）研究的討論。這是一個非常好的本質性個案研究的例子，因為 Whyte

僅有興趣於探究在義大利裔美國人社區他所觀察之人們的行為，而沒有試圖使他的觀察與更廣泛的社會過程產生關聯。

研究者如 Willis（1977）試圖指出與闡述共同的主題往往未能領會個人的行動意義。許多個案研究的目標不在於對一個大的母群體做出推論，而是對一個「個案」提供一高度有效的說明。本質性個案研究的目的是讓研究者著眼於特殊化（particularisation）而非通則化（generalisation）。

在本質性個案研究，資料應導致理論的產生，然而對於工具性個案研究，我們必須根據一特殊的理論架構，解釋我們的觀察。在 Willis 的個案中，該架構即是馬克思主義的階級形成分析。

綜言之，就工具性個案研究，研究過程開始於一個既定的理論，研究者要找到證據以有助於驗證或反駁該理論。至於本質性個案研究，研究者有興趣的是以更深入地探究個案本身為目的，而非尋求證據來協助驗證或反駁一既定的理論。

個案研究的類型

Yin（1989）指出三種截然不同的個案研究類型：

1. 描述性個案研究（descriptive case study）。
2. 解釋性個案研究（explanatory case study）。
3. 新聞個案研究（journalistic case study）。

在所有這三種類型的研究，雖然研究者可能宣稱所探討的個案在許多方面是一個「典型的」個案，但是個案研究不涉及任何形式的有系統母群體「抽樣」作為研究過程的第一階段。當然，研究者的首要義務是對於所選擇的個案予以深入了解。

描述性個案研究

Yin 在其說明何謂描述性個案研究中討論了 Foote Whyte 於 1943 年所著的《街角社會》。該研究探討一個之後稱之為Cornerville的義大利裔美國人社區。

該研究是首次使用一種其後稱之為紮根理論（grounded theory）的資料分析技術的研究之一（細節可參考 Foote Whyte 附加於其 1955 年所出版專書的研究方法附錄中）。在該研究方法中，研究者沒有提出有關個案的假設或指導的理論假定，而僅認可資料是「為它自己說話」（speak for itself）。當蒐集到資料時，即將它們歸類於適當的類別或文件夾中，譬如有關家庭生活、宗教、犯罪、地方經濟等資料。然後隨著類別愈來愈充實或臻至飽和（saturated）時，將它們細分為次要類別，如不同類型的家庭、不同類別的宗教等。經過一段期間的研究過程，在一組資料內自然顯示了相關性或關聯性，例如：家庭類型與不同犯罪型態之間的關係。重點是在開放性與一種形式的理論建構，在其歷程中一種理論從資料中於焉形成。

紮根理論已成為人種誌研究方法中於解釋建構過程最重要的技術之一。該理論是由 Glaser 與 Strauss（1967）發展而成，解釋建構的過程涉及創造資料蒐集的類別、組織與分析所觀察資料。Glaser 與 Strauss（1967: 23）解釋：「在發現理論（discovering theory），我們從證據產生概念類別或其屬性；然後從該類別所產生的證據用來說明這個概念。」紮根理論對研究者的重要意義是，即使沒有一個明確與詳盡的假設，你仍能夠開始進行研究計畫，而且也可以產生重要的發現及與事件相關的解釋。

正如我們在此對 Foote Whyte 研究討論的了解，透過簡單但系統化地觀察與分類作為，經過一段時間後，有可能推論或建議觀察資料各類別間存在著關聯性或關係，並自然呈現一個理論或假設。

紮根理論

紮根理論可用於在該領域少有現存理論或相關研究的研究。紮根理論方法涉及在研究情境內有系統的蒐集與解釋資料。身為研究者的我們蒐集資料並將之歸類於我們認為適當的類別，藉以理解情境內行為的性質。隨著蒐集了愈來愈多的資料，我們的類別變成完整或「飽和」，我們重新定義或再細分我們的類別，直到我們確信可以導出兩個或兩個以上資料類別之間的關係。此種兩個或兩個以上資料類別間的推論關係形成一個系統的與實質的理論基礎。

對該方法的批評者認為，此種方法欠缺可信度，因為初始的一套類別〔開放式編碼（open coding）〕與重新定義的類別〔主軸式編碼（axial coding）〕的選擇，以及聯想各類別間關係以形成理論地導出推論，皆可能是一種高度個人的過程，重度依賴研究者個人的創意與想像力。在解釋建構過程中所採取的步驟，無法對另一位研究者明確地敘述，以遵循與重製該研究。

Cornerville 的研究也具重要意涵，因為 Foote Whyte 藉由一位名為 Doc 的保證人（sponsor）或守門人（gatekeeper）的協助，才得以進入 Cornerville。當 Foote Whyte 有次嘗試取得該社區居民的信任卻告失敗時，在一個偶然的機會裡他與 Doc 初次謀面，Foote Whyte 向 Doc 解釋研究計畫的緣由，並獲得他的贊同。Doc 在該地區頗有名望，得以向被研究人們引薦 Foote Whyte，他並向該社區再度確保該研究計畫。

思考點

作為研究者的你可能考慮利用有如 Doc 的保證人或守門人。然而，Foote Whyte 並沒有解釋如何識別或吸收一位可能的保證人。思考一下你如何可能做到這點。

　　許多學生在資料蒐集時對被研究者所顯現的憂慮與不信任程度感到驚訝。如果一位學生要探究工作場所的管理作風、領導或動機，許多受訪者或許會擔心他們所提供的資料可能導致有害於他們的處境。保證人或守門人可以有助於減緩許多這類的顧慮。

解釋性個案研究

　　在討論解釋性個案研究時，Yin 論及 1971 年 Allison 所著的《決策的本質：詮釋古巴飛彈危機》（*Essence of Decision Making: Explaining the Cuban Missile Crisis*）的例子。1962 年，蘇聯開始在古巴裝設核子飛彈設施。隨後引發美國總統 John F. Kennedy 與蘇聯領導者 Nikita Khrushchev 之間非常緊張的談判。在那時，美國擁有射程能及於蘇聯的飛彈，但是蘇聯的飛彈僅能射擊到歐洲的目標。如果在古巴部署飛彈，蘇聯在冷戰中將擁有戰略優勢。獲悉這訊息之後，Kennedy 總統立刻封鎖古巴並要求撤除飛彈。Khrushchev 回應表示唯有美國自土耳其撤除其飛彈，並同意不再有如 1961 年對古巴侵犯的意圖，蘇聯才有可能撤除其飛彈。Kennedy 明白拒絕拆除在土耳其的飛彈，但同意不侵犯古巴。美國持續對古巴實施封鎖（迄至 2012 年 9 月 14 日），古巴飛彈危機極可能立刻引爆美國與前蘇聯之間的核子衝突。

　　在該個案中，分析的單元是衝突過程中主要當事者所做的一系列決策。Allison 有興趣於了解為何在那個時間點做了某一特定的決策，而非彼時也可行的其他替代決策，即為什麼在特定的時間點即時做出特定的決策，可以是一個個案研究的焦點。你可以透過對報紙與其他文件的檢視，以探討一個歷史上的決策。例如，為何綜合學校（comprehensive school）被採用？為何英國政府決定供水私有化？或者，可能是一個由地方政府所做出的決策：為什麼某一個兒童遊樂場要重建，為什麼某一學校要關閉或改校名？

思考點

　　大學生往往會被要求進行一項與實習工作單位相關的研究。可悲的是，學生經常在開始實習後其雇主單位歇業了。將你自己置身於學生的立場，

進行一項以實習工作為基礎的研究，正式評估歇業的雇主單位。試想你進入了十週實習中的第七週，你已經對員工進行一些訪談，並回收了一些你之前分發給他們的問卷調查。學校給予學生在十週實習結束後，有四個星期的時間去撰寫他們的研究報告。

▶▶ **問題**

1. 你會怎麼做？
2. 進行雇主單位歇業決定之個案研究，並擬出雇主歇業決定之優點與缺點清單。（你可以考慮調查雇主單位的經營動機、勾勒對員工與客戶的影響，及考量可能會採取之行動的其他原因。）

新聞個案研究

Yin 所敘述的第三種個案研究類型為新聞個案研究。Yin 舉出 Bernstein 與 Woodward（1974）的《大陰謀》（*All the President's Men*）為例。關於此種個案研究的形式，研究者的作為方式有如記者在搜索新聞題材（story）並做調查。在 Bernstein 與 Woodward 的案例中，他們揭露了 Richard Nixon 總統確曾牽涉竊取民主黨（Democratic Party）總部總統競選內情的陰謀。新聞記者得到一位他們稱之為「深喉嚨」（Deep Throat）之秘密線民的協助。多年之後，「深喉嚨」的身分曝光，是醜聞發生時身任聯邦調查局（FBI）副局長的 W. Mark Felt。

局內 vs. 局外研究方式

局內議題（emic issues）是產生自個案內部的問題。為了充分了解個案內部人的看法，我們必須利用一種稱為投入理解（verstehen）的技巧。這是一種主觀理解的過程，涉及研究者將自己置身於被研究者的立場，並經由被研究者的

眼光來看待世界。唯有我們學會如何不要對我們所觀察到的活動做價值判斷，並意識到我們的個人偏見，我們才能做到如此。其他研究人員稱此種方法為中止自然的態度（suspending the natural attitude）或使生活經驗的世界新奇（making strange the world of lived experience）。

1962 年，Howard Becker 出版其具有重要性的一本書《局外人》（The Outsiders）。該書分析了兩個個案，其中之一有關舞蹈音樂家，另一為有關大麻吸食者。Becker 在其大麻吸食者的個案研究中，首先回顧大麻在美國使用的歷史，包括美國政府當局於 1937 年制定「大麻稅法案」（Marijuana Tax Act），限制毒品使用的意圖。Becker 解釋個人如何從初次吸食大麻到偶爾吸食，進而到成為以吸食毒品為樂的慣犯的發展過程。一個人必須學會享受毒品所產生的快感。這種進程 Becker 將之描述為一種道德生涯（moral career），個人變成為離經叛道者或局外人，並被社會化進入大麻成癮次文化。在同一本書，Becker（1962）探索芝加哥舞蹈音樂家的生活，這些舞蹈音樂家們因其標新立異的生活方式，也被認為係形成一種越軌的次文化。同樣地，為了能夠被接納為團體中的成員，個人必須學習如何迎合舞蹈音樂家之次文化的規範、價值觀、衣著裝扮與語言。

Becker 提供讀者兩個非常好的描述與詮釋道德生涯概念的生活史（life history）個案研究案例，顯現個人如何學習成為一位被認定為具有獨特角色的行為者。

局外人的觀點（etic perspective）通常運用被研究團體的外在觀感。此種觀點可能來自於政府或其他社會科學研究所廣泛討論的觀點。相反地，局內議題是發生於個案內部的問題，換言之，這些議題是來自於我們所探究的人們。

思考點

兩種方法的利弊

Nicolaidou 與 Ainscow 以如下的方式描述他們對局內與局外研究方法的感知：

在先驅研究（pilot study）中，我們逐漸理解到身為「局外人」的我們透過文獻探討所採用的「局外」議題，有時與我們正在調查中的「真實世界」是不一致的（Stake, 1995）。是以，根據 Stake 的建議，我們決定「修改」我們之前獲得的知識，並讓「局內」議題能夠浮現出來，以獲得更深入的了解。這加強了我們的信念，即實際研究的研究方法設計必須是臨時萌發的，並在最小程度上受理論駕馭，因為這可能使我們無法更深入地解釋我們所欲交手的那些被視為理所當然的假定。（Nicolaidou & Ainscow, 2005: 233）

▶▶ 問題

請分別勾勒與列出局內與局外方法的利弊。

考量點

進行個案研究並沒有簡單與單一的方法。身為研究者的你必須決定你在個案中將採取的立場：

- 你有意親自參與你在個案中所觀察的活動嗎？
- 你打算如何對個案內的人們自我表白：專家、中立的觀察者或批判性的分析者？
- 你將對個案提供什麼層次的詮釋？
- 你應該主張立場到什麼程度；或者如 Becker 所問：「你支持哪一邊？」

關鍵事件法

關鍵事件（critical incident）通常是指「對個人的改變與發展具有重大影響的高度敏感時刻與情節（episode）」（Sikes, Measor, & Woods, 1985: 230）。

就 Brookfield（1995）而言，在關鍵事件類型的個案研究中，事件（incident）是指一個人透過對情節的批判性反思的過程所經歷的重要情節。至於什麼促使某一既定事件成為具有重要意涵或關鍵性（critical），則是該事件對被研究者本人或專業上有影響。Brookfield 接著解釋說，批判性反思是有關對基本假定的追求，而該基本假設則為我們視為理所當然之知識、價值觀與信念的基礎。

關鍵事件的研究是廣泛應用於個案研究方法的一種類型，被認為是一種有效的探索與調查工具。在研究的早期階段，它是一種有用的探索工具，以及在建構理論或模式時能發揮作用的技巧（如我們隨後將了解）。Flanagan（1959）認為，關鍵事件的研究根源於美國陸軍航空隊（US Army Air Forces, USAAF）的「航空心理學計畫」（Aviation Psychology Program），該計畫於第二次世界大戰時用以挑選與分類飛行員。該研究的目的是有計畫地研究飛行員的行為，以指認他們優異表現所必須具備的重要條件，並提供遴選測驗發展的基礎。

Flanagan（1959）將關鍵事件界定為，任何可用以讓我們判斷個人的動機與意圖，並使我們能夠確認他們的行動影響的完整與觀察活動。就 Flanagan 而言，關鍵事件研究是：

> 不包含一套單一刻板的處理此種資料蒐集的規則。相反地，它應該被認為是一套為配合眼前特殊情況，而必須加以修改與調整的彈性原則。（Flanagan, 1954: 335）

思考點

想想曾影響你的個人與（或）專業發展的一個事件。

▶▶ **問題**

1. 該事件可用你所熟悉的既有理論來加以解釋嗎？
2. 該事件對其他實務者有所啟發嗎？

關鍵事件靈活性的研究是體現在其專注於：

● 學習做某事的有效與無效的方法。

● 確定助力與阻力因素。

● 蒐集事件或問題之功能或行為的描述。

● 檢驗成功與失敗。

● 確定對活動或事件重要面向具有關鍵性影響的特徵（Flanagan, 1954）。

Herzberg、Mausner 與 Snyderman（1959）使用關鍵事件研究方法以研究工作動機。其他關鍵事件研究包括：

● 工作小組面臨問題的知覺看法（DiSalvo, Nikkel, & Monroe, 1989）。

● 管理者對其學習促進者角色之信念（Ellinger & Bostrom, 2002）。

● 失業的經驗（Borgen, Hatch, & Amundson, 1990）。

身為研究者，我們可以利用關鍵事件作為反思行動的基礎，這意謂，更深入了解我們所認為的涉及該事件人們的動機、提昇自覺意識與產生知識。Brookfield（1995）認為，反思會將我們原本的觀念推向我們認為理所當然之邊緣。根據 Fook 與 Napier（2000）的說法，批判性反思（critical reflection）意謂了解我們的結構位置（structural position）、尋找個人與政治議題間的關聯性，這將有助於我們重新界定部分公共議題範圍中的個人困擾。關鍵事件通常是「對於

個人的改變與發展有重大影響的高度敏感時刻與情節」（Sikes et al., 1985: 230）。

如何應用關鍵事件方法

如果你要使用關鍵事件法著手一項研究，那麼你需要做些什麼呢？首先，你需要確認該事件對你或你的被研究者而言是屬於關鍵性的；其次，你需要描述該事件；第三，你需要將該事件融入在相關理論與相關研究的情境脈絡中。這意謂你對相關研究的探索可能有助於解釋何以個人在該事件中所表現的行為。最後，你需要下一個結論。

理論與實證的通則化

一個事件的描述可能有重要的理論含義。當我們從研究對象蒐集他們對事件的描述與解釋時，我們能夠從這些敘述中尋找相似與共同的主題。我們從每一描述事件所導引出來的推論能增加某一既有理論的效度。即使這些個案並非該領域所有個案的典型案例，關鍵事件法仍然能夠讓身為研究者的我們促成理論的而非實證的通則化。以同樣的方式，即便 Willis（1977）不能將一群十二位「小伙子」成員的觀察結果通則化到所有的學校，但是他可以利用十二位「小伙子」的個案，以及他們找到勞力工作的歷程，來提昇馬克思主義階級再製（class reproduction）理論的效度。關鍵事件方法不能用以促成實證的通則化（empirical generalisation）（即，我們不能說所有個案如同我們所調查的個案一般）；但是它可用以形成理論的通則化（theoretical generalisation）（即當我們說我們對某一個案的討論，能夠由一個既有理論來加以解釋，如此我們對個案的分析增加了該既有理論的效度）。

Angelides 與 Ainscow（2000: 149）主張，關鍵個案的調查可以「用來揭示隱蔽的被視為理所當然的構成文化體現的假設與信念」。其目的不在於產生一客觀與價值中立的解釋，而是建構一個連貫的與有據的敘述，它援用該領域的

研究以補充個人對事件的觀察並且解釋更廣泛的社會政治影響。關鍵事件調查的目的不是產生一個客觀的解釋，而是產生一個根源於「意識偏頗」（conscious partiality）的說明。關鍵事件研究的進行不是為了要產生旁觀者知識（spectator knowledge），而是要從事件涉及者的觀點，提供讀者對事件的看法與重要含義，其目的是為了激發與那些經歷關鍵事件當事人立於相同處境之其他人的意識。

然而，如果你選擇要調查一件譬如在你工作場所的關鍵事件，你必須記得在你自己的實習情境中進行研究會有許多問題。一方面，會有可能背叛信任的倫理問題，但另一方面研究者必須有高度的親密性與彼此的個人了解才能產生有效的研究發現。

質性訪談的應用

關鍵事件方法也可以用質性訪談來進行。這種方法讓研究者能從不同參與者的觀點，來洞察某一事件。在關鍵事件研究中，受訪者所提供的資料是屬於論述的性質，可以歸屬於敘事分析的一種形式，乃藉由資料自身與紮根理論方式創建一組分析類別。在本書第 9 章將解釋與討論敘事分析。藉由探究與提示的使用，可以比較目睹事件之不同受訪者的另類觀點、動機與意圖。由於資料分析中，資料三角驗證形式的使用，讓我們對事件能夠有更有效的了解。

三角驗證

三角驗證（triangulation）涉及研究的複製。有三種形式的三角驗證：

- **方法三角驗證**（method triangulation），對同組的被研究者，研究使用不同的資料蒐集方法。
- **資料三角驗證**（data triangulation），同一研究者對於不同組的被研究者，使用同樣的資料蒐集方法。

- 研究者三角驗證（investigator triangulation），不同的研究者對同一組的被研究者使用同樣的方法。根本的想法是，如果重複研究的結果與初始研究的結果相類似，則顯示該研究是有效的。

在 Willis（1977）著作的方法論附錄中，Willis 非常完整地說明了在其重要的個案研究中，他如何進行三角驗證的過程。

個案研究方法的批判

個案研究方法的標準批判如下：

- 主觀與偏見：個案研究通常是針對事件予以非常私人化的描述，不同的研究者可能會有不同的描述與理解。
- 不夠嚴謹：個案研究往往是非常冗長與細膩的描述，沒有真正的重點與有限的分析。
- 無法由單一個案形成通論：個案研究對單一個案給予非常詳細與引人興趣的描述，但這僅能適用於該單一個案。個案研究無法允許我們對大母群體提出論述。
- 調查結果是雜亂無章的。

這些批判要點適用於所有設計不佳的研究類型，因此，如同所有其他形式的研究一般，我們必須採取步驟確保我們的研究被認為是具有效度與信度的。在我們接著討論促使個案研究能確實具有效度與信度的方法之前，應該討論有關將研究發現推論至一更大母群體的一些事。

個案的分析與詮釋

分析與詮釋是使得我們所蒐集到的資料具有意義的過程。基本上，分析（analysis）是指將某事物加以拆解，例如：我們將我們的觀察、印象等分開，是為了讓我們能夠對事件何以如此發展，提出有意義的解釋方式，以重建它們。

資料的分析何時開始，並沒有特定的時間。個案研究的第一個步驟，是產生一個厚實描述（thick description）。非常詳盡深入地描述社會行為發生的場所，例如建築物、房間等，以及對所有實際參與個案之個人的描述。厚實描述讓讀者藉由比較與所調查個案相類似的自身經驗，提出他們自己的詮釋。如果成功的話，一個良好的厚實描述會讓我們的研究有一種表面效度（face validity）的感覺；從讀者的觀點，該個案研究有一種有效的感覺。在Willis（1977）所調查之個案研究的厚實描述，讓我回想起當年自己在學校的日子，因此對我來說該個案有一高度的表面效度。

在最後的分析，你將需要從你的個案研究中提出一些發現，並向讀者解釋你發現的意義，這涉及做出一個推論（inference）。「無火不起煙」（there's no smoke without fire）的常識性觀察（commonsense observation）是一個陳述，它援用「如果看到了煙，那麼幾乎必然是由火所造成的」推論。做出推論是達成結論的過程，它是對個案的正當合理解釋。推論對資訊的產生是不可或缺的。

綜言之，使用個案研究方法的研究計畫在結尾時，需要能夠提出你的研究發現，為讀者就個案內的事件提供一個描述與有意義的解釋。

在大多數的研究中，研究者蒐集資料，並於資料蒐集完成後即進行資料的分析。但是一些個案研究與人種誌研究，資料分析與資料蒐集則同時進行。沒有一項規則說明你必須在開始資料分析前就要先完成資料蒐集。很頻繁地，當進行一項個案研究時，受訪者可能以非正式的方式向研究者提供一些口頭訊息，這些口語的交談可以包含在你的研究中。但是你要如何將它們融入到你的資料分析中？

Fleming 等人（2003）提出在以口頭交談或敘事（人們所說的話）為資料來源的個案研究中，進行資料分析有四個主要的步驟：

1. 分析的目的是為了要了解整體的敘事，因此，為了找到能反映整體敘述根本意涵的表達，我們應該仔細檢視人們談話的正文。
2. 每一句子都應該加以仔細檢視以確認其主要意義：這讓研究者能夠確認主題。
3. 每一句子都與整體敘事的意義有關，它提供對整體敘事的全面性理解。
4. 最後，研究者需要識別對敘事具有代表性的段落，這似乎是研究者與參與者之間的共同理解。這些段落用於最後的研究報告，讓讀者能清晰地洞察個案。

對應與模式配對

對應（correspondence）與模式配對（pattern matching）為兩種最常見的資料分析形式。該方式可以被廣泛的研究方法所採用，而非限於個案研究或人種誌研究，但有幾點要牢記於心。

在任何研究發現，經常對於人們在個案內如何作為的原因提出過多的可能解釋。在社會研究中，最常用以導引出推論的技巧，是將觀察或資料加以歸類成各種類別，然後藉此解釋所蒐集資料的意義。有一種可行的個案研究資料分析方法稱為模式配對，其中，獲自個案的資料與文獻探討中所確認的理論立場有相關。

身為研究人員的我們需要產生能識別，或更明確地說，讓我們能夠區分「事物」（things）的類別與數量的訊息。我們將所觀察到的事物分配到既定的類別中，直到我們能夠對被歸為一類的觀察提出一些有意義的事物。

當我們將我們的觀察加以分類的同時，我們也加以記錄，並進行富有想像力的或直覺的資料彙集，致力於建構一個解釋。此種解釋建構的方法可能被一

些人認為是主觀的,但是對許多研究者而言,實在沒有更好的方法能了解錯綜複雜的個案。

　　模式配對採取索引或差距方法的形式來蒐集資料與分析資料。此種索引(index)或差距(gap)方法的資料分析方式簡單地說是根據你的文獻探討基礎,你應該對你的結果應該是什麼樣子有所理解。此種對你的研究結果應該看起來像什麼的理解,是建立在你閱覽該領域其他人的研究而提出之假設的基礎上。如果我們認為我們預期研究發現的假設為一些要點,或索引,那麼我們就需要找出我們期待發現的與我們實際發現的彼此之間相似與(或)差異何在。我們期待發現與我們實際發現之間的差異或差距需要加以解釋。

模式配對 1

　　Nicolaidou 與 Ainscow 在他們對「辦學績效差」之學校("failing" school)的文化分析中,引述了學校一名職員的說法:「『他們』硬要我們接受新想法。」該觀察後來被置於一情境中,參照來自 Reynolds (1991)在該領域其他研究並得到支持,驗證了所做出的推論:「在此種情境下,『他們』往往指的是地方教育局(LEA)或校長(head teacher),並可能提供了規避改革的根據。對該決定的排斥、否決及矮過,在某些程度上是受到對『威脅訊息』(threatening messages)的防衛所引導(Reynolds, 1991: 101),據說學校曾接到來自外界的威脅」(Nicolaidou & Ainscow, 2005: 237)。

思考點

　　重要的是要牢記,模式配對是一種創意的作為,在其中你必須搜索其他作者的著作,並用以支持你所要發展的論點。在你繼續閱讀前,你能夠指出在模式配對過程中任何可能的錯誤或缺陷嗎?

　　雖然它似乎是一種相當拐彎抹角的論證，但模式配對的邏輯是，根據我們
的文獻探討，我們比較我們研究發現結果的預期模式。即研究發現的預測模式
係得自於我們的文獻探討，然後利用該模式作為基準，比較我們在該領域的研
究發現與我們從該領域的文獻探討中所期待的發現。如果我們的研究發現反映
了我們所預期的發現，這表明了我們的研究是有效的；如果我們的發現是我們
預期之外的，同時很慶幸的是我們的文獻探討是完整的且資料蒐集方法是可靠
的，那麼我們可能發現某些其他研究者之前未曾發現的研究結果。換言之，我
們很可能對知識已做出了新的貢獻。

模式配對 2

　　模式配對「涉及理論的或概念的預期模式與觀察的或測量的模式之間
的對應關係」（Trochim, 1985: 576）。模式配對經常用以測量「建構效
度」（construct validity）——即觀察反映理論的程度：「如果案內觀察
（within-case observation）一再與跨案例發現（cross-case finding）
相一致，那麼研究者有更強的理由相信跨案例的發現是有效的」（Rues-
chemeyer cited in Mahoney, 2003: 361）。

避免誤差與使用驗證程序

　　然而，此種過程可能易於造成誤差，所以作為研究者的我們需要採取步驟
以盡可能限制誤差的影響，因為誤差將有損我們研究發現的效度。如果人們在
閱讀我們的著作後能指出我們著作中的誤差，此即質疑我們論據的效力。

　　主要誤差為如下二者之一：

● 隨機誤差（random error）：這些誤差是非系統性的與不可預測的，如類
　別誤差，我們將某觀察錯置於錯誤的類別，或只是誤解我們所看到或聽

到的某事物。

● 非隨機誤差（non-random error）：這些包括諸如形塑或影響我們對有關蒐集資料決定的個人或政治偏見等事物，最顯著的是在最初決定一組類別並將觀察歸類於既定類別時，採用了研究者的觀點。

Creswell（1998）指出八種提昇研究發現之效度與信度的驗證過程：

1. 長期參與和持續觀察。
2. 三角驗證。
3. 同儕審查（peer review）。
4. 負面個案分析（negative case analysis）。
5. 釐清研究者偏見。
6. 成員檢核（member checking）。
7. 厚實與豐富的描述（thick and rich description）。
8. 外部稽核（external audit）。

Creswell（1998: 203）建議，「質性研究者在任何特定的研究中，至少要履行上述八種驗證過程中的兩種」。

長期參與和持續觀察

理想情況下的個案研究，研究者應該長期參與該個案。如果可能，一個個案研究應該進行數年之久，例如在本章稍早前曾提及的 Foote Whyte 有關義大利裔美國人社區 Cornerville 的個案研究。這種長期的投身個案，確保了研究者不會造成任何錯誤理解。雖然也有研究者入境隨俗（going native）（即研究者失去其研究者的身分，並成為個案中的參與者）的可能性。發生這種情況的研究往往不會發表，但是 Lurie 在她的小說《想像中的朋友》（*Imaginary Friends*）提供了一個非常有見解的虛構描述（見第 7 章）。

三角驗證

這是一種涉及研究的複製，以提高研究之效度與信度的方法。

同儕審查

在這種方法中研究者接納了合乎資格條件的諍友。該角色通常是由同僚來擔任，他的任務是質問：「有關方法、意涵及詮釋的問題」（Creswell, 1998: 202）。同儕審查的過程，如果能善加運用的話，將使得我們的諍友能進行獨立自主的審查，這應能找出我們所忽略的問題。

負面個案分析

在大多數的研究計畫中，都會有來自少數不認同我們論點之被研究者所提出的少量訊息。這些資料經常被研究者認為是偏差的資料（deviant data）而棄之不顧。負面的個案分析即是對此種偏差資料的調查，以了解這些少數研究對象的回應為何異於多數的受訪者，以及如果少數人的觀點有意義的話，其對整體研究結果的意義何在。有可能因為負面個案分析可以給予我們更充分的說明為什麼人們如此回應，進而能夠提昇我們的資料分析。此種方法要求研究者要質疑研究的主要假定，以重新考量與（或）重新界定假定的主要問題。

釐清研究者偏見

如果研究者能寫日誌或日記，那麼上述的所有技巧將更為有效，因為這樣可以提供研究者檢查與消除研究者偏見的機會。研究日誌在本質上是一種激發研究人員反思其資料蒐集與資料分析過程的日記。為了避免或解決倫理問題，重要的是在資料蒐集與資料分析的過程必要有誠信，而且必須對選擇資料與（或）意義化研究發現時的偏見有所警覺。所有這些問題均可能有損你的研究之效度與信度。

成員檢核

　　被研究者應該被問及有關他們對於資料分析、研究者對事件的詮釋以及所達成結論的相關看法。Willis（1977）在其《學習勞動》（*Learning to Labour*）的重要研究中，曾採用此種方法。在該研究中，為研究焦點的十二位「小伙子」，在研究發現發表之前，曾被問到他們對研究的看法。如果受訪者不同意你在研究報告中所提出的解釋，那麼這將引發重要的倫理問題。你不是必須放棄該研究，就是必須修改你的研究發現，使之更充分地反映受訪者的看法。另外，你必須在你的研究結果討論中，包含受訪者不全然接受研究結果的事實，並試圖解釋為什麼你的說明較之受訪者自身的說明更為有效與可信。這似乎是一種非常屈尊俯就的姿態，但它通常是研究者可以採用以解決調查議題的一種較為客觀與公允的方法。

厚實與豐富的描述

　　在許多具有獨特人種誌感受的個案研究中，研究者通常以厚實（thick）或豐富（rich）的描述，開啟他們的研究報告。這是非常完整地說明研究的場所、受訪者及所要觀察的行為。該描述的目的是讓讀者比較研究結果與自己的親身經歷，以提昇研究的表面效度。

外部稽核

　　這是最常見於公費資助的評量研究。政府部門審查他們所委託的研究計畫，為的是要評斷研究結果的品質以及該研究計畫是否物超所值。

結論

　　個案研究的目的是蒐集有關個案的大量訊息。這意謂個案研究可以是一個有關地理位置、決策的深入調查、個人歷史，或甚至電視紀錄片的研究。在個

案研究中，因為多方來源的證據常被引用，因此常使用多元的資料蒐集方法。然而，傳統上個案研究一向與質性的資料蒐集方法相關，且在此種方法中，紮根理論成為最重要的解釋建構技術之一。對個案研究方法的一般批評，是它傾向於主觀的或是有偏見的，在個案研究設計方面欠缺嚴謹，研究發現不能用以通論至廣泛的大群體，以及研究發現可能是沒有組織的。在本章我們已經探討過一系列能夠提昇你的個案研究之效度與信度的方法。

Erica 被要求撰寫一個研究計畫，但她不知如何著手！

Erica 應該進行個案研究嗎？

Erica 列出了一份英國動物園的名單：

London Zoo

Bristol Zoo

Paignton Zoo

Newquay Zoo

Chester Zoo

Colchester Zoo

Twycross Zoo

Edinburgh Zoo

Belfast Zoo

Marwell Zoo

Dudley Zoo

Welsh Mountain Zoo

Blackpool Zoo

Blackbrook Zoo

Hammerton Zoo

Anglesey Sea Zoo

Battersea Park Childrens Zoo

Dartmoor Zoo

Linton Zoo

Whipsnade Zoo

　　她不知道英國有多少個動物園，且她懷疑是否有可能對所有的動物園進行調查。她亦搞不清楚「野生動物公園」（wildlife park）與「動物園」（zoo）之間的差異。因為她必須在最後期限前完成計畫，而能夠使用的資源非常有限，Erica認為要參訪英國的每一個動物園實在是所費不貲而且耗時，因此決定對她所在的地方動物園進行個案研究。

　　她的個案研究將是一種工具性的個案研究，在研究中，她將閱覽有關概述動物園對遊客提供關於生物多樣性與永續發展教育與訊息之法律義務的政策文件。Erica仍然喜歡利用小測驗的方式對要離開動物園之自願受訪遊客進行訪談的構想。她也認為小測驗能夠為她提供關於遊客擁有有關生物多樣性與永續發展知識的事實訊息。

 ## 參考文獻

Alexander, J. (1998) *Neofunctionalism and After*, Oxford: Blackwell.

Allison, G.T. (1971) *Essence of decision: explaining the Cuban missile crisis*, Boston: Little, Brown.

Angelides, P. and Ainscow, M. (2000) 'Making sense of the role of culture in school', *School Effectiveness and School Improvement*, 11(2): 145–63.

Archer, M. (1995) *Realist Social Theory: The Morphogenetic Approach*, Cambridge: Cambridge University Press.

Becker, H. (1962) *Outsiders: Studies in the Sociology of Deviance*, New York: The Free Press.

Bernstein, B. and Woodward, C. (1974) *All the President's Men*, New York: Simon and Schuster.

Borgen, W.A., Hatch, W.E. and Amundson, N.E. (1990) 'The Experience of Unemployment for University Graduates: An Exploratory Study', *Journal of Employment Counseling*, 27(3): 104–12.

Bourdieu, P. and Wacquant, L. (1992) *An Invitation to Reflexive Sociology*, Cambridge: Polity Press.

Brookfield, S. (1995) *Becoming a critically reflective teacher*, San Francisco: Jossey-Bass.

Cohen, I.J. (1989) *Structuration Theory: Anthony Giddens and the Constitution of Social Life*, London: Macmillan.

Creswell, J.W. (1998) *Qualitative inquiry and research design: Choosing among five traditions*, Thousand Oaks, CA: Sage.

DiSalvo, V.S., Nikkel, E. and Monroe, C. (1989) 'Theory and Practice: A Field Investigation and Identification of Group Members' Perceptions of Problems Facing Natural Work Groups', *Small Group Behavior*, 20(4): 551–67.

Ellinger, A.D. and Bostrom, R.P. (2002) 'An Examination of Managers' Beliefs about their Roles as Facilitators of Learning', *Management Learning*, 33(2): 147–79.

Flanagan, J.C. (1954) 'The Critical Incident Technique', *Psychological Bulletin*, 51(4): 327–58.

Flanagan, J.C. and Fred W.C. (1959) 'The critical incident approach to the study of psychopathology', *Journal of Clinical Psychology*, 15: 136–9.

Fleming V., Robb Y. and Gaidys U. (2003) 'Hermeneutic research in nursing: developing a Gadamerian based research method', *Nursing Inquiry*, 10: 113–20.

Fook, J. and Napier, L. (2000) 'From dilemma to breakthrough: Retheorising social work practice' in J. Fook and L. Napier (eds) *Breakthroughs in Practice: Social Workers Theorise Critical Moments in Practice*, London: Whiting and Birch.

Giddens, A. (1984) *The Constitution of Society: Outline of the Theory of Structuration*, Cambridge: Polity Press.

Glaser, B.G. and Strauss, A.L. (1967) *The discovery of grounded theory: Strategies for qualitative research*, New York: Aldine-Atherton.

Herzberg, F., Mausner, B. and Snyderman, B.B. (1959) *The motivation to work*, New York: Wiley.

Lurie, A. (1967) *Imaginary Friends*, London: Minerva.

Mahoney, J. (2003) 'Qualitative Methodology and Comparative Politics', *Comparative Political Studies*, 40(2): 122–44.

McLeod, J. (1994). *Doing counselling research*, Thousand Oaks, CA: Sage.

Merleau-Ponty, M. (1964) *The Primacy of Perception*, Northwestern University Press: Evanston.

Nicolaidou, M. and Ainscow, M. (2005) 'Understanding failing schools: perspectives from the inside', *School Effectiveness and School Improvement*, 16(3): 229–78.

Reynolds, D. (1991) 'Changing Ineffective Schools' in M. Ainscow (ed.) *Effective Schools for All*, London: David Fulton.

Sayer, A. (1984) *Method in Social Science: A Realist Approach*. London: Hutchinson.

Sayer, A. (2000) *Realism and Social Science*. London: Sage.

Sikes, P., Measor, L. and Woods, P. (1985) *Teacher careers: Crises and continuities*, London: Falmer.

Stake, R. (1995) *The art of case study research*, Thousand Oaks, CA: Sage.

Trochim, W. (1985) 'Pattern Matching, Validity, and Conceptualization in Program Evaluation', *Evaluation Review*, 9: 575–604.

Willis, P. (1977) *Learning to Labour*, Farnborough: Saxon House.

Yin, R. (1989) *Case Study Research*, Beverly Hills, CA: Sage.

人種誌研究方法

閱讀本章後你將能理解到：

- 人種誌社會研究方法的一些主要觀點。
- 人種誌學者如何利用 Max Weber 的投入理解技巧，以了解受訪者的認知、動機與想法。
- 投入理解如何由 Runciman 以第三理解的概念加以發展。
- 研究者的價值觀及偏見與被研究者間的界面，包括倫理議題。
- 進入現場的問題，發展人種誌的共菑與入境隨俗。
- 論述與實踐的概念。
- 在網際網路上進行人種誌研究可能引發的問題。

前言

　　人種誌（ethnography）是社會研究的一種方法，通常聚焦於自然情境下對一少數人群的研究，以便能對他們之行為的意義獲得更完整與更清晰的理解，本章將概述與評量人種誌研究法。

　　人種誌是築基於對研究情境的密切直接觀察與了解之上。然而，對任何人種誌學者言，關鍵問題之一是如何接近他們所要研究的群體。除了面對面的相

處外，尚有許多接觸的途徑，讓我們能夠進入他們主觀認知的世界。然而進入任何田野情境（field setting）絕非易事，誰也不能保證你會被接納，基於此，一些研究者乃決定從事隱匿性的研究，通常採用持續多年的參與觀察。與熟識的資料提供者非常密切地接觸有明顯的好處，但必須記住人種誌研究是一種高度的個人化研究過程。它涉及密切的人際接觸，從中研究者可以直接從研究對象獲得第一手有關他們的人類意義系統（human meaning system）的資料，因此存在著有關信任的倫理問題，以及對人種誌之影響遠甚於其他研究方法的有關效度與信度的研究方法上的問題。

就人種誌學者言，社會行為的任何行動，有其背後的意圖，了解研究對象的意向是人種誌研究方法的核心部分。雖然人種誌研究方法可以在豐富多樣的情境脈絡中進行，但它通常是關注於社會行為意義的了解，特別是了解在特定情況下人們的動機與意圖。

在日常生活中，我們扮演各種角色來呈現自我。Goffman（1959）認為，人有兩個方面的自我，正式的自我（official self）與內在的自我（inner self）。前者為當我們扮演某一角色時，我們向外在世界表現的自我；後者為隱藏在角色扮演之後的真實的人。很尋常地，人種誌學家認為人是社會的行為者，他們在社會世界裡扮演的角色，如同演員在舞台或銀幕上的表演一般。追隨 1960 年代 Goffman 的著作之後，此種了解在某一情境內角色表現的方法被稱之為擬劇著作（dramaturgical work）。人種誌學者假設，任何社會行為者的角色表現，包括他們的動機與意圖，可以如同理解舞台上或銀幕上演員的動機與意圖的方式般，加以了解或解讀。Goffman 主張，作為研究者，我們應該將我們觀察到的社會行為視為人類學上的新奇事物（anthropologically strange）。這是一種研究方法，在其中人種誌學者只是將研究情境，包括人們以及他們的行為，看作好像是他們首次觀察到這些情境般。這似乎非常抽象，因此讓我們來探討一個人種誌研究的例子。

人種誌研究

Atkinson（2004）著手一項調查威爾斯國家歌劇院（Welsh National Opera, WNO）的人種誌研究。Atkinson研究的引導主題為探究歌唱家與其他歌劇工作者的作品。他的人種誌研究包括「對在排演工作室與劇院的一序列歌劇作品進行密切與詳細的觀察，特別注重歌劇製作家的日常工作」（Atkinson, 2004: 148）。他感興趣於自己描述的「製作與再製作歌劇的平凡工作」（ibid.）。

Atkinson 主張，歌劇製作人需要擁有體現魅力的權威（embodied charismatic authority），以及他們對歌劇將採什麼形式的概念，讓表演者能夠清楚了解如何扮演他們的角色，但是在排練期間仍然有許多細節需要磋商：

> 表演者的動作經常透過兩種機制的「引導」（directed）：動機的辭彙（vocabularies of motive）與明顯的手勢（significant gestures）。（Atkinson, 2004: 152）

這些實踐行動由參與者加以詮釋，並形成一種社會共有的參照架構，幫助他們理解情勢。製作人的角色是將一組概念性的想法，透過要求表演者以手勢、目光與動作的表現，轉換成在舞台上的實際具體行動：

> 因此，導演是埋首致力於賦予演員動機、向表演者提示意向以及尋找類比，藉以有助於創造劇中人物與行動的反覆不斷歷程。（Atkinson, 2004: 154）

Atkinson 認為人種誌研究的問題之一是：

> 當社會過程是非常普遍常見時，可能很難產生具有顯著程度的智慧差距（intellectual distance），並因此促使其成為人類學上的新奇事物。智慧內見（intellectual insight）與創意（originality）

> 可能來自於使熟悉的成為新奇的以及新奇的成為熟悉的，並因此，
> 從一個更廣闊的視野來看可能的研究場域與主題，它照亮了研究
> 實務。（Atkinson, 2004: 148-149）

　　為什麼人種誌學者要試圖促成人類學上的新奇事物？正如我們所曾提及，形成人類學上的新奇事物意謂人種誌學者在看待研究情境，包括所觀察的人們及他們的行為時，就好像他們是第一次在觀察他們一樣。這使得人種誌學者能夠以更客觀的方式，看待有時是研究者非常熟悉的研究作法。這種方法另有其他的名稱，例如：使生活經驗世界成為新奇，它是人種誌學者常用以使他們的研究感覺更客觀的一種方法。

倫理問題與信任

　　一些人種誌學者，譬如 Humphreys（1970）認為，如果研究人員沒有事先知會那些觀察對象，他們正在蒐集有關觀察對象活動的資料時，那麼將能夠蒐集到更客觀與較佳素質的資料。然而，在該領域的大多數文獻反對隱瞞被研究者；隱密參與觀察者的實際作法（即被研究者並不知道觀察者的目的），被認為是不道德的。相反地，一些人種誌學者如 Davies（1963）、Erikson（1965）、Gold（1958），以及 Shaffir 與 Stebbins（1991: 29）等認為，隱蔽與公開研究之間的區別被誤導為：「在田野研究中的欺瞞作法如同其在日常生活中一樣，是自然存在的」。

　　人種誌所關心的倫理問題之一是信任的議題。特別是在我們所研究的對象是我們熟識的人，例如，如果我們選擇工作同事進行研究。在本書第 1 章我們曾討論行動研究與稱為實務者研究的相關研究方法，這些研究方法與人種誌密切相關，它們都借助於行動與反思。在行動研究中，教師研究者通常直接反省他們自己的教學情境與經驗；此種研究開始且建構在教師知識的基礎上，並特

別專注於教室問題。行動研究也建構在評鑑的正常程序上，縮小實務工作者與研究者之間的差距，此種研究可以銳化實務工作者的批判意識。

關於教育情境脈絡下的行動研究，例如：教師經常在他們自己所任教的學校或大學，即在他們自己與同事及學生的工作情境中，進行研究計畫，但是這難道不會引發可能的背叛信任的問題嗎？在產生有效與可靠的解釋方面，就人種誌學者言，如果其與研究對象間已經建立了高度的信任，那麼他將較容易確認與解釋研究對象的行為、風俗及習慣等。所有的人種誌研究都涉及研究者與受調查群體間彼此信任的形成，必須存在著親切感與彼此間個人的了解。人種誌研究方法最困難的方面即是成功地達成共享的主體性（shared subjectivity）、透過被研究者的眼光來看待世界、神入思考（empathy）等，這些特質較可能透過我們所認識的人共同達成。

投入理解

投入理解是為協助研究者了解研究對象之認知、動機與想法的一種技巧。人們經常分享關於他們自己的論述（discourse）〔這種形式的自我談話是由有關他們自己獨特身分的口語指標（verbal indicator）所組成〕，而這種話語可以被理解為識別的實踐（identifying practice）。享有共同文化的人們能夠了解這些自我的指標，並了解這個人的動機與意向。

在實踐層面，投入理解涉及研究者將自身置於被觀察者的立場，並試圖透過他們的觀點來探究世界，以圖更充分地體會他們對世界的看法。Goffman（1962）曾在一所精神病院的病房進行一項重要的研究。在他的研究中，Goffman 認為病人的行為經常是自覺處於不合理的情境中因而做出的合理回應。病人經常從事囤積的行為（hoarding behaviour），他們保存他們個人的所有物，譬如食物、面紙等。在精神病院外，這種行為被認為是異常的，但是病人因為沒有安全的地方來保存這些東西，因此一直將這些東西保存在身上，這是合理的。

人種誌學者往往必須將自己置身於他人的立場，藉以了解他們的行為。投入理解所奠基的假設是，研究者可以將自己置身於被研究者的社會與文化情境脈絡中，藉以重建或「重新體驗」（re-experience）被研究者經歷的世界，以試圖了解支撐他們的思想、情感與動機背後的根本原由，進而了解他們的行為。

理解的層次

就 Weber（1922）而言，在投入理解的過程中，有兩個層次的理解。第一個為 Weber 所稱的**意義層次的充足**（adequacy at the level of meaning），指的是對於研究者所觀察到的行動與行為給予非常充分的描述。據此，研究者方可邁向第二層次的理解，即 Weber 所稱的**因果充足**（causal adequacy），於其中研究者導出一個推論，即為什麼被觀察者會有如此作為。

Abel（1948）解釋此種投入理解的方法，涉及在特定情境下將我們所觀察的行為加以內化，然後試圖將觀察到的行為加以分類。它還涉及到**行為準則**（behavioural maxim）的應用，使觀察者與他們所親身經歷的其他事產生連結。而行為準則的建立係審慎考量我們個人的經驗，並加以歸納。這是根據一種**情感三段論**（emotional syllogism）的觀念，認為其他人的情緒運作方式與我們的一樣。Abel 認為，投入理解對研究發生之情境脈絡的詳盡詮釋非常有助益，但它不是一種實驗的技術，因此不能產生資料以驗證某一既定理論或假設。

詮釋學

投入理解是用以了解一些我們可直接觀察之行為的意義。人種誌學者透過觀察社會文化現象的詮釋過程，以識別文化形式來發現所觀察行為的意義。在社會科學中，此種方法稱之為**詮釋學**（hermeneutics）。然而，此種方法亦引發了一個重要問題：我們如何察覺隱藏在所觀察社會行動之後的個人與主觀的意義與意圖？就 Munch（1957: 26）來說，存在著：「整個系列的推論（inference）與歸責（imputation）⋯⋯涉及在此過程中」，包括類比推論（inference by analogy）、概率（prability），以及「得自對資料立即感覺的認知，被得自於類似資料先前經驗的認知所補充。這不僅是實證科學的一種正當程序，而且

也是一種建置任何科學通則的必要條件」（Munch, 1957: 30，此處的楷體字，原文為斜體）。

Munch 給予研究者的建議是，人們的行為通常不僅是他們個人的與主觀的意思的反映，而且也是他們所處社會與文化情境的反映。經由比較在類似情境中人們的行為，以及利用研究者所調查領域之其他類似研究，應該可能區別源自於個人信念與動機之「意圖行為」（intentional behaviour）與反映在既有環境下情境壓力對個人所產生行為間的差異。

神入與共享感覺

Lipps 的《美學基金會》（*Grundlegung der Ästhetik*）（1903）一書，詳細闡述了 Harrington（2001）所稱的「理解的天真神入理論」（naive empathy theory of understanding）。Lipps 論述到當我們觀看繩索上之特技演員時內心的感受，我們想像特技演員的經驗，就某種意義來說，就是我們實際生活的經驗。這種將自我置身於他人立場的能力，對理解藝術與文學，以及他人的行為是很重要的。但是，在 Weber 看來，此種感覺並不是客觀的知識，因為我們並沒有站在那條繩索之上，它無法讓我們真正體會特技演員的想法與感受。

然而，是否有可能從人們外在的表情如臉上的表情及肢體語言（body language），去看出他們內心的感受狀態或動機？人種誌學者通常假設，透過「厚實描述」過程或者非常充分的描述，以及在觀察時不考量任何道德立場時，作為研究者的我們將能從對外在跡象如肢體語言與面部表情的解讀，了解一個人的內心感覺狀態。外在跡象是有意義的，它們對觀察者具有某種意義，讓觀察者能抓到其內在意義。

Scheler（1912）在其所著《同理心的本質》（*The Nature of Sympathy*）一書中，描述了此一援用我們對外在跡象如體驗（nacherleben，德語）的解讀，以推斷一個人內在感受的過程。它被詩人與小說家用以創作出經驗特質的共享感覺或倫理同意（ethical agreement），但是不會對所描述的人產生同情的感覺。

此同樣發生於我們了解一個陌生人所說的獨特的一句話,是經由參照語言代碼、文法以及共用的詞彙,以使我們所聽到的具有意義。我們比較自己的生活經驗、社會傳統、社會規範以及所觀察到的經驗,以便做出適當的推論。一些喜劇的理論即以 Lipps 的假定為出發點,那就是笑的心理機制係根源於非預期性。人們做或說某事的方式與一般可接受的回應方式相反。

社會行動

社會行動(social action),即背後懷有意圖的活動,是由個人如何以其所處的社會情境來詮釋或理解他人所形塑而成的。為了要充分詮釋或了解他人所處的社會情境,研究者需要有一個足夠充分的概念架構,容許對情境內所發生的情事詮釋其重要意義。社會化的過程是一種持續不斷的過程,在其中人們同化了更廣泛社會的文化,該過程的核心面向是去學習理解共同的觀念,以便了解自己與他人計畫的行動。誠如 Cooper 所解釋:

> 那些無法掌握共享的規範性概念與共同故事的人們將是屬於文化貧瘠的人,將無法了解被告知的故事要點,大抵如同一個無知或愚蠢的人可能無法了解一個笑話的重點。(Cooper, 2000: 388)

在此的論點是,因為研究者業已歷經社會化的過程,在其中他們已發展對文化的一個理解,於是這賦予他們概念的架構與能力,使其可解讀人們行為的意義。

在社會行動與實踐之間存在著關聯性,前者為基於高度的個人動機因素而做出的個別選擇,後者我們認同它因我們藉由一個更廣泛的參照框架(frame of reference)而理解它。就某方面言,我們都是社會化下的文化產物,我們受教養去認識在某一既定情境下某些行為是具有某些意義的。這容許我們對行為加以分類或將某一我們所觀察的獨特社會行動置於共同分享的文化參照框架中,以

了解它的意義。

有些研究者將解釋（erklären; explanation）與投入理解加以區分。這意謂研究者不僅描述行動，亦且尋求線索來決定行動的「內涵」（content）。為此，研究者試圖區分某些種類的行動。例如，是否行動是一個有企圖的行動（亦即任何行動的背後有一個意圖；因此如果我絆倒在街上這就不是社會行動，因為我並非有意如此），如果是如此，那麼是哪一類型的意圖（譬如受到實現目標、價值觀、強烈情感或習俗或傳統所支撐的行為）。

根據 Smelser 與 Baltes 的說法，人類行動者（human agent）往往是：

(1)依照他們所相信與希望的來行動，以及(2)相信他們有理由認為是真實的，並希望以他們有理由珍視的去確認現象，因為行動意謂參照對代理人滿意的心智狀態（信仰與慾望）。根據理性行為與態度的原則，這些狀態必須大致上與行動以及代理人認為真實的與渴望的相協調。但是二者皆非是我們的。（Smelser & Baltes, 2001: 14-15）

人種學所根據的假定，是許多人們所歸類的社會行動方式，無法從行動發生的「自然」環境之外被充分理解。

第三理解

就 Runciman（1983）來說，良好的社會科學對人們行為的描述應該是真實的，並給讀者一種如果他就是被描述者之一會是什麼的感覺與意味。Runciman 關注於超越 Weber 所指出的兩個層次的理解，並增加了第三個層次，他稱之為第三理解。第三理解（tertiary understanding）的目的，是盡可能真實地對我們所調查之人們的生活給予充分的理解。

為了做到這點，Runciman 主張，我們需要採取某些詩人與小說家所使用的技巧，因為真實性應能加強讀者的經驗。Runciman 舉 Flaubert 的小說《包法利

夫人》（*Madam Bovary*）為例，他將之形容為：「描述真實的典範」（a paradigm of descriptive authenticity），因為 Flaubert（1983: 237）「重新描述像包法利夫人這樣人的生活，使之更勝於該人對她自己的描述」的能力。Flaubert 之所以能做到如此，是因為在包法利的現實生活中，她對於影響其所處環境之廣泛的社會力量並無充分的認識。而 Flaubert 對當時的年代與環境則有較佳的了解。

《包法利夫人》是一部虛擬小說，但是人們卻希望包法利夫人確實存在這個世界。Flaubert 透過包法利夫人的思維與決策過程來引導讀者。包法利夫人是一位我們不曾見過的虛構人物，因為她根本不存在，然而由於 Flaubert 對她的動機與意圖有了充分的描述，使得我們全然地能夠領會到她為什麼會有如此作為。經由閱讀 Flaubert 的描述，我們對於我們研究中所要調查的真實人物有更充分的了解，因為他們的行為舉止就如包法利夫人一般。文學能夠讓我們增進對沒有親身經驗之事物的理解與實際知識，例如：Picasso 的畫作「格爾尼卡」（Guernica）就人性方面，描述了西班牙內戰的恐怖，此種恐怖情況我能了解，但慶幸我並未身歷其境。該畫作對於我個人來說不僅有很強烈的情感內涵，抑且披露了一個人如何在暴力政治衝突中（如西班牙內戰）蒙受到傷害。

藝術與文學為人們提供了解說與闡釋的來源，幫助我們闡釋我們自己的親身經歷與思維過程。文學中的虛構人物開展了我們經驗的領域與多樣化，並讓我們能夠更深入了解在特定的環境下激勵人們的原因何在。藉由對個人社會行為之全面性動機的描述，藝術和文學顯然提昇了我們的認識力，並有助於培養我們的感知與解釋的技能，深化我們對社會與道德的理解。

Runciman 指出在這方面提供了良好研究實務範例的社會研究者，包括 William Foote-Whyte、Erving Goffman 及 Oscar Lewis。所有這三位作者提供他們的讀者各方面的描述，包括生動與富有啟發性的細節，善用比喻的手法讓讀者能夠對文字的描述與他們自己親身經驗之間產生聯想。如果沒有這些細節描述，讀者很難將已知的描述「體驗於生活中」。如 Runciman 所解釋：

> 在每一情況下，他們的成功在於生動或富啟發性細節的選用，這
> 可能與我們的文化有適當的對應關係。（Runciman, 1983: 263）

描述性推論要求研究者應具有想像力，利用隱喻和比喻的方法，給予讀者一個明確的說明——身為研究對象會是什麼樣子：「『他們』的經驗對他們像什麼的感覺」（Runciman, 1983: 274）。

定義

▶▶ **什麼是隱喻？**

隱喻（metaphor）是一種言語的修辭，用以比較兩件事物，說某一事物像另一事物。Richards（1936）有興趣於了解詮釋過程本身，他指出隱喻的兩個面向：

- 要旨（tenor），這是屬性被賦予的主題或物件。
- 媒介（vehicle），這是屬性被借用的主題或物件。

▶▶ **什麼是明喻？**

明喻（simile）亦是一種言語的修辭，用以比較兩件不同的事物，經常使用如「像」（like）這個字。Bauman（2000）描述當前世界為流動的現代性（liquid modernity），他表示社會沒有一個刻板的結構，它更像是一種由液體組成的社會一般。

確保真實性的指導方針

我們需要選擇我們感興趣的廣大母群體中具有代表性的人們，作為調查對象，包括在群體中經常有不同觀點的人。就 Runciman 來說，為了對人們的行為賦予一真實的人種誌解釋，有些易犯的錯誤我們必須避免：

1. 避免對於我們所描述的人們給予不完全的描述（incomplete account）：這意謂不要錯失那些我們並不很有興趣研究，但是對群體卻有重大意義的一

些事物。

2. 避免過度簡約化（oversimplification）：這產生自研究者並沒有考慮到人們的信念或實踐的複雜性。

3. 避免非歷史性（ahistoricity）：身為研究者，我們應該記住一套行為與想法都是屬於描述它們時所處的特定時間與地點的。

4. 避免隱瞞（suppression）：這可能發生於當研究者選擇於描述時刻意不提及某事物，因為它可能有損被研究者的良好形象。

5. 避免誇張（exaggeration）：這涉及過度強調描述的某一部分，超乎其所應有的。

6. 避免種族優越感（ethnocentricity）：這涉及根據我們自己的文化、背景或環境，將我們自己的想法強加諸於我們所觀察的對象，不惜犧牲被研究者的意見與信念。

7. 避免藐視（derogation）：這指的是對人或群體的輕蔑描述（pejorative description）。

8. 避免歌功頌德（hagiography）：或者過度描述有利於所描述之個人或群體的感受。

　　人種誌學者難以克服的一個問題，是研究者自我價值觀與偏見和那些被研究者之間的相互影響，這需要進一步說明其意義。人種誌學者的主要方法之一，是解釋與了解研究對象的參照框架、意圖與動機。為成功達成此種「相互理解」（mutuality of understanding），研究者需要對行為所發生的情境有充分的了解。如果你是一位同處在行為發生情境的人，你的主觀意思和受訪者的主觀意思應該有一定程度的共通性。

　　發展「相互理解」的過程可以開始於著手蒐集資料之前。研究人員可以經由閱讀其他人種誌的報告，增進對影響研究對象作為之觀念、信念與價值觀的一些了解。這應該不會阻礙你對研究場域中所發生的事說明你自己的主觀感覺，但它卻引發了強制問題（imposition problem）的爭議：將一個既定的社會科學概念或觀點強加諸於你所直接觀察的行為上。

在許多人種誌的研究裡，為了能夠對被研究者之行動獲得更有效的了解，研究者常刻意避免影響受訪者或參與者的行為。然而，有許多研究人員採用人種誌研究方法，是因為他們要破除「觀察者」與「被觀察者」之間的隔閡，讓研究過程變成一種合作（co-operative）或協作（collaborative）的工作。有些人種誌學者視傳統客觀的研究為一種剝削的獨自長篇大論（exploitative monologue），其中受訪者提供訊息給研究者，卻沒有得到任何回應。相反地，人種誌在產生研究結果時，給予被研究者「論述」的特殊對待——在此情況下意謂「他人即為我們」（the other as us）。

學習繩索

人種誌學者必須了解受訪者如何理解他們的世界。Lofland（1976）將之稱為「親密的熟悉」（intimate familiarity）。這種理解的核心要素之一是「學習繩索」（learning the ropes），Shaffir 與 Stebbins（1991）將之概述如下：

- 田野研究要求對形塑與指引人類行為之詮釋過程的理解。
- 田野研究者必須思考運用被研究者的符號。
- 資料蒐集透過敏銳覺察地方文化而進行。

Shaffir 與 Stebbins 宣稱最重要的是：

> 那些尊重被研究對象並願意認真考慮他們的觀點與要求的研究人員，將真的發覺別人都準備教導他們訣竅。（Shaffir & Stebbins, 1991: 86）

然而，所有這一切作為都是非常耗時的，如 Fetterman（1989）指出：

> 一個人待在一個社群愈久，建立了融洽關係，以及更深入地探究

個人生活，那麼他或她愈有可能學習到有關文化中神聖細緻的成分：
人們如何祈禱、他們彼此的感受如何，以及他們如何強化自己的文化
實踐以維持他們體系的統整。（Fetterman, 1989: 27）

人種誌涉及研究者人際關係能力的運用。研究者愈能長久停留在現場，觀
察並與人們互動，那麼他將愈能解讀被研究者的文化。

邊緣化

研究者駐留在調查現場愈久以及他與研究對象的互動愈頻繁，他的存在對
研究對象之行為、觀念與行動的影響將愈大。人種誌學者所要避免的，是研究
對象的行為成為研究過程的一種「矯飾物」（artefact）、產物或結果，此乃是
因為人們認為自己是研究計畫的一部分，以致影響其行為方式。邊緣化（mar-
ginality）是一種技巧，人種誌研究者用以將他們自己置身於研究現場觀察及蒐
集資料，但又不至於因其介入而對研究對象的行為產生重大影響。

Hammersley 與 Atkinson（1983）主張，研究者在觀點與社會地位雙方面的
邊緣化將有助於提昇研究者的自然感受。大多數支持人種誌研究方法的主張均
強調邊緣化在研究中的好處，認為研究者與受訪者維持友好的互動有一些好處，
譬如與他們的對話將有助於研究發現。重要的問題是：如何才有可能調和該二
者？研究者如何同時既為「局內人」又為「局外人」？

這引發了另一個重要的人種誌學者必須克服的研究方法問題。訪談為非常
有用的研究工具，然而在隱蔽參與觀察的情境內，訪談人員卻沒有讓受訪者知
道或得到他們的同意，這將造成倫理與實務的問題。有一種觀點認為，人們不
會回應一系列有關其自然情境的關鍵面向問題。人們可能會認為這種提問怪怪
的，因此不是不回答這些問題，就是不提供可以反映他們真實想法或感受的答
案。研究者需要思考有關他們將要在現場上扮演什麼樣的角色：為了讓受訪者
感到舒適，並願意提供完成研究目標所需的訊息，研究者將如何向受訪者自

我表白？這就是人種誌學者通稱的人種誌的同蒞（ethnographic presence）。

發展人種誌的同蒞

在人種誌的研究中，研究者所採取的人種誌同蒞，或其在進行研究時所將持有的立場，將有助於研究者發展出 Hammersley 與 Atkinson（1983）所謂的「創造性洞察力」（creative insight）──某些研究者同時採取局內人與局外人的角色：

> 在智力上處於「熟悉」與「陌生」之間的狀態，同時在社交上，他或她是處於「陌生人」與「朋友」之間的關係。（Hammersley & Atkinson, 1983: 100）

許多人種誌學者，譬如 Hammersley 與 Atkinson 曾主張，要從資料中消除研究者的影響是不可能的，因為我們本身即是我們所研究世界的一部分。

入境隨俗

所有的研究方法教科書均有一部分會論及人種誌學者的「入境隨俗」議題。這說明人種誌研究者由於如此密切地融入其所調查之人們的生活中，以至於忘了自己的實際研究者角色。入境隨俗幾乎普遍被認為不是一件好事，因為研究者與被調查人們間的關係變得如此密切，研究者將不僅會失去其作為*研究者—觀察者*的角色，再且其對現場內所發生事情的解釋也將無異於其他被調查者。然而未能接近所要研究的群體，也是研究方法上的一種嚴重問題。「入境隨俗」的研究者與被調查的人們有了一致性的個人文化、動機與意圖，藉著融入當地以了解自我與探究自己的想法，這就如同探究該群體的動機與意圖。為了了解

他們的行為，人種誌學者必須充分理解該群體的語言或談話。

《想像中的朋友》：「入境隨俗」的問題

要在一個研究中確認研究者已經入境隨俗是非常困難的，因為此種研究往往不會被發表。然而，Alison Lurie（1967）曾撰寫一篇非常有趣且周詳的對居住在紐約州北部 Sophis 小鎮上被稱之為「真理追求者」（Truth Seekers）之小團體的隱蔽性參與觀察的虛構描述。為了探究「真理追求者」的團體動態，Tom McMann 與 Roger Zimmerman 加入了該團體。該團體的領導者 Verena 據稱與來自 Varna 遙遠星球的 Ro 取得聯繫並接收到他所給的訊息，她將這些訊息寫在紙上，然後擇要送給團體成員。Varna 星球的人（the Varnians）比地球上的人更進步，演化已超越肉體。該小說勾勒出研究倫理的問題，尤其是當研究人員被團體成員之一認出是學者時；該小說亦探討研究人員應該涉入團體決策的程度，以及其與團體成員間的信任關係。

McMann 慫恿 Verena 說出什麼時候 Varna 星球的人將來到地球並救贖「真理追求者」。在預期來到的當天晚上，Verena 接收到來自 Varna 星球之 Ro 的訊息，說明他將附身於團體中最有智慧的人的身體中，該人即是 Tom McMann，Tom McMann 接受了該角色，成為一位真正的信徒並入境隨俗。Alison 追溯了 McMann 從原本明確與客觀的研究策略，轉換成為團體領導者，以非常有信服力的方式，讓肉體之軀擁有 Ro 之靈魂。

雖然這是一個有關入境隨俗過程的虛構描述，但它顯示了人種誌學者的人種誌共蒞能夠變成如此地受到被研究者的喜愛，以致研究者成為被研究團體之活動的核心人物。

論述

　　論述是一種人們談論與思考其所關心之社會世界面向的方式。它包括了人們歷經一段時間之社會化以及他們在日常生活中用以理解其周遭世界的組織原則。雖然 Foucault 不曾從事任何人種誌的研究，但是他對於許多人種誌學者常使用的論述方法的發展具有高度影響力。Foucault 認為，論述不僅僅是反映了社會現實，而且也形塑與維持現實的流行看法與主流觀點。當檢視任何「論述形構」（discursive formation）時，Foucault 嘗試以系譜學的調查方法（genealogical investigation），探究為什麼在某個特定的時間，一組關於某個特定主題的句子較有可能出現。此外，在論述實踐（discursive practice）中，人們都被定位為「主體」（subject），如此這樣的論述也可以塑造身分與一個人的自我意識。

　　此種論述分析的方法由 Fairclough（1992）進一步加以發展，以確認一個群體為了試圖在群體內產生與重製其現實版本所採取的論述策略（discursive strategy）。Fairclough 所發展的論述架構（framework of discourse）方法，可以運用一些相連結的概念加以分析：

- **主題**（theme）：論述主題，亦包括作為主題選擇所依據的假設。
- **前提**（presupposition）：表現或隱含在文本或口語中的訊息。
- **互為談話性與互文本關係**（interdiscursivity and intertextual relation）：其他各種類型之文本間的關係，藉由與其他論述形構的連接，形成一個互文鏈（intertextual chain）。〔譯者按：論述實踐階段，Fairclough 借用了 Julia Kristeva 所提出的「互文性」（intertextuality）概念作為分析策略，指出不同時期的論述內容有相互影響、引用與修改等情況，所以經由分析比對各種類型的文本，可以發掘論述究竟如何被產生與重製。〕
- **情態**（modality）：說話者／作者對於論述之真實內容與論述形構之普遍

性的確定程度，如 Morrish 解釋：「說話方式的情態可以透過文本中的一些詞句顯現出來，例如時態（現在式顯示普遍有效性）、複數（顯示某項類別的普遍化）、否定，以及副詞語的選擇。」（1997: 336）Morrish 引述 Hodge 與 Kress（1993）的主張，他們認為情態是用以使說話的方式免於受批評。

- **及物性**（transitivity）：說話者／作者對於有關誰或什麼事物是造成論述形構內任何特定情勢發生原因的理解。
- **詞彙的選擇**（lexical choice）：說話者／作者於論述形構中所使用的類別。

如果人種誌學者要充分了解他們所觀察的互動行為的意義，他們必須了解人們對於人種誌學者所探究社會世界那些方面的思考方式。嘗試接受與了解人種誌學者所調查之人們的論述，將會讓人種誌學者能夠洞察人們運用於日常生活中以了解周遭世界的組織原則（organising principle）。

實踐——分析單元

任何人種誌研究的分析單元即為我們所研究之人們的**實踐**。人種誌學者感興趣於人們做些什麼以及為何他們要如此做。這將必然地要涉及探討他們的自我意識及他們的每日作為如何。就一位人種誌學者言，應該擺脫乏味的有關能動性（agency）與結構（structure）的爭論，重視「實踐」（practice）的概念，達成對個人經驗的了解。〔譯者按，在社會科學，對於究竟是能動性（個人行動自主與自由選擇的能力）或結構，是影響人類行為形塑的主要原因，始終爭論不休。〕

但什麼是實踐？我對實踐的理解是，它是「被引導的作為」（guided doings）；換言之，當人們執行一個社會行動，是因援用一套引導他們做社會行動抉擇的既有想法與信念。在任何情況下，我們仍然能夠自由選擇我們所要做的

任何行動，但是，如果我們要避免被別人認為我們的作為方式是不適當的，我們的行動就要受到引導。自問：你對醫療實踐此術語的了解是什麼？你對橄欖球實踐術語的了解是什麼？在這兩個例子中的術語「實踐」，意謂一個人的社會行動是受到許多的想法、技能與知識的引導。如果我們能夠理解引導個人實際作為的根本想法、技能與知識，這將使我們能深入理解他們的社會行動。

> **實踐**
>
> 有些作者曾詳細地探討實踐的概念。例如：
>
> 　　實踐可能界定為一套的考量、禮貌、用法、儀式、風俗、標準、經典格言、原則、規則，以及辦公室規定的有用程序，或表示與人類行動和言論相關的義務或職責。這是一個審慎或合乎道德條件的選擇與表現，多少有點複雜，其中係以過程來理解行為。
> （Oakeshott, 1975: 55）

　　人類行為同時是節制與約束的。尚且，人類行為是造成人類行為本身具有節制性與約束性本質的原因。約束他人行為是一種實踐，而過著個人自我節制的生活也是一種實踐。我們的生活是由實踐所促成，而實踐也是人種誌學者花費時間所要調查者。

　　就人種誌學者來說，思想、行動與身體是社會建構的。我們的身分與我們的自我意識是經由我們所參與的實踐來形成的。在與他人的關係中，個人了解了他們自己；他們對我們之行為、情感與意見的反應將強加諸於我們，並影響我們如何與我們的生活條件妥協。實踐為此種社會建構的平台與素材。是什麼形成結構，這顯然是事實實體（factual entity），它們有它們自己的生活，與構成它們的人們無關；是激發（energisation）帶入人們零散的實踐中，例如吩咐、描述與遵守規則、說服別人規則、慣例與應遵守的原則。

實踐的概念

可以確認的三個實踐概念為：

1. 學習如何進行一個活動並予以改善：這意謂「理解」實踐也能夠加以改善。理解涉及一系列的認知活動：描述與質疑；在自我行為中與他人行為中識別實踐的能力；以我們評斷為適當的方法去激發與回應實踐。

2. 遵守規則、社會習俗與指示：再次，確認規則與慣例的能力本身即是一種可以加以改善的實踐。

3. 促使事情發生、確認目標與實現那些目標所需要的資源。

情勢的界定

就人種誌研究者言，任何團體的社會結構是由團體成員自己所創造出來的。團體內人們確定他們所處情勢的方式，形成了一套非正式但有形的類似規則之結構，人種誌學者稱之為情勢的界定（definition of the situation）。人們處於情勢中的活動，亦即他們在日常生活中的每日作為，是由實踐所建構而成的。在人種誌的研究，實踐是結構所賴以形成的材料。實踐不是習慣性的活動，雖然它們可能成為慣例，它們是任何團體內的互動行為。再者，我們利用實踐去探究未知，這讓我們能夠參與意義的產生，因為我們有能力運用我們周遭的資源，而非接受現實的生活。對人種誌學者重要的是，我們自己的實踐，僅是在個人過渡時期的自覺思考，在其中人們自問問題如：「我在做什麼？」或「為什麼我要選擇如此過生活？」這就是人種誌學者所關注的。

該問題可以從性別關係上獲得最清晰的了解。我們對於什麼構成「女性氣質」與「男子氣概」的概念是社會建構的，男性與女性的概念亦是如此。此種概念之所以被接受是因為人們實踐他們的男子氣概與她們的女性氣質；此外，人們自我找到了「適當的」男子氣概或女性氣質，我會假定，他們會覺得這是

多麼的欣慰。此種類別不應該被用來歸類人們；相反地，這些名詞應該被用來描述人們自己選擇從事的活動。「男性」和「女性」的類別，就只能是人們選擇對他們的了解是什麼。身為社會科學家，我們傾向為找出或發明一組我們並未充分界定或解釋的類別，諸如「階級」、「男性」、「女性」等。然後我們融入社會，並蒐集證據武斷地置入類別中。然而，分類的理由卻未嘗有所說明也未嘗試圖說明。

Schatzki（1997: 96）認為：「一個人在任何場合做些什麼並非決定於實踐，反之，是決定於：(1)他對自己情勢的了解……以及(2)出於動機（『情緒』），一個有利於所期望條件的特定活動被『選擇』了。」

這裡的問題是，了解與選擇兩者均為實踐。Schatzki 了解實踐在人類社會中的角色。對人種誌研究者言，任何一群人或社會形構是建立在人們支持選擇分享共同實踐的其他人。

重新界定「場域」的概念：網際網路上的人種誌

到目前為止，在本章中我們所審閱的人種誌研究都是傳統的，研究人員與一群被研究者間面對面接觸。然而，當前我們有相當大量的通訊是經由手機、電子郵件、部落格、推特（Twitter），以及社交網站（social networking sites）〔諸如臉書（Facebook）、Bebo 與 MySpace〕。傳統上，人種誌研究者是在一個實質的地點或場域進行他們的研究，但是現在有許多社群並沒有在一個實質的空間上互動，而是僅存在於網路空間（cyberspace）的虛擬全球社區。此外，很多人利用數位相機連結網際網路，並將常屬於非常私人性質的資料上傳到社交網站與 YouTube。在網上蒐集資料有實際的好處，譬如人們對問題的回答，已經過轉錄並可儲存為文件。

有趣的是，正如傳統的面對面人種誌研究，一些網際網路人種誌研究既是隱密的也可能是不道德的，專注於性與越軌行為，並試圖獲得人口中邊緣團體的同情理解，例如：

- Sharp 與 Earle（2003）暗中調查了超過 5000 篇男性客戶在網上發表對性工作者的評論，以探討男性對提供其性服務之女性的觀感。
- Magnet（2007）調查一個名為 suicidegirls.com 的商業網站，其特色為出現大量紋身婦女的裸照。資料的蒐集是來自網上論壇及與客戶的電子郵件訪談。
- Slater（1999）調查被稱為 *sexpics* 之「數位色情內容」在網上交流的情形。調查資料的蒐集是暗中取自交換色情照片之用戶間的聊天室，以及其他他們彼此之間透過線上社群（online community）的色情電腦檔案。

如 Murthy 解釋：

　　與面對面訪談和標準化的問卷調查相比較之下，受訪者透過網際網路普遍提供了不同的、有時甚至更私人隱密性的回應。這確認了 Miller 與 Slater（2000: 183）有關線上蒐集的資料有時更「親密」（intimacy）的結論。（Murthy, 2008: 842）

　　然而，如果資料的蒐集事先沒有得到受調查者的知會同意，我們就要自問是否這些資料應該被使用。新聞記者可能使用他們暗中蒐集來自臉書、部落格等的訊息，但是社會研究者有他們被期待應堅守的道德標準，這亦包括網上蒐集的資料。誠如 Murthy 解釋，許多被網上人種誌調查的人們是屬於弱勢或邊緣化的群體，作為研究者，我們應該記住，我們的研究可能造成潛在的危害。然而，Murthy 主張下列社交網絡網站的方式對人種誌研究者有所功用：

1. 它們是虛擬的「守門人」，擁有許多可能為研究對象之「朋友」（friend）。
2. 它們含有豐富的相關多媒體資料題材，即使是最邊緣化的社會運動或群體。
3. 人種誌研究者可以「隱蔽地」（invisibly）觀察網頁成員的社交活

動,蒐集到之前無法得到的人種誌資料類型。

4. 具有進行線上研究明確目的之社會研究者可以開關網頁(例如焦點團體觀看一個嵌入式的影片,並對此發表評論)。

5. 網站上的關係結構本身即是一種有用的研究方法,如 Garton、Haythornthwaite 與 Wellman(1999: 78)所主張,關係的內容、方向與強度「合串」(strands)成一豐富的方法。

6. 社會研究者可以建置網頁,向民眾傳播有用的訊息,這是 MySpace 社交網站上「糖尿病治療」(Cure Diabetes)網頁版主所採用的方法。(Murthy, 2008: 845)

然而,Beaulieu(2004)認為,有大量的研究主張「電腦媒介的溝通」(computer mediated communication)不是一種維持有意義社會關係之充分互動方式,因為其缺乏面對面的互動與互動發生的地理位置或現場。相反地,許多人種誌研究者認為網路空間是一個獨特且有意義的社交網站。

網際網路讓人種誌研究者能夠採用一種新的表面形象或轉換角色進行田野調查,但是同樣地,雖然對投書串列(list)與部落格有貢獻的人來說,這是一種普遍的作法,但是作為研究的一部分,它會引發欺瞞的問題。

已經有一些有關人們厭食症(anorexia)與其他飲食失調(eating disorder)的研究網站。號稱贊成厭食(pro-ana)的一些網站讓人們可以與志同道合的人進行全球性的互動,它們往往比親密的家人與朋友更能提供更多的訊息來源、建議與影響。LeCompte(2002)提出了一些有關此種改變人種誌場域性質的問題。當人種誌不再以實際地理空間為研究場域時將發生什麼事情?該問題引發了一項重要爭議,即是否人種誌研究者仍然能夠探索日常生活中的行為模式。

思考點

▶▶ **調查「贊成厭食」網站的道德**

　　Hammersley 與 Treseder(2007)曾經調查一些贊成厭食的網站,表示這些網頁積極推動與鼓勵人們成為厭食症者與食慾過剩者(bulimic),

並提供詳細的建議，協助他們的讀者。這些網站經常駁斥認為飲食失調是一種健康問題的想法，相反地，它們站在人權的立場，認為採納飲食失調是一種生活方式的選擇。Hammersley 與 Treseder 讓其讀者領略了這些網站的內容：

> 　　我們必須向社會揭示「安娜」（ana）的積極面。認識我們的需求，我們面對批評的能力，我們無窮的力量，我們的決心，以及我們堅毅不屈的毅力。請不要在任何壓力下屈服。讓「安娜」活得很好。如果你是厭食症者，不計代價保持減重，絕不讓任何人強迫你進食。（Hammersley & Treseder, 2007: 291-292）

贊成厭食的態度包括如下信念：
- 我畢生的目標是餓死。
- 我減重愈多，我覺得愈好。
- 絕沒有太瘦這種事。
- 吃是一種軟弱的跡象。
- 透過抑制以實現完美。
- 厭食將使你美麗。
- 沒有人可以做到我（我們）所做的。
- 突出的骨骼讓你看起來真棒。
- 厭食顯示你是卓越的。
- 批評厭食者是嫉妒或肥胖的人。
- 不管你怎麼變，你還是瘦的。
- 不管你做什麼，你還是瘦的。
- 我總是節制的。
- 沒有人能夠從我這裡將「安娜」帶走，沒有人！
- 極度消瘦是一個好的開始。
- 如果你不是厭食者，你就是敵人！

（Hammersley & Treseder, 2007: 291-292）

▶▶ 問題

1. 未經網站內容管理與維護人的允許，我們能夠調查網站嗎？
2. 即使我們接受公共領域網頁的論點，在部落格蒐集資料卻沒有知會你研究的受訪者，是否有任何道德的問題？
3. 與一個人在電子郵件中交談，該人卻不知道其回應可能被引用於研究中，這是否有任何倫理的問題？

思考點

　　回顧一下本章在這裡所寫的內文，並列出網際網路人種誌研究的利弊清單。這應該有助於你決定這種方法是否真正是你所要使用的。

　　在本書其他各章中，我們將了解，透過網際網路的資料蒐集有許多的優點。然而，考慮使用該方法的研究者需要記住，在英國，社會上的弱勢族群使用網際網路的比率是遠低於其他族群的。

結論

　　在本章我們已經概述與評量了社會研究之人種誌研究方法的主要部分。就 Hammersley 與 Atkinson（1983）所言，人種誌有兩個獨特的意義：一套用以蒐集資料的方法，以及利用人種誌方法蒐集資料的一份書面描述。

　　我們已了解人種誌是基於在一些有關社會行動的假定上。社會行動是社會情境的核心，而該社會情境則是被觀察並據此涉及與被研究者面對面互動之人種誌田野工作：「為了獲得對事物某些方面的直接了解的目的，將自己沉浸於集體的生活方式」（Shaffir, Stebbins, & Turowetz, 1980: 6）。透過探索社會行動

者本身的行動意義，社會行動才能夠被理解。被研究者提示資料分析的初始類目或組織原則，據此，人種誌學者接著進一步啟發關鍵的概念並開創一個為什麼人們會如此作為的解釋。

Erica 被要求撰寫一個研究計畫，但她不知如何著手！

Erica 應該進行人種誌研究嗎？

訪談與問卷調查可能是社會科學中兩種最通用的資料蒐集方法。Erica已經相當考慮以小測驗的方式進行訪談，認為這應該能讓她發覺動物園遊客離開動物園時所具有真實理解的程度。在閱讀本章的人種誌研究方法之後，Erica關心的是，僅僅從人們蒐集有關他們對物種多樣性與永續發展的事實了解，這只是事情經過的一部分，無法探索動物園遊客對物種多樣化與永續發展所具有的意義與感受，以及他們到訪動物園的結果如何可能改變這些感受的狀態。

對於她的小測驗的想法，有一些實際的問題。許多動物園的訪客是孩童，他們可能沒有充分了解或回答有關生物多樣性與永續發展問題的語言技巧或能力。Erica亦擔心兒童可能不了解關於動物繁殖的問題。

Erica考慮到如果她選擇進行人種誌的研究，她可能會遇到的實際問題與可能的優勢。第一，她將向誰蒐集資料？她可能洽商負責規劃一群學生到動物園旅遊之當地一所學校的校長，請求該校長寫信給學生家長，問他們是否同意讓他們的小孩被列入 Erica 的研究中。

她也可以參觀動物園，並對動物園及提供給遊客之教育與訊息的資源進行一「厚實描述」或非常充分的描述。

最後，Erica可以在學生參觀動物園之前與他們見面，並與他們談談他們對生物多樣性與永續發展的了解。在參觀時，Erica可以談話、聆聽及觀察孩童以確認他們對問題的理解是否已經有所改變。

 **參考文獻**

Abel, T. (1948) 'The Operation Called Verstehen', in H. Feigl and M. Brodbeck (1958) (eds), *Readings in the Philosophy of Science*, New York: Appleton, pp. 677–87.

Atkinson, P. (2004) 'Performance and Rehearsal: The Ethnographer at the Opera', in C. Seale, G. Gobo, J.F. Gubrium and D. Silverman (eds), *Qualitative Research Practice*, London: Sage Publications.

Bauman, Z. (2000) *Liquid Modernity*, Cambridge: Polity.

Beaulieu, A. (2004) 'From brainbank to database: The informational turn in the study of the brain', *Studies in History and Philosophy of Science Part C: Studies in History and Philosophy of Biological and Biomedical Sciences*, 35(2): 367–90.

Cooper, N. (2000) 'Understanding People', *Philosophy*, 75(3): 383–400.

Davies, F. (1963) *Passage through Crisis: Polio victims and their families*, Indianapolis: Bobbs Merrill.

Erikson, E. (1965) *Childhood and Society*, Harmondsworth: Penguin.

Fairclough, N. (1992) 'Discourse and Text: Linguistic Intertextual Analysis within Discourse Analysis', *Discourse and Society*, 3(2): 193–217.

Fetterman, D.M. (1989) *Ethnography: Step by Step*, Newbury Park, CA: Sage Publications.

Garton, L., Haythornthwaite, C. and Wellman, D. (1999) 'Studying On-line Social Networks', in S. Jones (ed.), *Doing Internet Research*, London: Sage.

Goffman, E. (1959) *The Presentation of Self in Everyday Life*, New York: Anchor Books.

Goffman, E. (1962) *Asylums*, Harmondsworth: Penguin.

Gold, R. (1958) 'Roles in sociological field observation', *Social Forces*, 36: 217–33.

Hammersley, M. and Atkinson, P. (1983) *Ethnography: Principles in Practice*, London: Routledge.

Hammersley, M. and Treseder, P. (2007) 'Identity as an analytic problem: who's who in "pro-ana" websites?', *Qualitative Research*, 7: 283–300.

Harrington, A. (2001) *Hermeneutic Dialogue and Social Science: A Critique of Gadamer and Habermas*, London: Routledge.

Humphreys, L. (1970) *Tearoom trade: a study of homosexual encounters in public places*, London: Duckworth.

LeCompte, M.D. (2002) 'The transformation of ethnographic practice: Past and current challenges', *Qualitative Research*, 2(3): 26–39.

Lipps, T. (1903) *Grundlegung der Ästhetik*, Leipzig: Leopold Voss.

Lofland, J. (1976) *Doing social life: The qualitative study of human interaction in natural settings*, New York: Wiley.

Lurie, A. (1967) *Imaginary Friends*, London: Heinemann.

Magnet, S. (2007) 'Feminist Sexualities, Race and the Internet: An Investigation of Suicidegirls.Com', *New Media & Society*, 9(4): 577–602.

Morrish, E. (1997) 'Falling Short of God's Ideal', in A. Livia and K. Hall (eds), *Queerly Phrased*, New York: Oxford University Press.

Munch, P. (1957) 'Empirical Science and Max Weber's Verstehende Soziologie', *American Sociological Review*, 22: 26–32.

Murthy, D. (2008) 'Digital Ethnography: An Examination of the Use of New Technologies for Social Research', *Sociology*, 42(5): 837–55.

Oakeshott, M. (1975) *On Human Conduct*, Oxford: Clarendon Press.

Richards, I.A. (1936) *The Philosophy of Rhetoric*, New York and London: Oxford University Press.

Runciman, W.G. (1983) *A Treatise on Social Theory*, Vol. 1, Cambridge: Cambridge University Press.

Schaap, F. (2002) *The Words that Took Us There: Ethnography in a Virtual Reality*, Amsterdam: Aksant Academic Publishers.

Schatzki, T.R. (1997) 'Practices and Actions: a Wittgensteinian Critique of Bourdieu and Giddens', *Philosophy of the Social Sciences*, 27(3): 283–308.

Scheler, M. (1954 [1912]) *The Nature of Sympathy* (trans. Peter Heath), New Haven: Yale University Press.

Shaffir, W.B. and Stebbins, R.A. (eds) (1991) *Experiencing fieldwork: an insider view of qualitative research*, Newbury Park: Sage.

Shaffir, W., Stebbins, R. and Turowetz, A. (eds) (1980) *Fieldwork Experience*, New York: St Martin's Press.

Sharp, K. and Earle, S. (2003) 'Cyberpunters and Cyberwhores: Prostitution on the Internet', in Y. Jewkes (ed.), *Dot.cons: Crime, Deviance and Identity on the Internet*, Cullompton, Devon: Willan Publishing, pp. 36–52.

Slater, D. (1999) 'Trading Sexpics on IRC: Embodiment and Authenticity on the Internet', *Body and Society*, 4(4): 91–117.

Smelser, N. and Baltes, P. (2001) *The International Encyclopedia of the Social & Behavioral Sciences*, Oxford: Elsevier.

Weber, M. (1968 [1922]) *Economy and Society*, G. Roth and C. Wittich (eds), New York: Bedminster Press.

觀察、參與觀察及觀察推論

閱讀本章後你將能理解到：

- 觀察與參與觀察作為研究工具的性質。
- 質性與量化的觀察。
- 隱蔽的與公開的參與觀察。
- 運用投入理解、同理心的內省、人文係數與同理心的重建以發展對觀察的理解。
- 如何以詮釋對話來補充觀察。
- 觀察的抽樣程序。
- 如何評量研究。
- 隱蔽研究、欺瞞與倫理關注。
- 觀察資料的資料分析。

界定參與觀察

參與觀察是人種誌研究的一種形式，其中研究人員與接受研究的人們有直接的接觸。該研究方法一般與以質性個案研究為基礎的研究有關，研究者通常長期隱身於社會群體中，主要從被研究人們的立場去蒐集資料。研究者通常試

圖找出源自研究對象主觀理解的系統行為模式，以便對有關社會群體做出推論。這種方法對於探索一個群體的實際與既存的人類意義系統也很有用，並可用於對人們在日常生活中所經歷之實際人類現實（human reality）產生較深入的了解。

參與觀察資料蒐集的主要工具是研究者自身，而資料蒐集過程與分析資料成效重點在於研究者了解被研究者的技巧，特別是研究者在自己與被觀察者彼此之人類意義系統間做連結的能力。如果我們假定社會世界是主觀建構的，且共享任何既定社會情境的人們是具意義的，那麼參與觀察可能是一種非常有用的資料蒐集方法，因為研究者也經常長期共享同樣的社會情境。研究者可以與被研究者發展出密切的關係並可達到理解狀態。

這顯示，參與觀察的確不是一種適合於藉蒐集資料以驗證某一既定理論的方法。但是它能夠用以衍生理論、概念，以及之後可以用較傳統方法加以驗證的假設，包括因果關係的解釋。

觀察包括蒐集關於世界的不引人注意或不顯眼的（unobtrusive）視覺資料，理想上研究者應該站在一個立場上指認所觀察到的即是事實。研究者必須有能力使觀察具有特殊性與精確性：這意謂所做的觀察對每一個做同樣觀察的人都具有同樣的意義。觀察可以是質性的或量化的性質。

- 質性的觀察為未使用數字的事實描述，例如：「Emily 的眼睛是棕色的」。
- 量化的觀察為使用數字的事實描述，例如：「Emily 有兩個眼睛」。

有些研究人員採取觀察多於參與的角色，然而有其他的研究人員則採取參與多於觀察的方式。根據 Brewer 的說法，可能有四種參與觀察的層次：

1. 隱蔽的完全參與者，全程參與（complete participant covert, full participation）。
2. 公開的觀察參與者，全程參與（participant-as-observer overt, full participation）。

3. 公開的參與觀察者，最低參與（observer-as-participant overt, minimum parti-
   cipation）。

4. 公開的完全觀察者，最低參與（complete observer overt, minimum participa-
   tion）（Brewer, 2000: 84）。

　　根據所做的觀察，研究者應該有能力導出一個適當的推論。重要的是，要
記得推論並非必然是事實，但應該被認為是一種對事件何以如此開展的有事實
作依據的推測。研究者所提出的推論可能並非總是正確的，但是它們應該都是
有意義的。如果你觀察到地上是濕的，你可能推論曾經下過雨；如果你看到在
天空中的一片白色物質，你可能認為它是雲，但它也可能是來自森林火災的煙
霧。

　　參與觀察經常用以蒐集有關母群體中隱蔽團體的資料，這些團體我們對之
了解不多，通常是因為他們不容易以較傳統的資料蒐集方法加以研究，此種團
體包括那些從事不法活動或那些涉及與性相關的行為。參與觀察方法也可以用
於當該團體看待自己本身的方式與母群體中其他團體對它的觀感有顯著差異時，
Goffman 的著作《精神病院》（*Asylums*）（1962）探究在一個封閉的精神科病
房內人們的互動情形，即是一個很好的例子。

　　觀察提供對社會活動的一種描述措施。參與觀察涉及了解研究者的所見所
聞。參與觀察的目的，並非強加賦予參與者以某種意義，而是顯示參與者（說
話者）如何藉由熟悉參與者行為的語言與非語言成分，及試圖確認參與者在社
會互動談話中所依據的組織原則，以實現其日常社會活動。資料分析聚焦於參
與者如何利用談話情境中不同類型的文本證據，來共構他們的行為與談話。研
究過程中的階段涉及：

● 研究情境的描述，研究在哪裡進行與誰是參與者。
● 所觀察之行為類型的描述。
● 對存在於情境內之基本組織類型的詮釋。
● 使用一系列的詮釋方法以了解觀察，如投入理解、同情的內省（sympath-
  etic introspection）、人文係數（humanistic coefficient），及同理心的重

建（sympathetic reconstruction）。

● 導出適當的推論（解釋研究發現的詮釋如何與理論及實踐議題有關）。

透過觀察了解人類的意義系統

有四種常用的了解社會行動意義的方法，包括在一特定情境中的談話。

投入理解（Weber, 1922）

我們曾於第 7 章探究該理解的方法，該章表示，使用投入理解方法的研究者假定，為了重建或「重新體驗」有如被研究者的世界，並試圖了解他們的想法、情感與動機背後的根本原因，以力求理解他們的行為，研究者將他們自己投身於被研究者的社會與文化情境脈絡中，這是可行的辦法。就 Weber 而言，在投入理解的過程中，有兩種理解的層次：

1. **意義層次的充足**：這涉及提供讀者對所觀察到的行動與行為給予非常充分的描述。
2. **因果充足**：作為研究人員的我們推論為何所觀察的人們以其表現的方式作為。

同情的內省（Cooley, 1933）

同情的內省是一種過程，藉此研究者試圖將自己置身於被研究者的立場，以分析其意識。就 Cooley 言，此種方法應該是社會研究者的主要分析工具，因為他認為，研究者的社會行動調查應該關注於了解支撐社會行動之動機結構（motivational structure）；及社會行動者附加在他們所處的情境中的主觀意義。此種理解可以透過反省的過程而實現，因為研究者具有與被研究者同樣的心理歷程。Cooley 認為個人的或社會的知識係經由與受調查的人們接觸而得以發展。經由對他們的心理狀態、想法與情感的了解，研究者能夠形成對支撐受訪者社

會行動之動機與意圖的一個同情的理解。

　　Cooley 主張，發生於社會世界的每一件事均與其他事件相關聯；沒有任何事物，包括社會行動者，在本質上是孤立的。這意謂我們所有的每一個想法都與其他人（譬如我們的先人、朋友與熟識的人）的想法是相關聯的，透過他們經由我們的反思意識（reflective consciousness）推向更廣泛的社會。Cooley 認為，我們的反思意識是一種社會意識（social consciousness）或社會察覺（awareness of society），它涵蓋了相互的影響且無法與自我意識（self-consciousness）分離。自我意識不是社會意識的主要部分或基礎。

　　身為社會行動者，我們都能內省，這是一種人們透過Cooley所描述之智慧的—情感的、簡單的—複雜的、正常的—異常的、隨和的—孤僻的等非常多種經驗，運作其心智的一個過程。每次人們於其省思中記錄他們了解為重要者。

　　研究者讓他或她自己「與各式各樣不同的人密切接觸，並讓他們能意識到與自己的生活相類似的生活，這之後他將能盡力回憶與描述。在這種方式下，他或多或少能夠理解（總是透過反思）（孩子、白痴、罪犯、貧富、保守與激進）任何面向的人類本性並非全然與自己的不相容」（Cooley, 1933: 99-100）。

人文係數（Znaniecki, 1969）

　　Florian Znaniecki 表示，社會現實是由四個系統所組成：社會行動、社會關係、社會人士以及社會群體。身為社會研究者，我們的資料分析應該強調意義的重要性，即參與者對他們自己經驗知覺的理解。因此，為了了解它，作為研究者，我們應該嘗試重建參與者的經驗以及行為發生的社會情境。Znaniecki 將此種過程描述為「人文係數」。

　　自然科學家嘗試從他們所蒐集的資料中找出一種與人的能動性（human agency）無關的模式，即與人的知覺和理解無關者；相反地，社會研究者應該尋求在社會世界找到一種取決於人們知覺與理解的模式。人文係數使得研究者能意義化其所做的觀察，否則社會行動將似乎是既無意義且漫無目的的。這種研究方法讓研究者能識別人們對事件與行為知覺的異同。但是這種方法的一個嚴重議題，是沒有任何兩個人類行動者，包括社會研究者，可以用同樣的方式

來察看或理解被觀察的社會行動。

同理心的重建（MacIver, 1942）

MacIver 認為，身為社會研究者的我們需要眼光放遠，超越單純的描述，超越單純的測量，超越繪圖指數與相關性的發現，並了解社會行動。他的方法涉及對社會行動賴以為據之動機的詮釋或理解：「結合動機與相關情勢」，目的為「發現它們的因果角色」（MacIver, 1942: 223）。社會研究者分析的主要單元應該是社會關係，且像所有其他文化社會關係的標的決定於「社會存在的想像力」（the imagination of social being）（MacIver, 1931: 27）。

MacIver 界定社群（community）為一個社會互動涵蓋的區域，在該區域內人們分享共同生活的基本條件。MacIver 的理論是互動性的本質。互動是符號使用（symbolism）、語言與手勢對文化與心智的影響。社會是「由彼此相關的人所組成」（MacIver, 1914: 59），制度為奠基於意圖的關係（intended relations）之主觀共享價值的產物：「價值系統……可以比作一個場域或力量」（MacIver, 1942: 373）。為了解釋社會現象，研究者應該關注的不是個人的行動，而是「個體人際間評量的形式與過程」（MacIver, 1942: 374）。

參與觀察的問題

參與觀察研究經常被認為缺乏效度與信度，研究者出現於現場可能影響參與者的行為方式，抑且研究者的行為可能隨時改變，因此參與者對他們的態度亦可能隨時改變。

研究偏差（research bias）也可能是一個潛在的問題。這種偏差可以是有計畫的，也就是說當研究者進入研究情境時，即對參與者懷有偏見；也可能是由於研究計畫的缺失，缺失的造成可能是由於研究人員的一時失察，或種族優越感所致。特別值得注意的是，當研究者優先關注的行為類型與研究者通常從研究情境所觀察到的行為有非常大的差異時，此種行為對被觀察的人來說，可能

是沒有意義的。此外，對事件的紀錄與詮釋也可能隨著時間而改變，特別是如果研究者必須觀察大量不相關的行為。

問題的發生也可能是因為研究者對變項沒有控制，沒有任何重要意義的事件或所觀察到的事件之品質不佳。資料蒐集的時機可能是重要的：當研究者離開現場時，重要事件可能發生。

解讀與記錄觀察

對使用觀察法的研究人員來說，一個重要問題是，我們如何解讀觀察；如何對我們所觀察的社會行為賦予正確的意義？如果研究者與被觀察者共享共同的意義系統，譬如如果學校教師進行教室觀察，或者橄欖球球員觀察橄欖球比賽，那麼所共享的共同文化是研究者可藉以使觀察具有意義的一種重要資源。在我們的日常生活中，我們通常在大部分的時候解讀外顯行為，很少會有或根本沒有困難；此外，我們對面部表情、人們的衣著、鞋子、髮長、身體移動的意義等也提出假定。然而，如果我們在觀察一種我們較不熟悉的文化或情境時，我們將不能依賴解讀此種視為理所當然的假定。

研究人員可以利用錄音與解釋所聽到的談話，來充實他們的觀察所得。但是，在隱蔽的研究，我們無法正式訪談人們。另外，當人們在公眾場合說話時，他們往往對他們的談話內容有所保留，並對於敏感問題，經常不願公開表示意見。

抽樣程序

研究者需要思考一下他們的抽樣程序。雖然參與觀察往往與有系統的抽樣程序無關，但重要的是，仍要提供適當的理由，說明選擇情境與研究參與者的原因。研究者需要說明，包括如何以及為何所選擇的情境與參與者在此類個案中是典型的。這將提高研究的表面效度，並有助於研究者將其研究發現推論至更廣泛的群體。研究者也可以選擇不同的時段和不同地點的觀察，藉以對情境

與參與者有更完整的看法。

隱蔽的方法

　　有許多參與觀察的研究是在隱蔽中進行的，在其中，研究人員隱瞞他們是研究者的事實，並以其他看似合理的理由作掩飾，出現在研究場域。從事隱蔽研究的理由可包括為了接近可能不容許研究進行的群體，或為了避免反應性影響（reactivity effect）：由於研究者的出現而造成對受訪者行為的影響，例如：在本書第 7 章所討論的 Humphreys（1970）的例子。

隱蔽與欺瞞

　　使用參與觀察最知名的研究計畫之一是 Rosenhan（1973）的研究，該研究包括在全美十二所精神病院之八位心智健全卻假冒為精神病患者。他們每個人都表示，他們一直聽到有一個與他們同性別之陌生人喊著，「空」、「空心」及「碰」的聲音。這些話經醫院的醫療人員解讀，意味這些人感覺他們的生活是毫無意義的。一旦研究人員進入醫院，他們的行為即「正常」，並告知醫療人員，他們不再聽到這些聲音了。

　　醫療紀錄顯示，這些偽裝的病人未曾被醫療人員察覺出是冒充者。然而，許多其他的病人則對研究人員起疑，Rosenhan 引述病人的批評諸如「你不是瘋子。你是一位記者，或是一位教授。你們是到醫院來調查」。在醫院停留的期間從七到五十二天，所有偽裝病人中僅有一位被認為是患有精神分裂症，並且所有偽裝病人出院的理由為「康復中」（in remission），而非治癒。Rosenhan 認為，因為裝病者的心智健全未被發覺，這引發了有關醫療人員辨別正常與異常行為之能力，以及精神疾病診斷的有效性之嚴重問題。

思考點

　　然而，隱瞞與欺騙的問題的確引起了對 Rosenhan 研究的倫理關注。在其著作的註解中，他提出了如下的辯解：

> 不管此種隱瞞是多麼令人反感，但這確是檢視這些問題的必要第一步驟。沒有隱瞞，將無法知道這些經驗是多麼有效，也沒任何辦法能知道該偵測是否驗證了有關醫院診斷精確性的網絡謠言。顯然地，既然我所關注的是整體的醫院而不是個別的醫院與醫療人員，我業已尊重他們的匿名，並剔除可能導致披露他們身分的線索。（Rosenhan, 1973: 258）

▶▶ 問題

1. 在 Rosenhan 的研究中，隱瞞研究者的身分有其真正的必要性嗎？
2. 你能夠想出一種 Rosenhan 可以採用不隱瞞研究者身分的替代方法嗎？

不是單純的黑與白

　　在 1960 年新聞記者 John Howard Griffin 出版了其著作《像我這樣黑》（*Black Like Me*）。Griffin 是一位美國白人，他於第二次世界大戰服役時失明了。在這失明期間，Griffin 思索著美國南方黑人的生活。在 1957 年，他復明了，並決定進行一項研究計畫，在計畫中他需要被誤認為美國南方的黑人。他向 *Sepia* 雜誌接洽，詢問他們是否願意贊助研究計畫以交換他的一系列研究成果的出版權。Griffin 花了數週的時間利用治療白斑（vitiligo）的方法改變膚色。Griffin 必須了解黑人居住的紐奧爾良（New Orleans）地區，他也必須設法認識 Sterling Williams，一位曾經是擦鞋童

的年長黑人，後來 Williams 成為 Griffin 與黑人社區接觸的窗口。

在 Griffin 改變了他的膚色並剃了頭後，為了能描述與解釋美國黑人所面對日常生活上的困難，他即嘗試過著宛如美國黑人的生活。Griffin 從 1957 年 10 月 28 日開始寫日記，記錄他六週來的經歷。

1950 年代末與 1960 年代初，南方各州實施種族隔離政策，美國黑人與白人有隔離的咖啡館、酒吧、廁所以及其他公共設施。美國南方的種族緊張關係經常沸沸揚揚，演變成暴力衝突。Griffin 描述了美國黑人生活所遭受到的衝擊，包括他之前所未曾遭受過的陌生白人的日常侮辱、羞辱及「仇恨怒視」（hate stare）。他並沒有被認為是一位個別的人，而是被當作一位黑人看待，一些過去他身為白人時理所當然的活動，譬如於公共場所使用廁所，但裝扮成黑人後卻成為問題：

> 我走向售票櫃檯。當售票小姐看到我時，她從原本的笑臉迎人頓時轉為一付臭酸的、兇暴的晚娘面孔。這看起來是那麼的突兀以及無可莫名，著實讓我吃了一驚。
>
> 「你要做什麼？」她不耐煩地問。
>
> 我低聲下氣禮貌地問，到 Hattiesburg 的下班車時間。
>
> 她毫不客氣地回答，並厭惡地瞪著我，讓我感受到如同黑人所謂的「仇恨怒視」。這是我首次的經歷。它是遠超乎人們偶爾會遇到的表示不認同的表情。這真是太誇張的厭恨，如果我沒感到驚訝，那才可笑……
>
> 在面對如此粗暴的仇恨，你會覺得惘然若失，感到極為恐懼，與其說因為它威脅了你，倒不如說因為它顯現了人類如此不人道的一面。（Griffin, 1961: 50-51）

> 在牛奶蛋糕（custard）攤位的後方有一個老舊未上漆、嚴重傾倒一側的廁所。我又回到了攤位的販賣窗口。
>
> 「先生，」一位白人和悅地說，「你想要些別的東西嗎？」
>
> 「我可以使用的最近廁所在哪裡？」我問道。

他拂拭了一下他的白色、無帽緣的廚師帽子，並用他的手指抹了他的額頭。「讓我想想，你可以走到那裡的橋，然後橫過馬路到左邊……順著那條路，你會到一個小聚落——那裡有一些商店和一個加油站。」

「有多遠？」我故作身體很不舒服地問。

「不遠——十三，也許十四個街段。」

從附近橡樹上蝗蟲發出的緩緩刺耳聲音迴盪於空氣中。

「沒有其他較近的地方嗎？」我說，決意看他是否會讓我使用那因時間與惡劣天候造成破舊不堪的戶外廁所。

從他那有皺紋的臉透露出，一個人對身處困境之他人的關注與同情。「我想不出任何其他的……」他慢慢地說。

我看了看周遭望向屋外的廁所。

「我可以使用一下那間廁所嗎？」

「不，」他說——語氣由斷然、確定到柔軟，彷彿他就後悔了，但仍絕不答應這件事。「抱歉。」他轉身就走了。

「還是謝謝你，」我說。（Griffin, 1961: 85-86）

Griffin 與美國黑人和白人就他們對種族問題的想法、感受與思考進行對談。在他所觀察與交談的人中，只有一小撮人知道他偽裝黑人的身分。沒有尋求任何研究參與者的允許。他曾知會美國聯邦調查局（FBI）有關他進行該研究的目的，但並沒有尋求獲得他們的許可或批准。

隱蔽研究的缺失

隱蔽研究涉及欺騙，因為它是基於研究者故意誤導受調查者。因此，當參與觀察涉及研究者採取隱蔽的角色時，通常假定會引起道德的關注。獲得研究對象的知會同意被認為是所有社會研究的一個基本倫理原則，沒有取得研究對

象的知會同意被視為是一種對他人隱私權的侵犯。

- Elms（1994）、Cassell（1982）以及 Homan（1990）都曾對這種方法給予極力的譴責，認為在任何情況下，欺騙在社會研究中都是在倫理上無法接受的。

- Cassell（1982）認為，隱蔽研究在方法上是有欠缺的，且在道德上是受到質疑的。除了可能對被研究者造成傷害外，隱蔽研究亦可能對科學界造成傷害，形成一種不信任的氛圍，為未來的研究人員在接觸被研究者時增添了許多困難。

- Cassell（1982）復強調，因為研究人員致力於維護他們的假身分，以致隱蔽研究產生了扭曲或偏頗的資料，這意謂研究人員要花費很多時間有計畫地隱瞞自己的真實身分，並努力避免「被識破身分」，而無法專注於資料蒐集與分析。

- Bulmer（Homan & Bulmer, 1982）表示，欺瞞是「對個人隱私的粗暴侵犯」（gross invasion of personal privacy），且無視研究對象的要求與權利。

- Bok（1978）認為，當研究人員使用隱蔽研究時，研究對象無法根據被提供的充分訊息，做出自己的選擇，如果他們打從開始就知道的話，他們將無法做到他們會想採取的行動。

- Burgess（1984）認為，隱蔽研究只能夠給予研究者藉由觀察以探討社會現實的機會，但並沒有讓研究者有訪談被研究者或探索團體文件的機會。

- Chadwick、Bahr 與 Albrecht（1984）主張，如果研究者業已和被研究者建立了密切的個人關係，那麼研究者離開現場的影響可能在心理上對被研究者造成傷害，產生一種被背叛或被利用的感覺。

隱蔽研究的優點

隱蔽參與研究在方法上的缺失業經許多文獻的證明，但是有一些團體不接受研究人員的訪談，使得他們只得選擇進行隱蔽研究或者放棄研究。然而，有

些評論者也為隱蔽研究的使用提出辯護：

- Homan（1980）認為，隱蔽研究經常避免了當研究人員採用公開的資料蒐集方法所發現的反應性效果。隱蔽研究較之公開的方法少受到干擾，被研究者得免於受到知道他們是研究之研究對象的影響，而且資料蒐集的方式不會讓被研究者感受到他們必須說出研究者所希望聽到的東西。
- Bok（1978）與 Warwick（1973）認為，如果欺瞞可以被認為其所產生的明確社會效益超過對被研究者可能造成的任何傷害，譬如消除暴力，那麼在研究中使用欺瞞是可行的。
- Lauder（2003）認為，在某些罕見的情況下，隱蔽參與觀察既是一種必要的、也是可接受的資料蒐集方法，譬如如果研究者要調查叛逆的團體，這將無法使用公開的方法。

Lauder（2003）在為期三年、探討「傳統陣線」（Heritage Front）的研究中，採取隱蔽的角色，「傳統陣線」為加拿大的一個新國民社會主義組織（Canadian neo-National Socialist organisation），有基於暴力的激進主義活動的歷史並與恐怖組織有關。Lauder 認為極右派的團體可能認為研究者為潛在會員，使得無法解析地進行研究。

公開研究計畫的觀察

除了隱蔽研究之外，有一些公開的研究，利用觀察獲致良好的研究效果。Hochschild 的研究是有關情緒勞務（emotional labour），這是一種勞動形式，即人們從事涉及與公眾當面接觸的客戶服務，雇主試圖運用他們員工的情緒與感受狀態，作為一種組織資源。Hochschild（1983）觀察在 Delta 航空公司培訓學校的空服人員，在學校裡新進學員學習如何招待乘客、分發機餐以及提昇乘客的體驗。Hochschild 亦觀察了 Delta 航空公司的收帳員（bill collector），他們為了處理帳目上的赤字，必須對乘客採取非常不同的立場。最後，她也觀察了 Pan

American 航空公司的空服人員徵聘，過去她未獲得 Delta 航空公司允許觀察這些過程。根據她對觀察對象的這些觀察與非正式訪談，Hochschild（1983: 17）認為她的觀察提出了「一套有關說明社會如何運用情緒的觀念」。

觀點總結

綜言之，社會研究者通常認為公開的研究較隱蔽研究合乎道德，因為隱蔽研究被假定為漠視知會同意原則。研究方法的教科書往往認為在參與觀察研究中隱蔽與公開的角色是相對立的。然而，單純地假定公開研究通常比隱蔽研究較有道德是錯誤的。公開研究者的角色並非總是能確保道德操守。此外，McKenzie（2009）認為，研究倫理並非涇渭分明的事，大多數公開的研究者將使用隱蔽的作為，譬如，隱瞞得自被研究者的訊息；不對所有的研究對象透露你的真實身分；從事印象管理（impression management）的形式，以建立與被研究者間的信任關係，藉以獲得所期望的被研究者的回應；或者觀察對人種誌方法不熟悉的研究對象，因此他們沒有充分了解被觀察與被研究的程度。

Herrera（1999）認為，隱蔽研究的好處，給予了使用欺瞞方法蒐集資料的藉口。

思考點

欺瞞在道德上站得住腳嗎？(1)

1976 年，Randall H. Alfred 發表了他對「撒旦教會」（Church of Satan）的書面報告。在該研究中，Alfred 假裝他已改信撒旦教（Satanism），加入教會，自願奉獻以掩飾他的假信徒身分，甚而接受了領導角色，以尋求從教會成員中獲得更多的內幕訊息。

在研究中，撒旦教徒應該有倫理的權利嗎？根據 Jorgensen（1989）的說法：

> 參與觀察者對於在研究過程中所接觸的人，與她或他在日常
> 生活情況下一樣，並無負有更多或更少的道德義務……研究人員
> 未必有義務要告知人們其研究的意圖，甚或保護他們免於受到可
> 能的傷害。（Jorgensen, 1989: 28）

▶▶ 問題

你同意或不同意 Jorgensen 的看法？提出你的理由。

欺瞞在道德上站得住腳嗎？**(2)**

Herrera（1999）表示，隱蔽研究的好處為使用欺瞞方法蒐集資料帶來
了藉口。根據 Herrera（1999），欺瞞性的實驗在社會心理學是司空見慣
的事，因為當研究人員刻意地向研究對象提供錯誤的有關其研究目的的訊
息時，研究結果卻驗證了欺瞞受訪者之方法論上的價值。況且自 1950 年代
末期與 1960 年代初期以來，有關贊成與反對欺瞞的論據亦少有進展。Her-
rera 專注於心理實驗，探討了 Vinacke 的著作：「Vinacke 早先曾提出
現在所熟悉的論點，即欺瞞可能總是以某種方式危害到研究對象，甚或在
心理上破壞公眾的信任。Vinacke（1954: 155）還暗示欺瞞在學術情境中
或損害『社會結構』（social fabric）的不當」。然而，Herrera 認為研究
對象並不介意被欺瞞。

▶▶ 問題

1. 為什麼心理學家會對於欺瞞感到內疚？
2. 是否有些權利受到欺瞞的侵犯？
3. 是否心理實驗的研究對象所受到厭煩事物的為害甚於欺瞞？
4. 你將如何回應這些問題？

欺瞞在道德上站得住腳嗎？(3)

Brotsky 與 Giles（2007）調查一項發生於「贊成厭食」網站互動的隱蔽參與觀察；該網站提供飲食失調者分享想法與觀念的機會。特別是研究人員欲探討許多醫護專業人員的假定，家長與教師認為這些網站根本上是反恢復（anti-recovery）的假設。為做到如此，研究人員試圖探討加入此種網路社群者的信念，以及此種網站所提供心理支持的形式。

研究人員決定加入十二個分別不同的網站，其中許多是採取由飲食失調者個人身分認證而加以密碼保護的。一些網站允許飲食失調的人們相互間透過聊天室、即時通訊與公告版的方式於網上即時意見交流。

第一階段是 Brotsky 與 Giles（2007）所描述的誘導期（induction phase），研究者構建了一位能言善道的人物，使她能經由守門人進入網站，如此得以在網路上自然互動；第二階段被描述為互動時期，研究者進入社群成為一位能言善道的活躍成員；最後，是退場時期，研究者仔細審思親身經歷，並以後續訪談蒐集任何遺漏的資料。

> 她開始介紹自己是一位真誠的厭食同情者，希望與志同道合的人建立實質關係，並繼續盡可能自然地參與整個調查過程。隨著調查的開展，透過與參與者的持續對話，建立了聯繫，並發展成密切的關係。（Brotsky & Giles, 2007: 98）

▶▶ 問題

1. 該研究方法引發了一些問題。第一個問題是有關欺瞞：欺瞞有道理嗎？

2. 第二個倫理問題是有關沒有知會同意。關於飲食失調人們的動機研究的結果在臨床界對醫生和對他人的可能利益大於倫理代價嗎？

資料分析

與其他形式的人種誌研究一樣，參與觀察涉及一種受過訓練的資料蒐集與分析方法。它不僅是與一群人消磨時間並蒐集軼聞趣事而已。我們應該從參與觀察的觀點將資料分析視為一種論據的說明敘述，在其中研究者試圖將個人的觀察置於理論與概念的情境之下，不僅改正了非常個人化的資料蒐集方式，而且也將所觀察到的獨特社會行動轉換成對廣泛讀者有意義的客觀陳述。

資料分析的目的

資料分析的目的是以有意義的方式彙整所蒐集到的資料，加以詮釋並衍生一個適當的推論。大多數參與及非參與觀察者使用札記作為資料分析過程的第一步。至於其他形式的資料分析，觀察的資料分析涉及將所蒐集的資料加以編碼；研究人員必須將所蒐集到的資料進行分類、篩選與組織。這意謂所觀察到的資料必須歸類於某種形式的概念或理論框架下，使其能夠被理解。研究者的文獻探討為建構一個周全的概念或理論框架而提出相關理論與概念。

找出形式

Jorgensen（1989）所指出的一種方法稱為**分析的策略**（analytic strategy），研究者指出並標記什麼是所觀察行為的基本要素（essential element）。一旦研究人員已確定行為的基本要素，所觀察到的行為即可以放入類別中。該過程是在觀察中確定形式的一個重要步驟，也讓研究者能夠確定在觀察情境中的關係。

當談話成為分析的一部分時，關鍵詞可以用以識別對話的基本要素，再者，一旦研究者利用關鍵詞確定談話的基本要素，關鍵詞即可以被歸入等級或類別。如前述，這個過程是確定形式的一個重要步驟，並讓研究者能夠識別與情境脈絡的關係。

在資料中找出一種形式是非常耗時的。誠如 Diesing 所言：

　　該方法涉及資料的選取，通常所獲得的資料是散亂與不連貫的片段。不同於實驗研究者，能夠從他的題材中就一個具體問題探求證據，參與觀察者則必須使他的想法適應於研究對象正巧發生的作為。因為該儀式不可能於兩年內再舉行，因此他必須觀察每一發生事情的因果轉化（causal interchange）、參與當日的典禮、盡可能找訊息提供者交談，並隨時於任何問題或爭議發生時涉入參與。在這天結束時，他滿載而歸，帶回了許多不同論點的豐富資料，但沒有任何一特定的論點是確鑿的。在歷經數週與數月之後，他對某一特定論點的證據逐漸累積，並且各論點開始彙整成一個暫定的形式。（Diesing, 1971: 68）

　　然而，資料分析是研究過程中一種具有創意的層面，你必須建構一個敘述或解釋你所觀察到的人們的行為方式是如何與為什麼發生。如 Jorgensen 正確地指出：

　　　雖然參考現有文獻是重要的，但是你不應該受制於其他人已做的研究。運用你的想像力！（Jorgensen, 1989: 110）

　　觀察資料的編碼有一些方式，但是最有系統的方法之一是主題內容分析（thematic content analysis）。

主題內容分析

　　資料分析的第一階段是深入描述被研究者所處的情境，該描述之後將構成「厚實描述」或最後研究報告的首章。該過程的一部分是確定所要解決的問題。依據 Gruber 與 Wallace（1999），厚實或豐富描述給予讀者一個敏銳地洞察受調查人們之內在觀點的機會。

　　在使用參與觀察為主要資料蒐集方法之研究中的資料分析，通常始於研究

者的田野札記（field notes）。分析想法將開始萌發於研究者首次進入現場並有
所困惑時；這些疑惑是研究者未能充分了解且無法解釋的議題、事件或觀察。
最初的分析想法與困惑也都記錄下來。在這個階段，田野札記是對有關觀察的
大略筆記，但隨著時間的推移，田野札記是緩慢但確定是精進的；透過一再的
閱讀與再閱讀過程，努力從往往寫在田野札記之頁邊空白處的註記中，找出經
常或一再出現的主題。隨著研究進展，研究者變得對場域的文化與情境益加了
解，困惑可以回到現場並獲得解答。

　　如果研究人員試圖了解所觀察到的社會互動，並將原始資料轉化為研究發
現，那麼作札記是不可或缺的。

> ### 確保作好札記的竅門
>
> ● 在觀察後盡快地作札記，如此才不會遺漏訊息。
> ● 撰寫田野札記能激發有關資料分析與適當推論的思考。
> ● 複印兩份田野筆記，一份保存，另一份於頁邊空白處與內文做註記，以
> 　幫助識別資料的類別，找出形式、關鍵詞、關係等，並激發分析。

　　在某些情況下，可能可以從被研究者處尋求額外的資訊，例如經由非正式
的訪談、引導的對談或反思對話，或者透過仔細查看來自情境或場域的文獻。
在 Willis 的《學習勞動》（1977）的研究中，他曾與「小伙子」討論他的看法
與觀察，以檢驗他觀察的效度，但是這對許多研究者來說，並非都是可能做到
的。

本段結語

　　綜言之，主題內容分析是對觀察資料分析的一種詮釋方法。第一階段是將
研究者的觀察札記逐字轉錄；其次，閱讀觀察札記以了解情境；第三，互動或
談話的使用被認為是有重大意義的，且被重新定義為意義單元。意義單元
（meaning unit）是就其明示的（文字描述性的含義）與潛在的（意謂著需要對

內容加以詮釋）內容來加以描述。

從字面描述的含義與解釋，可以找出貫穿文本之相關意義的次要主題（sub-themes）或脈絡。主題讓研究者能夠根據情境脈絡加以詮釋、比較以及對照所觀察到的互動與得自該領域其他類似研究的分析概念或其他相關概念，以致力建構何以被研究者會以他們所表現的方式行為的一個解釋。

結論

參與觀察法要求研究者扮演觀察者的雙重角色：研究者從研究者的角度來觀察研究對象，試圖忠實地解釋與記錄真實的情境，以及與所要觀察之活動與行為結果有關係的參與者。以參與觀察為資料蒐集方法的主要優點之一，是因為參與觀察者與被觀察者經歷同樣的真實情境，使得研究者能夠了解人際行為（interpersonal behaviour）發生的情境脈絡。接下來讓研究人員能更深入洞察被研究者的動機和意圖。沒有經過觀察的方法譬如自填式問卷（self-administered questionnaire），在其資料蒐集中，不容許研究者在他們所蒐集的資料中包括非言語行為（non-verbal behaviour）。身為研究人員的我們必須權衡此種優點與可能的缺點，譬如預料外的偏見、選擇性，以及研究者較有機會影響被研究者的行為與可能對事件加以操控。

Erica 被要求撰寫一個研究計畫，但她不知如何著手

Erica 應該使用參與觀察作為她蒐集資料的方法嗎？

Erica 擔心迄至目前為止她所考慮過的所有方法將只能蒐集到一些她所要尋找的訊息，或者冒有風險將她自己對訊息意義的了解強加於得自被研究者的訊息。或許，她應該考慮進行採用觀察或參與觀察為其蒐集資料方法的個案研究？她從本章學習到，參與觀察的目的是驗證參與者（或說話

者）如何透過使自己了解參與者行為的語言與非語言成分，實現日常社會
行為，試圖找出在社會互動中影響參與者談話角色的主要原則。

　　如果她作為一般的動物園遊客，她只能跟隨著人們繞著動物的獸欄走，
觀察他們閱讀任何有關生物多樣性與永續發展的資料，或者與他們交談，
聽他們對問題表示什麼看法並記錄他們所說的。如果遊客不知道她是誰，
或不知道她是一位正在進行一項研究計畫的學生，他們可能會跟她交談，
並且彼此間沒有感覺需要對他們的意見給予合理的理由。

　　然而，在她的內心深處，有一種令她困擾的想法，即認為透過觀察人
們並偽裝是一位普通的動物園遊客，在他們不知情且未獲得他們的同意下
蒐集資料，會有一種不道德的感覺。或許她需要就此多加思考。是否有一
種更合乎道德的方法，她可以採用？

　　Erica 想邀請一群她熟識的且知道她正在著手有關動物園研究的人，和
她一起參觀當地的動物園。這將使她能夠經由交談與觀察，大致上知道他
們對動物園提供給民眾有關生物多樣性與永續發展之訊息的想法如何。她
知道這種方法有一些可靠性不佳的問題，但是她也知道這方法在信度上雖
有缺陷，但是卻有較高的有效性。她的家人和朋友想要 Erica 在研究方法
計畫有好的作為，但是他們沒有關於生物多樣性與永續發展的知識，不能
提供她有關訊息，他們只能告訴她實情。對她的計畫來說，這可能是一種
很好的資料來源。

參考文獻

Alfred, R.H. (1976) 'The Church of Satan', in C.Y. Glock and R.N. Bellah (eds), *The New Religious Consciousnes*, Berkeley: University of California.

Brewer, J. (2000) 'Ethnography', in A. Bryman (ed.) *Understanding Social Research*, London: Sage.

Brotsky, S.R. and Giles, D. (2007) 'Inside the "Pro-ana" Community: A Covert Online Participant Observation', *Eating Disorders*, 15(2): 93–109.

Bok, S. (1978) *Lying: moral choice in public and private life*. New York: Pantheon Books.

Burgess, R.G. (1984) *In the Field: An Introduction to Field Research*, London: Unwin Hyman.

Cassell, J. (1982) 'Harm, Benefits, Wrongs, and Rights in Fieldwork', in J. Steiber (ed.) *The Ethics of Social Research: Fieldwork, Regulation, and Publication*, New York: Springer-Verlag, pp. 7–31.

Chadwick, B.A., Bahr, H.M. and Albrecht, S.L. (1984) *Social science research methods*, Englewood Cliffs: Prentice-Hall.

Cooley, C.H. (1933) *Social Consciousness*, New York: Scribner's.

Diesing, P. (1971) *Patterns of Discovery in the Social Sciences*, Chicago: Aldine-Atherton, Inc.

Elms, A. (1994) *Keeping Deception Honest: Justifying Conditions for Social Scientific Research Stratagems*, in E. Erwin, S. Gendin and L. Kleiman (eds) *Ethical Issues in Scientific Research: An Anthology*, New York: Garland, pp. 121–40.

Goffman, E. (1962) *Asylums*, Harmondsworth: Penguin.

Griffin, J.H. (1961) *Black Like Me*, Boston: Houghton Mifflin.

Gruber, H.E. and Wallace, D.B. (1999) 'The case study method and evolving systems approach for understanding unique creative people at work', in R.J. Sternberg (ed.) *Handbook of Creativity*, New York: Cambridge University Press, pp. 93–115.

Herrera, D. (1999) 'Two Arguments for "Covert Methods" in Social Research', *British Journal of Sociology*, 50(2): 331–43.

Hochschild, R.A. (1983) *The Managed Heart: The Commercialization of Human Feeling*, Berkeley: The University of California Press.

Homan, R. (1980) 'The Ethics of Covert Methods', *The British Journal of Sociology*, 31(1): 46–59.

Homan, R. and Bulmer, M. (1982) 'On the merits of covert methods: A dialogue', in M. Bulmer (ed.) *Social Research Ethics*, London: Macmillan.

Humphreys, L. (1970) *Tearoom trade: a study of homosexual encounters in public places*, New York: Duckworth.

Jorgensen, D. (1989) *Participant Observation*, New Haven: Sage.

Lauder, M. (2003) 'Covert Participant Observation of a Deviant Community: Justifying the Use of Deception', *Journal of Contemporary Religion*, 18(2): 185–96.

MacIver, R.M. (1914) 'Society and the individual', *Sociological Review*, 7, 58–64.

MacIver, R.M. (1931) 'Is statistical methodology applicable to the study of the "situation"?' *Social Forces*, 9: 479.

MacIver, R.M. (1942) *Social Causation*, Boston: Ginn and Company.

McKenzie, J. (2009) 'You Don't Know How Lucky You Are to Be Here!: Reflections on Covert Practices in an Overt Participant Observation Study,' *Sociological Research Online*, 14(2): 8.

Rosenhan, D.L. (1973) 'On being sane in insane places', *Science*, 179(4070): 250–8.

Vinacke, W.E. (1954) 'Deceiving experimental subjects', *American Psychologist*, (9): 155.

Warwick, D. (1973) 'Survey Research and Participant Observation: A Benefit-Cost Analysis', in *Comparative Research Methods*, D. Warwick and S. Osherson (eds), Englewood Cliffs: Prentice-Hall, pp. 189–203.

Weber, M. (1978 [1922]) *Economy and Society: An Outline of Interpretive Sociology*, G. Roth and C. Wittich (eds), Berkeley: University of California Press.

Willis, P. (1977) *Learning to Labour*, London: Saxon House.

Znaniecki, F. (1969) 'Florian Znaniecki on Humanistic Sociology', R. Bierstedt (ed.), Chicago: University of Chicago Press.

傳記與自傳的研究方法

閱讀本章後你將能理解到：

- 什麼是社會研究者所理解的敘事分析。
- 生命故事與個人敘事對研究過程的價值。
- 個人敘事如何提供研究者洞察更廣泛社會文化的能力。
- 傳記方法的資料蒐集，能夠挑戰傳統的以及由社會科學家所提出備受推崇之有關世界的假設。
- 三種資料分析的方法：分析歸納、紮根理論以及逐步迴歸法。
- 關於資料蒐集的效度與信度的關注，特別是有關研究結果被推廣到更廣泛群體的能力。
- 有關運用個人敘事之研究的倫理問題。

前言

在社會研究的傳記與自傳方法，主要方法論的方法是生命故事（life story），其假設基礎為，敘事不僅可以藉以了解一個人的身分與個性，也可以了解更廣泛的文化。該社會研究方法是基於「人們天生即是故事述說者（storytellers），且其故事都與他們的生活經驗相連貫」的假定。所有的社會研究敘事方

法都是屬於詮釋性的性質，當訪談被使用為方法的一部分時，這涉及到對話的傾聽，努力敏銳地感受敘事者的談話與意義。對話傾聽（dialogical listening）是一種積極的傾聽，激勵受訪者經由與研究者的公開與坦誠的對話，充分探索他們的看法，以致力獲致更完整的理解。

根據 Plummer（2001）的說法，有些個人的文件本身即是有趣的，因為它們述說了一個好故事。這種個案的歷史或生命故事，可以幫助研究人員更能理解該領域的一些主要概念與想法。Plummer 引述 Angell 與 Freedman 的解釋道：

> 意味深長的文件（expressive documents）通常被用於研究過程中
> 探究的、而非最後的階段。它們的最大價值或許是在於給予調查者對
> 資料的感受，並產生有關促使問題概念化的最富有成效方式的直覺。
> （Angell & Freedman, 1953: 305）

甚至了解我們自己的生命故事對於研究過程也有價值。就 Plummer 來說，自我人種誌（auto-ethnography）是一種有系統的人種誌的自我探索。研究人員透過從概念上了解的反省自己的想法與感受，進行探索自我的過程。這可以被發展成集體自傳（collective autobiography）的形式（Hazlett, 1998），如於探討婦女自傳的女權運動者的研究中所發現的（Friday, 1977; Griffin, 1979; Steedman, 1987）；或那些被迫為奴隸之人們的敘事故事（Botkin, 1994; Rawick, 1971, 1979）。

Plummer 引述 Merton 的論點：

> 社會學的自傳利用社會學的觀點、想法、概念、發現以及分析程
> 序，去建構與詮釋一個旨在於自己所處時代的歷史中，述說自己歷史
> 的敘事文本。（Merton, 1988: 18）

傳記與自傳的社會研究方法關注於非常詳細地探索個別人的生活，有如解釋他們自己的生命故事或敘事般。有許多研究利用生活故事調查邊緣人或局外

人的生活，例如：Becker（1962）的有關大麻吸食者與舞蹈音樂家的個案研究，以及 Garfinkel（1967）有關 Agnes 變性人的研究。Becker 與 Garfinkel 在這些個案中想要探討的，是洞察受調查人們的動機並證明他們行為的合理性，這是大多數的我們有所不知的事。

生命故事對 Blumer（1979）來說是重要的，因為它們包含關鍵性的陳述，讓身為社會研究者的我們，能夠探索與了解一個人對世界的主觀詮釋，同時他們的生命故事對研究者來說也是一種重要的資料來源，因為它本身即是一個社會客體（social object）。當人們撰寫自己的個人文件（personal document）時，我們會想到他們是如何理解自己、他們是如何構建他們的自我意識等，因為在這些文件中，個人成為他們自己行動的對象。詮釋、解碼與「解讀」呈現在個人文件中的生活是有可能的，在本章我們將詳細檢視在該領域已發展出來的研究方法。

何謂傳記的方法？

閱讀如下引文，並寫出一段要點摘要：

> 傳記的方法端賴於主觀的與互為主觀地（inter-subjectively）獲得個人生活（包括自己生活）經驗的知識與理解。此種理解有賴於詮釋的過程，引導一個人進入他人的情感生活。詮釋是解釋及使某事物具有意義的作為，它開創了理解的條件，包括能夠理解對他人經驗詮釋的含義。理解是一種互為主體性、情感的體驗。它的目的是建構另一生活經驗的共同理解。（Denzin, 1989: 28）

蒐集資料的方法

在傳記研究方法中，資料蒐集的方法是多元與多樣的。最常使用的方法是

訪談，但是傳記研究也可以利用其他方法進行，諸如採用書信、日記與其他個人文件、個人言行錄以及公開出版的文件，如已出版的自傳等。

　　在媒體上，以這種方式探索傳記已相當普遍。名流或明星的傳記和自傳、電視真人秀和聊天節目，尤其是「普通的」市民在諸如 Jeremy Kyle、Oprah Winfrey 以及 Jerry Springer 的脫口秀節目中，向廣大觀眾揭露他們最私密的問題，這些都顯示我們是多麼地著迷於傳記。依 Foucault 的說法：

> 我們業已變成一個超乎尋常的坦白社會。坦白的影響已經蔓延甚廣。它的影響及於司法、醫藥、教育、家庭關係與情愛關係、大部分的日常生活事務，以及最莊嚴的儀式；人們坦承自己的犯罪行為、自己的罪惡、自己的想法與慾望、自己的疾病與煩惱；無論是多麼難以啟齒的事，人們都會明確地披露其感受。（Foucault, 1976: 59）

　　對一位時間或資源有限的獨力研究者來說，傳記與自傳的研究方法是很理想的。經由數次的一再閱覽敘事，直到產生一個模式，即有可能確認敘事中的核心主題。在這種方式中，可以找出對被研究者本身具有重要意義的事件，包括似乎曾困擾他們並激發他們採取行動的事件情節或問題。依循這些主題，透過文本可以從一個人生命中的情節找出轉換過程。

　　雖然對於這種資料蒐集的方法仍有一些有關效度與信度的問題與憂慮，特別是有關研究的結果推論至較大母群體的能力，但重要的是要回顧到本書第 6 章所提出的要點。有兩種不同形式的通論（generalisation）：第一種為實證的通論（empirical generalisation），研究者聲稱，所有母群體的成員均與傳記及自傳研究的對象相類似。明顯地，這不是一種有說服力的論據。第二種推論的形式是理論的通論（theoretical generalisation），在其中，我們採用一既定的理論，並調查是否傳記或自傳可以參照該理論加以解釋。如果選擇的理論能夠解釋由傳記或自傳所引起的重大事件或問題，那麼這就增加了所選擇理論的有效性。這是 Freud 在他的精神分析發展（development of psychoanalysis）研究所採用的方法。Freud 發展了一個性心理發展的理論（psycho-sexual development），而且

每一個他和其他人所調查的個案歷史（傳記）都驗證了 Freud 理論的有效性。

在社會科學，太多的理論建構與研究是關於整個母群體，或其他非常龐大的人群，如社會階級、種族與性別。在這種形式的研究，有可能無視於單一但重要的事實，即那些階級、種族和性別是由個別的人所組成的，他們過著自己個別與獨特的生活，有他們各自不同的問題與際遇。個人傳記的研究使研究人員能夠詳細察看個別人如何度過日常生活。藉由察看個人的生活，有可能指出社會生活中較普遍的模式。Merrill 與 West 認為，作為一種研究方法：

> 傳記使我們不僅能夠找出模式，而且也能夠找出生命的獨特性。特殊與一般，唯一性和共通性之間的關係其實是傳記研究的一個核心問題。（Merrill & West, 2009: 2）

此種社會研究方法借用了 Weber 的以理解為社會科學研究核心的投入理解概念。傳記或主體論（subjectivist）在社會科學的作為，可以被看作是一種對酷似自然科學之忽視人的主觀性與人的能動性之研究形式的反應。

提供具體實例

傳記的方法可以用來提供具體實例，說明有關人們的真實經驗是如何複雜的社會過程，如 Giddens 在他的階級結構化（class structuration）理論所概述。就 Giddens 來說，社會階級是由個別人的行為所創造的。我愛我的孩子且我希望他們有成功的人生，因此，我幫他們做作業、為他們從大學圖書館借書、帶他們到國外度假並指出具有知識性與建築特色的事物、提昇他們的社交技能等。我的行為之預料不到的後果是重製（reproduce）了階級結構。

Giddens 解釋，農業與早期工業社會的個人在壓力下過著文化上既定的生活途徑，世代相傳。和這種個人僅能非常有限地掌控其生活與身分的個人過度社會化（over-socialised）觀點相反，Giddens（1991, 1992）與 Beck（1992）的個

人化（individualisation）理論均認為，在當代我們所生活的反身性現代（reflex-ive modern）或現代後期的社會，人們對於他們自己的身分建構能有較多的掌控與選擇。單一個人的活動可以被描述以驗證他們所做決定與所採取活動的可預見與不可預見的後果，以及如何重製先進社會的階級結構。我的個人行為（似乎是對我家人之外的人少有影響），提供了一個（根源於個人現實生活活動）有關個人社會活動如何重製社會結構的具體例子。

　　人類的能動性或個人做決定的能力，是由個人在其自然情境中的具體行動而非抽象的概念範疇來衡量。當能動性被視為一種抽象概念，而不是一種真實人的決定與活動時，在社會研究中就會有一種過度簡化複雜社會問題的傾向。Erben（2008）認為，傳記研究者應該開始著手於 C. Wright Mills 的論點，「個人問題即是公共問題」：例如，失業可能是一個個人問題，但是因為失業影響及於社會上的許多人，其後果也是公共問題。在客觀的情況下，人們自覺他們的體驗是真實的，但是其他的人對那種情況也有主觀的詮釋。在傳記研究方法，其假設是有可能對他人的現實生活提出具說服力的描述，並確認受訪者對那種情況的主觀解釋，指出有助於激發一個人為其所為的因素。這意謂，良好的社會研究存在於傳記與社會結構交錯之處。

　　Thomas 與 Znaniecki（1996）在他們開創性的著作《在歐洲與美國的波蘭農民》（*The Polish Peasant in Europe and America*）中，區分了人們發現自己所在的客觀情勢與人們對情勢的主觀解讀。該假設是，透過有效地利用投入理解，傳記研究者首先能夠提供一個對於他人的現實生活具有說服力的描述，並對一個人行為方式的動機提出有意義的解釋。

　　Thomas 與 Znaniecki 之研究的關鍵因素，是他們用於分析之文件的品質。下一章將討論社會研究中文件的使用以及文件的分析。

評估研究文件的適切性

　　在 Blumer 對《在歐洲與美國的波蘭農民》一書的評論中，他質問 Thomas 與 Znaniecki 所使用的文件是否符合他所謂科學方法（scientific method）的要件；換言之，Blumer 質問在該研究中所使用的文件是否有

效且可靠。Blumer 認為，研究人員應該使用一套四重的標準來判斷一個文件是否適合使用於某一研究中：

　　(1)人的文件是否提供代表性的資料，(2)資料是否充分，(3)資料是否可靠，(4)資料是否可以明確驗證所提出的理論解釋？（1979: xxix，此處的粗楷體字，原文為斜體）。

Plummer（2008）在其對 Blumer 之要件的評論中認為：

● 在代表性上，Blumer 認為六位精心挑選的關鍵資訊提供人遠勝於僅略微相關的千人樣本。

● 在充分上，Blumer 要求較少刻板的「變項」方法與較「概括性的、彈性的以及重定向（redirecting）調查」。

● 在信度上，Blumer 舉了一個例子，其中一些生命故事被發覺是「捏造的」（manufactured），但「有如真實般」（rang ture），他並且仔細考慮到：「描述是否為虛構的，抑或真實發生的，有什麼樣的區別。」他接著回答虛構也有可能是非常有價值的資料。

● 在驗證上，為了進一步提高我們研究結果的有效性和可靠性，Blumer 主張需要從對特定類型之行為具有相關知識的訊息提供者取得研究資料，並委由相當於「專家」的小組討論（Plummer, 2008: 18）。

　　不過，Blumer 明確表示，沒有一種正確的方法或保證程序能使我們在研究中可能採用之文件達到具有代表性、充分性、可靠性以及可驗證性的條件。

　　簡而言之，Blumer 的論調是，作為研究者，我們不應該試圖將我們個人的解釋強加諸於我們所蒐集到的文件上。相反地，我們應該讓作者所表達的意見如其在自然情境般的呈現，盡量避免根據我們先入為主的觀念來擅自解釋。用

我們自己對文件的理解來詮釋文件的意義，不顧作者的本意，這將有損於作者在文件中所要表達的意義。破壞了文件的意義也就折損了我們研究結果的效度，如此研究結果將無法如預期般的充分與完整。

然而，正如一些評論家如 Fieldhouse（1996）的看法，雖然傳記方法善於產生「細緻的、無意義的細節」，但是該方法可能掩蔽了整體情況也是事實。傳記研究者可能迷失在對人們生活的詳實描述，而不了解較廣泛的社會如何能形塑個人的社會行動。作為一位採用傳記方法的研究人員，重要的是要掌握住你的概念參照框架（conceptual frame of reference），以驗證對某些社會結構或社會過程方面的重要理解，能夠從我們對個人生命故事的調查加以充分解釋。誠如 Rustin 解釋：

> 本體論的假設（ontological assumption）必須是個人有能動性，傳記
> 構成了社會，而非僅是社會製造了傳記。（Rustin, 2008: 166）

本體論是一種有關現實（reality）由什麼形成的理論，而能動性是指個別人基於他們自由選擇的動機而做出決定及進行行動的能力。因此，Rustin 該聲明的意思是，作為研究人員，我們必須假定現實世界居住著許多個別人，他們對於發生在他們生活中的事物負有責任，而非僅受到非其所能掌控之外在力量的驅策。因此，是個別人的傳記創造了社會，而不是社會創造了個別人的傳記。

傳記方法的優點

Bertaux（2003）為傳記與自傳方法提出一個有力的辯護。他解釋，雖然這兩種方法在本質上是主觀的性質，但是它們讓研究人員能夠觀察到社會關係，這在其他方法是做不到的。這種認定生命故事為敘事的方法，發掘了許多有助於形塑社會關係之有關因素的客觀訊息，因為研究人員必須運用他們的主觀能力去了解他們所觀察的世界。Bertaux 認為，如果假設因為該方法是主觀的，因

此不能發現客觀的資料，那麼這是錯誤的。雖然他接受「具有代表性的樣本」是一種有效的研究工具的概念，他評量在社會研究中，主客觀的對立，認為「量化資料」（例如：由郵寄問卷或結構化訪談所產生者），是沒有價值的，只不過是：

> 對標準化問題之答案的彙總，答案本身當然是全然地主觀性的，即使你將它們編碼成數字，將它們混合並產生統計平均值或相關係數，其社會學的意義仍然是受質疑的。無論你如何烹煮貓，甚或是具有代表性的貓，你還是不能做出燉兔肉。（Bertaux, 2003: 43）

思考點

Bertaux 的論點與想法是非常有趣的，但對一位剛開始研究方法論的學生言，並非那麼容易了解。讓我們更仔細地檢視他對傳記與自傳方法的辯駁。正如我們已了解的，他解釋雖然該二方法屬於主觀的性質，但它們：

- 讓研究人員得以觀察社會關係，這在其他方法是不可能做到的。
- 在自傳研究，研究者必須利用他們的個人與主觀能力，了解他們所觀察的世界。
- 藉由認定生活中的故事即是敘事，研究者發掘了很多有助於形塑他們社會關係之有關因素的客觀訊息。
- 仍然發覺客觀的資料，況且，由郵寄問卷或結構化訪談所產生的資料僅是針對標準化問題之答案的一個總結。
- 即使是回答經由計算並轉換成圖表或數字表格，這也是真實的。

▶▶ 問題

1. 依序檢視上述各點，你同意或不同意這些論點？
2. 就每一種情況下，勾勒出你回答的理由。

論述與敘事

　　論述是一種在自然或具體的情境下，使用語言來組織思想、知識與經驗的方法。然而，敘事則是一種對事件序列的描述，如題材取自人們日常生活活動之小說情節的展開。論述與敘事均為使用傳記方法之研究者的重要資料來源。這是因為在自傳或傳記的敘事，總是涵蓋文化導向的內容。因此，如果我們能以體會小說情節的方式來閱讀敘事，那麼我們將能更充分地了解被研究者做了些什麼，以及為什麼這樣做。他們的個人敘事內容可能會有高度個人化的性質，但它仍然是我們所調查之世界的證據。敘事結構讓研究者能夠洞察更廣泛文化內的習俗，而這些習俗正是人們講述有關他們生活故事的憑據。對採用傳記方法的研究人員來說，敘事成為一種探討社會行動發生之情境脈絡富有創意的手段。敘事分析讓研究者能夠探索故事如何塑造個人的生活經驗，而不是將現實看作是僵化一成不變的特定事物。傳記方法的資料蒐集能夠挑戰社會科學家以其觀察世界的方法所提出對世界傳統的與備受推崇的假設。

　　藉由傳記與自傳的方法，研究人員經常將自己看待為觀察者也是參與者，並認為他們周遭的社會世界是千變萬化的。傳記與自傳的研究人員認為他們能夠得到許多有關他們所調查人們的有效資料，反過來，如果我們只是依靠僅能獲得少部分現實了解的標準化問卷問題，我們勢將遺漏這些有效的資料。

女性主義者的觀點

　　女性主義的方法論一向對傳記研究的發展有重要的影響。正如我們將在第10章中看到許多女性主義研究者專注於個別婦女生活的主觀經驗，來驗證個別的、高度個人化的問題往往是大多數女性所面臨的公共問題。許多女性主義研究者試圖驗證權力如何規範女性的主觀性，因為一位婦女的主體性往往是婦女

被定位在不同父權的權力—知識結構（power-knowledge formations）之下的產物。換句話說，在廣泛的社會中，存在著壓抑、歧視與（或）傷害婦女的力量。尤其是父權的觀念與認識更促成婦女主體性的形成，包括其自我看待的方式。傳記的方法使研究人員有機會從事婦女自我主觀概念的研究。此外，傳記的方法亦讓婦女能夠分享彼此的生命故事與敘事，例如，共享或彙集她們的經驗，並喚起所有婦女的意識。因此，它特別適合於有關我們如何使受訪者給予我們個人化的及主觀的訊息與更廣泛概念架構之間產生連接的重要方法論問題。

意識喚起

Wittig 在她的一些著作，諸如《癒傷草》（*The Opoponax*）（1964）、《女同性戀身體》（*The Lesbian Body*）（1986），以及《女戰士》（*Les Guerilleres*）（1971）開發了一種以小說方式撰寫自傳形式的方法。於此，她試圖從一個女同性戀者的觀點（這反映了許多婦女的許多共同或甚至普遍性的生活事件），來描述與解釋她自己的個人生活事件。讀過 Wittig 之著作的婦女，她們的意識受到生活描述的激發，並欲促進女性主義運動。綜言之，Wittig 將她生活中的事件編寫成小說，以致力於喚起所有婦女的意識。

你可能不是一個女人或一個女性主義者，但是女性主義者對研究的貢獻亦被稱之為立場研究（standpoint research），作為一個研究者，你可以決定採取在母群體中任何團體的觀點或看法，並蒐集和分析你的資料，以支持該團體。立場研究業已著眼於殘疾、兒童以及少數族裔之人們的生活的研究。

「神經質的敘事者」與其他問題

傳記與自傳方法的主要問題之一是「神經質的述事者」（neurotic narrator），此種人誇大了其所描述的事件，以至於使我們可能要質疑其敘事的真實性，甚而在極度的情況下，述事者杜撰了一個虛構的傳記。說謊是為了企圖操縱與欺騙，在道德上是有問題的，而且作為一個研究者，說謊亦有損於我們研究結果的有效性，因為對於我們的受訪者並沒有提出真實或完整的敘事。欺騙被認為是令人反感的，但有實證顯示在我們的社會與親密關係中，我們都曾犯有說謊與欺騙的經驗，從小處之「善意的」謊言（"white" lies）到更明顯的試圖導致或保護一個人不受傷害。此外，很多人都覺得為了維持禮貌，有撒謊或欺騙的需要。在該領域的研究顯示，在整個談話中，有四分之一的部分會發生某種形式的欺騙（Buller & Burgoon, 1996; DePaulo & Bell, 1996; Turner et al., 1975）。

　　Osterland（1983）提出了「神經質的敘事者」或其他可能遭受「追溯幻想」（retrospective illusions）病痛之苦的人的問題。此種有問題之傳記敘事的最有趣的例子之一，是由 Wilkomirski 所提供的，1995 年在其出版的《片段：一個戰時童年的回憶》（*Fragments: Memories of a Wartime Childhood*）一書中，對於他在 Majdanek 與 Auschwitz 集中營的經歷，有著非常詳細與動人的描述。這本書是以小說的方式撰寫，但聲稱是根據作者的親身經歷。這本書在國際上廣受好評，贏得了多個獎項，並被翻譯成多國語言。在幾年之內，新聞報導開始對書中所描述的真實性提出質疑，並有人聲稱 Wilkomirski 真實的小名是 Bruno Grosjean（被認養後改名為 Bruno Doessekker）。新聞報導表明，Wilkomirski 模仿是大屠殺（Holocaust）倖存者，但他並不是猶太人，戰爭時他住在瑞士的孤兒院。為試圖駁斥這種說法，Wilkomirski 爭辯說，他的養父母使他壓抑著他童年時恐怖的戰時回憶，唯有在治療師的幫助下，他才能夠在以後的生活中恢復記憶。

　　在 1970 年代，Gray 寫了《為那些我所愛的人》（*For Those I Loved*），感人地描述他在 Warsaw 猶太人區（Ghetto）的生活，以及他最後如何被遣送及逃離位在 Treblinka 的死亡集中營（death camp）。在他的敘事中，他描寫了他如何看到他的家人在死亡集中營中遭到殺害的情形。然而，Gray 卻從來沒有被遣送到 Treblinka。他後來說，為了要更充分地敘事大屠殺，他添加了有關 Treblinka

的情節。

　　雖然這種**捏造自傳**的形式（一個人製造了一個似乎全然是錯誤的生命故事）是罕見的，但是所有傳記描述可能含有虛假或自欺欺人的回憶。對於研究人員所獲得之傳記描述的有效性要存有疑慮，因為研究人員很難充分了解所得到的描述是否真實發生，抑或是受訪者想像而來。在大屠殺生還者之回憶的個案中，Bloxham 與 Kushner（2005）明確地解釋，這種描述可以說是既離譜與混淆，而不是平實的，因為受害者並非如敘事中所言曾經歷過大屠殺。

通論的問題

　　個人的生命故事也是個人的個案歷史，而且我們面臨著如何將我們被告知的泛論到較大母群體的問題。當我們意圖從一個生命故事通論到較大母群體時，我們會對原本的生命故事擅自賦予意義與動機，而冒著過度解讀受訪者之敘事的風險。社會科學家往往嘗試將生命故事連結到受訪者可能未知的更廣泛的社會過程或結構。在敘事內的**心聲**幾乎經常都是由研究者編輯與提出的，這可能引發生命故事陳述失真的道德憂慮。

　　敘事真相（narrative truth）與**歷史真相**（historical truth）之間也必須予以重要的區別；前者可能包括一些受訪者沒有充分意識到或可能感到羞愧的激勵因素，後者為他們在特定情況下的實際所作所為。一個沒有事實的傳記描述有可能是真實的嗎？重要的是要注意，如 Thompson（2004）所表示，大多數的社會科學研究依賴於被研究者的回憶，而記憶事件的可靠性，始終是值得商榷的。

思考點

思考一下 Thompson（2004: 83）的評論：「它不僅是人們説什麼以及它是否是真實的，同時也是他們如何記住它的事。」

Plummer 主張：

顯然地，傳記既不是生活，也不是謊言：在本質上，它不能記錄或表現「真實的人格」（real personhood），但也不是小說——一個「盡在人腦中」（all in one's head）的空想構思（idealistic construct）。……然而，認識到傳記是一個社會客體（social object），即是體會到自述故事是一種永無休止的、經驗為基礎的、自然發生的改變真相過程；絕非一成不變的、穿插在我們生活中的故事，在重構（reorganizing）我們的過去、允許現在以及預期未來，扮演一個非常重要的角色。它們可以沒有變通地流於「文本」，而只有一些是屬於自己的生活（大部分是在「讀者」的掌控下），但這種僵化的極限必須能夠被認可。（Plummer, 2008: 27）

思考點

小説作品往往是對在特定的情境下，人們的經歷與動機予以有根據的敘事。虛構的描述經常呈現對某一特定情境下之人們的「典型」描述，讓讀者能意識到真實人們的經驗與我們所熟悉的人有關聯。

▶▶ 問題

1. 就以小説或虛構的有關生命的敘事，譬如「象人」（*The Elephant Man*）影片來説，該影片能讓你洞察到有視覺障礙之人們在其日常

生活中可能面臨的問題至什麼程度嗎？

2. 電影製片人或小說家的手法對於社會研究者是否具有任何價值？

什麼是敘事分析？

雖然對於敘事有許多定義，但是一個引人關注的定義是由 Lieblich、Tuval-Mashiach 與 Zilber（1998: 2）提出：「一個論述，或它的一個例子，旨在描繪相繼連接發生的事件。」對於 Lieblich 等人來說，敘事使生命故事與更廣泛的文化產生聯繫：

> 人們是產生意義的有機生物體；他們根據他們的共同文化與超越
> 個人經驗的基礎，建構他們的身分與自我敘事（self-narratives）。
> （Lieblich et al., 1998: 9）

Labov（1972）是最具有影響力之敘事分析倡導者之一。他將敘事界定為一種藉由使獨立動詞子句的時間序列配合上一系列往事，以回顧過去經驗的方法。他以下列術語描述了敘事的順序：

- 摘要子句（abstract clauses）提出故事的總結與（或）要點。
- 狀態子句（orientation clauses）提出詳細的時間、地點、人物與情境。
- 複雜的行動（complicating action）：事件序列或情節，包括危機與轉捩點。
- 評價（evaluation）敘事者從行動回顧以解釋敘事的要點、敘事為何被述說，以及評論敘事的意義。
- 解決方式（resolution）：情節的結果。
- 結局子句（coda clauses）表明敘事的結局，並且勾勒出敘事者之行動的

效果，將行動帶回到現在。結尾的敘事應該讓敘事的讀者明確了解所描述的行動。

這些要點似乎是很抽象的，因此，為了顯示在研究中如何使用這些要點，以下是一個採用 Labov 之方法的敘事分析的例子。

如何進行敘事分析

2005 年 7 月 7 日，在倫敦市中心有三枚炸彈在倫敦地鐵（London Underground）與一枚炸彈在公車上爆炸。2008 年，Abdula Ahmed 與其他七位男子因為策劃以自製的液態炸藥炸毀橫渡大西洋的客機，而在英國受到審訊。警方發現，一些男子曾錄下殉教者錄影帶。Best（2010）採用 Labov 的方法，進行一項有關倫敦炸彈自殺客 Shehzad Tanweer 與 Mohammad Sidique Khan 的殉教者錄影帶，以及 Abdula Ahmed 與其他人所錄製的錄影帶的敘事分析。

Tanweer 的**摘要子句**是針對英國的非穆斯林人口：

致英國的非穆斯林，你們可能會感到很納悶，究竟你們做了什麼事而讓你們得到這樣的報應。你們是那些投票選出你們的政府的人，反過來，你們的政府一直持續迄今仍然不斷地從東到西，在巴勒斯坦、阿富汗、伊拉克和車臣迫害我們的母親、子女、兄弟與姊妹。

Khan 的敘事解釋道：

我們的宗教是伊斯蘭教——服從唯一的真神，阿拉，並追隨最後的先知與使者穆罕默德的腳步……這是何以我們的道德立場如此確定。你們的民選政府不斷持續對遍布全世界的我們同胞施加暴行。你們對政府的支持，使你們必須直接負責，就像我直接要負責保護與為我的穆斯林兄弟姊妹報仇。直到我們感到安全為止，你們將是我們的目標。也直到你們停止轟炸、毒氣攻擊、監

禁和折磨我的同胞為止，否則我們不會停止這場戰鬥。我們處於戰爭中，而我是一位戰士。現在你們也將體驗到這種情況的現實。

在 Tanweer 之錄影帶中的**狀態子句**，利用了倫敦市中心的地圖與事件發生後的立即現場。這導致了一事件序列，它證明所稱在攻擊中所使用的炸彈含有混合化學物的說法。在 Tanweer 錄影帶中的**評價**敘事是由 Ayman al-Zawahri 所提供〔Ayman al-Zawahri 於賓拉登（Osama bin Laden）死後，成為蓋達組織（al-Qaeda）的領導者〕。（譯者按，al-Qaeda 阿拉伯語係指基地的意思。）

所有的敘事有一個共同的**解決方式**，即是針對平民的動機。2008 年有八名男子因為籌劃以自製的液體炸藥炸毀橫渡大西洋客機在英國受審；之後警方發現，有些男子曾錄製了殉教者錄影帶。其中一名男子，Tanveer Hussain 於其錄影帶中表示：

> 我們不是針對無辜平民……他們成為今天的戰場，是以無論任何人踏進戰壕，他們，是啊，你們就不要埋怨我們了。你們要怪你們自己，隨之而來的傷害是無可避免的，且人們即將死亡，此外，你們知道，發揮成效是要付出極高代價的。終止對傀儡的支持且停止幫助我們的敵人。如果你們這樣做，我們將會放過你們。如果你們不這樣做，你們將會感受到聖戰士（Mujahedeen）的憤怒，真主的意願（Inshallah）（神意）。

對所有的敘事有一共同的結尾，例如，Tanweer 的錄影帶解釋說，7 月 7 日爆炸案只是許多將持續直到你們從阿富汗與伊拉克撤軍為止的攻擊中的一個。在 2008 年受審的其他男子之一的 Umar Islam，在其錄影帶被問及有關殺害無辜西方平民的感受時，據稱，他的回答是：

> 我說你們這些不信者，正因為你們的轟炸，你們將被轟炸。正因為你們的殺害，你們將被殺害。如果你們要殺害我們的婦女和兒童，那麼同樣的事情也會發生在你們身上。這不是一個玩笑。

　　有關這些錄影帶之完整性的問題。研究人員不能確定，是否錄影帶曾經被誰編輯過。此外，研究人員也不知道，究竟錄影帶的製作是為了提供公眾使用的一種宣傳，抑或僅是供家人與朋友觀看的個人與私下的陳述。完整的錄影帶可能包含有明顯的更多訊息，例如，有關炸彈客的心態等個人訊息。Abdula Ahmed Ali 與其他人的錄影帶是於 2008 年由警方所發布的。它們都很短，因此，我們可以假定它們是經過編輯，以作為審判的部分證據。Tanweer 的錄影帶是被剪輯過的，因為它的內容包含了有關該事件籌劃的訊息、勾勒地鐵火車路線的一系列模擬鏡頭，以及據稱為蓋達組織副司令的 Ayman al-Zawahri 於事件發生後所發表對事件以及 Tanweer 動機的評論。

　　作為認為錄影帶是用以促進蓋達組織目標的宣傳資料，因此我們不應該接受該錄影帶屬個人敘事的異議的回應，那麼在那種情況下，錄影帶必然被認為是有關蓋達組織的敘事，且仍然是一種有價值的資料分析來源。在這兩種情況下，敘事的**複雜的行動**方面似乎是具備了，如 Labov 明確表示：

> 只有……如果我們要認定敘事，複雜的行動是不可或缺的……
> 要找出敘事的評價部分，就必須知道為什麼該敘事（或任何敘事）
> 被認為是值得述說的；換言之，敘事的事件是值得報導的。（Lab-
> ov, 1972: 370）

　　在此所討論的敘事涉及 Labov 所謂之經常值得報導的事務：「死亡或身體傷害的危險。」（p. 370）換句話說，正如 Labov 解釋道：「基本的模式非常清晰地出現於這個小組合。」（p. 393）

　　Ayman al-Zawahri 在 Tanweer 之錄影帶中的角色，是作為一個中立的觀察者，並為 Tanweer 評估其身為無利害關係之第三者的行動。對 Labov 來說，此種嵌入的形式賦予敘事更大的激勵力量。

　　一些主要的敘事手段（narrative device）被使用在錄影帶中，諸如

重複與使用與過去事件相關的參照事件（comparator）。這些子句經常被敘事者結合在一起當作是記憶中的事件（remembered events）。問題也被敘事者用來賦予敘事更大的評價影響力（evaluative force），尤其是當這樣的問題包含要求對個人行為採取行動與挑戰時。在 Tanweer 的敘事個案中，他的大部分評論都是針對在英國的穆斯林，而且神旨的利他本質亦明顯呈現：

　　哦，英國的穆斯林們，你們每天都坐在電視機前，觀看與聽到有關穆斯林四處受到迫害的消息。但你們卻視若未睹，繼續過著你們的生活，好似你們從來未有任何所聞，或者，好像它與你們無關。不要背離真主已經為你們選擇的宗教，你們是怎麼了？你們業已喜愛**世俗世界**（dunya）（關切有關財產的狀態，而不是永恆的精神）甚於真主……

　　哦，英國的穆斯林們，起來表明你們的立場。你們是那些伊斯蘭教真主引以為榮的人，並且知道，如果你們背離你們的宗教，真主就不再需要你了。正如真主（在 *Surat Al-Maida* 中）說：「哦，你們相信，任何你們中間的人背離了他的宗教，真主將會使人成為祂將愛的人，而他們一定會愛祂。對信徒要謙遜，對不信道者則要嚴苛以待，為真主而戰，別怕責難者的責難，那是真主賦予的恩典，對祂的創造物的需求言，真主是萬足的（All-sufficient）。」

　　對抗不信道者，因為它不過是真主給你們的一種義務……

　　哦，英國與全世界的穆斯林們，**世俗世界**只是一個稍縱即逝的享受，歸真主（unto Allah）將是你們的回報。如果你們是真誠的信徒，那麼遵從真主與祂的使者。對抗壓迫者，英國的壓迫政權。

Tanweer 在其錄影帶結尾評論道：

哦，真主，在祢的主道中，請准予我們的殉教，並在我們將回到祢身邊的那天，接納我們為正義之士。

Tanweer 接著解釋道：

你們現在所親眼目睹的只是一系列攻擊的開端，攻擊將持續並加強，直到你們從阿富汗與伊拉克撤軍，並停止你們對美國與以色列的經濟與軍事援助為止。

針對殺害無辜百姓的譴責，則以死亡（dying）為殺害（killing）辯護，如此，無論是 Khan 或 Tanweer 都不應該被歸為謀殺犯。如 Crenshaw 所說：

事件源起的真相是，基於個人願意為此犧牲一切。（Crenshaw, 2002: 28）

這些發現呼應了 Hafez 的看法，認為炸彈自殺客們談話的核心主題是：

殉教的救贖行為。自殺式炸彈襲擊不僅是一個懲罰敵人與實現神的旨意對抗不公的機會，這也是對那些最信守他們的信仰與價值觀之人們的一種殊榮與報償……殉教的行為被認為是企圖救贖社會的不公不義。（Hafez, 2006: 176）

　　然而，如上所述，總是有一個有關既定文本之完整性的問題。完整的文本可能包含有明顯更多的訊息，這種訊息可能涵蓋有關被研究者心理狀態等的個人資料。在任何個案中，敘事的「複雜的行動」方面，似乎是了解其意義的最重要者。

　　一旦我們以我們選擇的資料蒐集方法來撰寫敘事，我們就有分析的艱鉅任務。

傳記與自傳研究的資料分析

在傳記與自傳研究，有三種基本的資料分析方法。Plummer（2001）指出它
們為：

- 分析歸納。
- 紮根理論。
- 逐步迴歸法。

分析歸納

分析歸納（analytic induction）係在 1930 年代由 Znaniecki 所開發，涉及對
一個生命故事的詳細調查，以確定可以推論到其他人，並因此發展出可能的解
釋。然後，我們選擇了第二個生命故事，並運用我們的推論與可能的解釋，去
了解它是否能說明生命的主要環節。如果不是，那麼就修訂假設。我們調查的
生命故事愈多，研究結果就愈有效度，並讓我們更能夠說明整個母群體。

紮根理論

紮根理論是從有計畫的資料蒐集中形成解釋的一種資料分析的方法。正如
我們在第 6 章所看到的，Glaser 與 Strauss 解釋，紮根理論開始於為了蒐集、組
織與分析資料而建立的類別或主題。當資料蒐集後，它們將歸類到一個主題或
類別。當主題或類別的資料趨於飽和時，它們將再細分為個別的類別，並開始
呈現出各類別之間的關係。透過該過程，發展出對新概念的理解。

逐步迴歸法

逐步迴歸法（progressive-regressive method）是由哲學家 Sartre 於其三卷的
著作《家庭白痴》（*The Family Idiot*）（1981, 1987, 1989）中所發展出來的。他

認為個別人在他們自己的生活中能有所選擇，但是他們永遠不能完全擺脫歷史或個人無法控制之外在力量，如階級、種族或性別的影響。我們藉由將一個生命置於其歷史情境脈絡中，來解讀或理解它，並確定該生命如何可能受到其與特定階級、種族或性別之關聯的影響。我們探討個人所做的決定，並試圖找出該決定是如何與更廣泛的社會力量相關。Connell（1995）在其對四組男性的研究中，採用了該方法，這些男性由於他們的選擇與夥伴關係，而對他們的男子氣概歷經不同的顧慮。

倫理問題

最後，要注意的是，有關運用個人敘事方法從事研究的倫理問題。在建構一個特選身分（preferred identity）時，敘事往往是一種重要的資料來源，而質疑敘事或對敘事硬是強加一些非原意的解釋，可能會對被研究者的自我意識造成困擾或損害。研究者即扮演詮釋者的角色，使讀者能夠了解研究中之人們的回應。然而，值得注意的是，這裡存在著Bryman（2001）所謂的「雙重解釋」（double interpretation）的問題。作為研究者，我們對於他人的解釋提出了一個詮釋。換句話說，因為這種類型的研究經常是屬於隱私的與個人化的，涉及個人經驗的重建，因此如果呈現生命故事的方式並非被研究者的原意，即可能引起一些重要的倫理問題。

結論

一直有人認為，自傳與傳記的方法更像是藝術與文學，而非健全的研究實踐。此種研究：「似乎主要基於天賦、直覺或臨床經驗；無視明確的條理與系統化；難以教導」（Lieblich et al., 1998: 1）。

雖然這種研究方法可能被認為缺乏信度，但不能說它缺乏效度，因為它可

以讓我們非常充分地了解人們，他們的內在或主觀的世界、他們的感覺狀態、在更廣泛的文化中與他人看不見的關聯，以及人們所生活中的社會與歷史的世界。該方法經常確定個人的問題往往即是公共問題，但是它們卻被較客觀與有系統的資料蒐集方法所漠視或未覺察。

Erica 被要求撰寫一個研究計畫，但她不知如何下手！

Erica 應該採用傳記與自傳的研究嗎？

經由對本章的閱讀，Erica 已經了解到，她自己對動物園的了解在研究過程中具有其價值。她考慮採用自我人種誌（有計畫的自我人種誌自我探索）方法，進行概念上深入反思自己對有關生物多樣性與永續發展問題的想法與感受。這應該讓她能夠探討並可望了解她自己的主觀詮釋。如果 Erica 可以了解有關生物多樣性與永續發展的複雜社會過程，這可能有助於她設計一些能產生有效資料的訪談指引、訪談計畫或問卷調查的問題。

 參考文獻

Angell, R.C. and Freedman, R. (1953) 'The use of documents, records, census materials and indicies' in L. Festinger and D.D. Katz (eds) *Research Methods in the Behavioral Sciences*, New York: Holt, Rinehart and Winston.

Beck, U. (1992) *Risk Society*, Cambridge: Polity.

Becker, H. (1962) *The Outsiders*, New York: Free Press.

Bertaux, D. (2003) 'The Usefulness of Life Stories for a Realist and Meaningful Sociology' in R. Humphrey, R. Miller and E. Zdravomyslova (eds), *Biographical Research in Eastern Europe: Altered lives and broken biographies*, Farnham, Surrey: Ashgate.

Best, S. (2010) 'Liquid Terrorism: Altruistic Fundamentalism in the Context of Liquid Modernity', *Sociology*, 44(4): 678–94.

Bloxham, D. and Kushner, T. (2005) *The Holocaust: Critical Historical Approaches*, Manchester: Manchester University Press.

Blumer, H. (1979) *Critiques of Research in the Social Sciences: An Appraisal of Thomas and Znaniecki's The Polish Peasant in Europe and America*, New Jersey: Transaction Press.

Botkin, B.A. (ed.) (1994) *Lay My Burden Down: A Folk History of Slavery*, New York: Delta.

Bryman, A. (2001) *Social Research Methods*, Oxford: Oxford University Press.

Buller, D.B. and Burgoon, J.K. (1996) 'Interpersonal Deception Theory', *Communication Theory*, 6: 203–42.

Connell, R.W. (1995) *Masculinities*, London: Allen & Unwin.

Crenshaw, M. (2002) 'Suicide Terrorism in Comparative Perspective' in *Countering Suicide Terrorism*, Herzliya: Anti-Defamation League.

Denzin, N.K. (1989) *Symbolic Interactionism*, Newbury Park: Sage.

DePaulo, B.M. and Bell, K.L. (1996) 'Truth and Investment: lies are told to those who care', *Journal of Personal Social Psychology*, 71(4): 703–16.

Erben, M. (2008) 'The Problem of Other Lives: Social Perspectives on Written Biography' in B. Harrison (ed.) *Life Story Research*, London: Sage.

Fieldhouse, R. (1996) *A History of Modern British Adult Education*, Leicester: NIACE.

Foucault, M. (1976) *Birth of the Clinic*, London: Tavistock.

Friday, N. (1997) *My Mother/My Self: The Daughter's Search for Identity*, McHenry IL: Delta.

Garfinkel, H. (1967) *Studies in Ethnomethodology*, Cambridge: Polity.

Giddens, A. (1991) *Modernity and Self Identity*, Cambridge: Polity.

Giddens, A. (1992) *The Transformation of Intimacy*, Cambridge: Polity.

Gray, J.A. (1970) 'The psychophysiological basis of introversion-extraversion', *Behaviour Research and Therapy*, 8: 249–66.

Griffin, S. (1979, 2000) *Woman and Nature: The Roaring Inside Her*, San Francisco: Sierra Club Books.

Hafez, M.M. (2006) *Manufacturing Human Bombs: The Making of Palestinian Suicide Bombers*, Washington, DC: US Institute of Peace.

Hazlett, M. (1998) 'Woman vs. Man vs. Bugs': Gender and Popular Ecology in Early Reactions to Silent Spring' http://www.historycooperative.org

Labov, W. (1972) *Sociolinguistic patterns*, Philadelphia, PA: University of Pennsylvania Press.

Lieblich, A., Tuval-Mashiach, R. and Zilber, T. (1998) *Narrative Research: Reading, Analysis and Interpretation*, Thousand Oaks, London and New Delhi: Sage.

Merrill, B. and West, L. (2009) *Using Biographical Methods in Social Research*, London: Sage.

Merton, R.K. (1988) 'The Matthew Effect in Science 11: Cumulative Advantage and the Symbolism of Intellectual Property', ISZS 79(299): 606–23; available at http://garfield.library.upenn.edu/merton/matthewii.pdf

Osterland, M. (1983) 'Die Mythologisierung des Lebenslaufs. Zur Problematik des Erinnerns', in M. Baethge and W. Essbach (eds), *Entdeckungen im Alltaglichen: Hans Bahrdt: Festschrift zu seinem 65, Geburtstag*, Frankfurt/Main and New York: Campus, pp. 279–90.

Plummer, K. (2001) *Documents of Life 2: An Invitation to Critical Humanism*, London: Sage.

Plummer, K. (2008) 'Herbert Blumer and The Life History Tradition' in B. Harrison (ed.), *Life Story Research*, London: Sage.

Rawick, G. (1971) *American Slave: From Sundown to Sunup – The Making of the Black Community*, Westport CT: Greenwood Press.

Rustin, M. (2008) 'Reflections on the Biographical Turn in Social Science' in B. Harrison (ed.) *Life Story Research*, London: Sage.

Sartre, J.-P. (1981) *The Family Idiot 1821–1857*, Volume 1, Carol Cosman (translator), Chicago: University of Chicago Press.

Sartre, J.-P. (1987) *The Family Idiot 1821–1857*, Volume 2, Carol Cosman (translator), Chicago: University of Chicago Press.

Sartre, J.-P. (1989) *The Family Idiot: Gustave Flaubert, 1821–1857*, Volume 3, Carol Cosman (translator), Chicago: University of Chicago Press.

Steedman, C. (1987) *Landscape for a Good Woman*, New Brunswick, NJ: Rutgers University Press.

Thomas, W. and Znaniecki, F. (1996) *The Polish Peasant in Europe and America: A Classic Work in Immigration History* (originally published as a five volume set between 1918–20) edited by E. Zaretsky, Urbana: University of Illinois Press.

Thompson, P. (2004) 'Pioneering the Life Story Method', *International Journal of Social Research Methodology*, 7(1): 81–4.

Wilkomirski, B. (1995) *Fragments: Memories of a Wartime Childhood*, New York: Schocken Books.

文件檔案與敘事分析

閱讀本章後你將能理解到：

- 如何評估我們可能要使用之文件的效度與信度。
- 如何利用個人文件。
- 兩種截然不同的解讀文件方法：符號學與內容分析。
- 當進行研究時，為什麼寫日記是有價值的。
- 以日記為基礎的一些資料蒐集方法。
- 攝影作為文件檔案方法的可能性。
- 兩種視覺研究的方法：照片引談法與拍攝腳本。

　　本章係建構在前一章，以探索信件、日記以及其他個人文件作為研究過程的一部分。

前言

　　大多數傳記研究係採用深入訪談的方法，但是個人敘事亦可見諸於書信、日記、照片以及其他個人文件。Scott（1990）解釋道，19 世紀時許多主要的社會科學家，如涂爾幹、Weber 與 Marx，都是採用文件檔案的方法蒐集資料，而不是現在較被廣為接受的方法，譬如訪談與問卷調查。

Scott 認為文件在實證研究中是一種重要的但「不顯眼的」資料來源。Scott 對文件的定義為：

> 任何形式的書面文本，在此「書面形式」（writing）則以其最廣泛的意義來理解，包括使用鋼筆、鉛筆、印表機或其他工具，將文本書寫在紙張、羊皮紙或某些其他材料介質。這個定義包括了在電腦上製作的電子文檔與刻鑿在石碑上的碑文以及比較典型情況的紙張上的手書或印刷文件。（Scott, 1990: 6）

Scott 接著包括了一系列的視覺文件，如照片、繪畫與動畫影像。

然而，在我們的研究中，我們要使用任何文件之前，需要鑑定它的效度和信度。Scott（1990）概述了四個鑑定標準：

1. **真實性**（authenticity）：身為研究者，我們必須確信該文件是真實的。該文件是真正由我們所認為的作者寫的嗎？另外，該文件是完整的嗎？如果文件曾經被編輯過，或它有部分遺漏或無法解讀，那麼該文件的意義可能會有改變。

2. **可信度**（credibility）：我們需要評估作者的動機，並判斷該文件產生的原因。可能是真正的作者，但是他們的描述是否準確？例如：許多文件的撰寫人都懷有政治或宗教的動機，這會影響他們對事件的解釋。此外，如果該文件是記錄歷經久遠的事件，我們需要質疑是否可以信賴作者的記憶。

3. **代表性**（representativeness）：即使我們相信撰寫文件的人即是作者、文件內容正確地反映了作者的觀點與意見且是完整的，我們仍然需要問，是否該文件具有代表性。換句話說，該文件是否為作者所寫具有代表性的文件，或者是它不能代表作者的觀點與見解。如果在感興趣的特殊領域有許多的文件，我們可能必須從這些獲得的文件中選取樣品，而忽略任何沒有代表性的文件。

4. **意義**（meaning）：一旦確信我們在研究中所要使用的文件是真實的、可信

的以及具有代表性的，我們也只能夠使用那些我們能夠了解其意義的文件。在日常生活中，我們通常可以看懂文件，因為我們與作者有著共同的語言。為了解讀文件，我們運用我們與作者共享的一套知識，這使得我們能夠獲得對原意的理解。

Glaser 與 Strauss（1967: 163）認為，文件應該被等同視為研究者重要的資料提供者與受訪者。Prior（2008）駁斥研究者可以對文件有消極理解的說法。我們不僅需要考慮在該領域如何利用與發揮文件的功能，而且 Prior（2008: 822）認為「文件遠不僅止於作為資料的提供者，更精切地說，它們本身就能夠被認為是行為者」。換句話說，文件應被視為非人類行動者（non-human agent）。這種說法是建立在行動者網絡理論（actor-network theory）的基礎上（Callon, 1986; Law & Hassard, 1999）。

Prior 論述了 Callon（1986）調查 Saint Brieuc 灣之干貝漁民的研究。漁民了解干貝對於他們的生計是很重要的──談到干貝，好像它們是社會行動者。Prior 聲稱，干貝加上海星、幼蟲、洋流等應該被視為「行動體」（actant）。行動體是一種「東西」（thing），可能不會顯示意識，但往往行為如同一個社會行動者。文件與其他標的依據它們在網絡內的使用方式，可以改變其性質。

行動者網絡理論

網絡是相互依存之社會實踐的集合。

行動者網絡理論是由 Callon（1991）及 Latour（1992）發展而來的。我們的日常生活涉及許多與機器及其他形式之技術或非人類行動者的運作。我們經常委以非人類行動者任務：我們駕駛汽車，取代步行；我們使用電子郵件與電話，而不是當面晤談。此種與非人類行動者的相互作用影響我們的行為方式。當我們熟練於使用某種類型的技術而非其他類型時，我們對技術的使用形塑了我們的身分。

思考點

對 Sacks（1970）來説，一個特定文化中的成員，為我們提供了一系列的成員分類設計（membership categorization devices），使我們能夠確定文本的共同詮釋。由於有共同的編碼（shared codes），而產生了溝通，這些編碼通常不是寫下來的，而是在本質上是依慣例的。

Sacks（1970）問他的讀者，從下面一個 7 歲小孩所敘事的片段故事：「寶寶哭 mommy 抱起他（她）來。」能理解到什麼？

▶▶ **問題**

1. 這句話是什麼意思呢？思考一下一些可能的意義或理解，並簡要説明你為什麼選擇了某一個解讀而非其他可能的詮釋。

2. 我們能理解 mommy 意思是指母親，而不是一個疆屍嗎？（譯者按：美語的 mommy 意指媽咪，在英國則用 mummy 一詞，但美語的 mummy 意指疆屍，在英國卻有媽咪之意。）

3. 這位 mommy 是哭泣小孩的母親嗎？

4. 是孩子開始哭了，因此被他（她）的母親抱起來？還是 mommy 抱起孩子，是為了讓他（她）哭？

藉由我們自己對文字的認識，我們對文本的理解可能要經歷漫長的過程，但是在社會研究，有時候我們需要更有計畫地解讀或詮釋文件。兩個最常用的有計畫地詮釋文本的方法是符號學（semiology）與內容分析（content analysis）。

符號學

　　符號學是對符號與符號系統的研究，是19世紀時由de Saussure（1857-1913）所發明的是探究調查的最初形式。它進一步由 Barthes、Jakobson、Levi-Strauss、Sebeok、Kristeva 與 Eco 發展成更廣泛的論點，稱之為結構主義（structuralism）——一種社會科學的方法，假定所有個人的心裡都有一種傾向，欲以普遍的方式整理與分類他們感知的事物。這種分類反映了根本的社會與文化制度。就 Saussure 來說，語言是一種獨立自足的系統（self-contained system），基於各方面的彼此關係，由實現一系列角色的各方面所組成。符號學分析的目的是彙集所有這些語言的元素，以識別賦予文本意義的符號系統。

　　Saussure 區分語言（la langue）即一個系統與個人以言語（la parole）自身說或寫的實際行為。如果你是一位講英語的人，那麼你不僅有能力講英語的句子，而且已同化於如此應用的系統，並有能力創造新的句子。對符號學家而言，文化是一種溝通的系統（a system of communication）。

　　就文件分析而言，所有的文件均包含了符號，而符號是你可以觀察的事物，譬如在分析書面文件的印刷文字。符號學家經常將符號視為抽象的分析單位（abstract unit of analysis）。在口說言語的情況下，符號的目的是利用視覺或聽覺的訊息，來傳達一個想法或概念。對於符號學家來說，我們所說的話或寫的字被稱為符號的參照（referents of the sign）。符號的理解與兩個主要的概念相關：符徵（signifier）與符旨（signified）。前者為我們所發出的實質聲音或者我們在紙上所做的標記；後者則為發出聲音者或紙上的標記試圖使身為聽者或讀者的你理解的概念或想法。這種方法所根據的假定，是在溝通中我們有口說或書面所要表示的事物，並有一傳送的方法。符徵與符旨之間的關係，對共享語言的人們而言似乎是自然的。然而，Saussure 認為符徵與符旨之間的關係既是武斷的（arbitrary）也是約定俗成的。換言之，符徵與符旨之間的關係不是一種自然的關聯：它大抵是基於共享同一語言的人們間的協定。

語詞（words）的含義可以改變。就舉「同性戀」（gay）這個字為例，這個字先前的意思是一種幸福的感覺，但現已表示性偏好的意思。然而，有一些真實擬聲詞（authentic onomatopoeic words），即語詞聽起來像它們所象徵的東西，例如汪！汪！汪（bow-wow-wow）、滴答（tick-tock）與飛濺聲（splash）。即使這些語詞的形式並非有系統地源自語言的語言學系統，但它們是因循慣例的，且像所有其他的語詞一樣係基於共享的協定。

> **定義**
>
> - 符徵是指含有意義的實質事物，諸如口頭或書面的語詞。
> - 符旨是所有共享相同文化之人們對某一概念意義的理解。
> - 符號是文本的意義，而該意義是由符徵與符旨結合產成：
>
>   符徵＋符旨＝符號

雖然圖像符號（iconic sign）被認為是符徵與符旨之間的自然連結，但是在大多數文化中，符徵與符旨之間的關係是任意的，是由常規與規則的使用而約定俗成的。我們理解符號，那是因為我們享有共同的文化，就 Saussure 言，這賦予了符號其常識意義。

符號被組織成代碼（code）。有些代碼本身具有典範元素（paradigm element），它們被組織成一組單元如英文字母結合形成我們可以了解的語詞。代碼還可以有一個句法結構，用來識別單元之間的關聯（如文法規則）。另外也有具較主觀意義或只有母群體中之少數群體才能充分理解的隱含符號（connotative sign）。

最有效的溝通形式為，當我們只有一個符徵代表一個符旨時，通常如道路交通標誌的情況。在大多數的溝通形式，通常具有多義性的意義（polysemic meaning），即我們有一些代碼與一系列有關符徵意義的選擇。諸如詩歌、電影與視覺藝術等的文化形式往往是模糊、隱晦與多面向的，必須以較之如看路標更嚴謹的方式去了解與詮釋。

Barthes（1915-1980）是於 20 世紀開發符號學的法國知識分子。他的著作，特別是《神話集》（*Mythologies*）、《符號的帝國》（*Empire of Signs*），以及《時裝系統》（*The Fashion System*），迄今仍廣為傳誦。《神話集》係摘錄自他為《新文藝》（*Les Lettres Nouvelles*）雜誌所撰寫、未打算出版為一本書的系列論文。這些神話集探討諸如脫衣舞、摔跤、艾菲爾鐵塔以及新雪鐵龍汽車等各種不同主題的文化意義。

對 Barthes 言，閱讀、理解或有系統的研究敘事或文本（包括視覺圖像），是有賴於我們對文化內代碼的理解。我們藉由所累積的文化知識來存取代碼，使我們成為讀者能認識促成一特殊功能或順序的細節。此種代碼產生於文化內的規則，是讓我們知道解讀或理解一個文化敘事或論述的自然方式。就 Barthes 來說，結構主義是一種分析文化產物的方式，而這些文化產物則為這些規則與特性之基本系統的產物。表意（signification）是與其運作系統有關的關係網絡的產物。研究人員的角色是確認符號的類型與主題的詮釋。Barthes 舉 Bond（龐德）影片為例如下：

> 當 Bond 在候機時，點了威士忌（whisky），以威士忌為指標具有多義性的價值（polysemic value），是一種符號的節點（symbolic node）組合幾個符旨（現代性、財富、休閒）；作為一個功能單位。（Barthes, 1977: 118）

嵌入文化中的代碼給予我們詮釋的信心，在我們的腦海裡事件與詮釋是同一回事。在機場點威士忌似乎很自然地象徵現代性、財富與休閒。

然而，Barthes（1977）認為，並非所有的意義均能被解讀，因為不是所有的意義都與所有的讀者有關。Barthes 區分了外延資料（denotative materials）與內涵資料（connotative materials）間的差別。前者具有普遍的理解性，因此能被所有讀者所理解；後者則僅有一些群組讀者與個人能夠理解。

此外，讀者在如何解讀符徵方面能有所選擇，如 Barthes 在其自己閱讀文本時解釋道：

該問題（至少對我造成問題）確切要處理的不是將文本縮減至一個符旨，無論它可能是什麼（歷史的、經濟的、民俗的或宣道的），而是維持其含義的全然開放。（Barthes, 1977: 141，此處的楷體字，原文為斜體）

在一篇討論 Eisenstein 影片裡的劇照之短文中，Barthes（1977）指認與反思照片（文本）內的三個不同意義層次，或其表意的順序（orders of signification）。

意義的第一層次，是包含明顯意義（obvious meaning）的訊息層面。如果我看電視上的洗衣粉廣告，那麼意義的訊息層面（informational level）將是「購買這種產品，它將使你的衣服洗得乾淨」。意義的第二層面，Barthes 將之稱為意義的象徵層面（symbolic level of meaning）。這層面的意義將為讀者提出有關西方文化中汙垢之角色與地位的議題。在其《神話集》論洗衣粉的一篇文章中，Barthes 觀察洗衣粉如何經常用來代表維持整潔，分離衣服上的汙垢。汙垢是自然的事情，但它必須隱藏在一個合適的地方。如果我煎了一個蛋餅，我可能認為這是我想吃的美好東西，但是如果有些蛋餅屑掉在我的襯衫上，就會弄髒了襯衫。另外有第三層面的意義，Barthes 將之稱為鈍化意義（obtuse meaning），這是我們對任何文本會有的一種個人化的、甚至是獨特的解讀。藉由《恐怖伊凡》（*Ivan the Terrible*）影片中的一張劇照，Barthes 描述了一個場景，其中兩名男子將一些金幣倒在剛加冕的沙皇頭上。Barthes 以如下的方式描述了他對照片的鈍化理解：

就這些嗎？不，因為我仍然被該圖像所吸引住。我解讀、我感受到（可能甚至比什麼都重要）第三層面意義——明顯的、難以捉模的、執著的。我不知道它的符旨是什麼，至少我無以名之，但是我能清楚地了解其特質，該（當然非全然的）圖像的構成象徵了災禍……我不很確定對這第三意義的解讀是否合理——是否能加以通論——但似乎對我來說它的符徵（若非描述，我也曾經嘗試說明其特性）具備了一

個理論的特質。（Barthes, 1977: 53）

在其生前最後一本論攝影的書中，Barthes（1981）更充分地就視覺圖像方面來探討這個問題，他解釋說，有一個結構性的規則係奠基在兩個概念之上：即知面（stadium）與刺點（punctum）。前者為藉由我們對一般文化的了解，從圖像所得到的理解；後者則為圖像的某方面或細節讓我們能夠專注於對圖像的個人理解。

如何著手符號分析

- 提供一個有關文本的簡短描述。記住文本可以由文字與圖像組成，有些是外延的、有些是內涵的。
- 指出符徵並加以描述。
- 什麼是文本的明顯意義或無碼圖像的（non-coded iconographic）文字意義？
- 確認符旨並聯想文本作者試圖傳達給讀者的概念或想法。換句話說，什麼是文本在象徵層面試圖要表示的：什麼是文本之有碼圖像的（coded iconographic）或象徵的意義？
- 指出作者曾使用的派典（paradigms）。
- 指出作者曾使用的結構體（syntagms）。

內容分析

內容分析是一種資料蒐集與分析的方法，根據文本的內容找出一套指標，然後將文本內的每一指標分配到一套預定的類別或主題，以有系統地與客觀地呈現文本的含義。這些類別或主題被用來計算每一指標在文本出現的次數。內容分析的支持者認為，此種數值量化的研究讓研究人員能夠了解文本的真正意

義。根據 Berelson（1966: 263）：「內容分析是一種以客觀的、系統的及量化的描述溝通明顯內容（manifest content）的研究技術。」

這聽起來似乎很困難，但實際上是非常簡單的資料蒐集與分析方法。

如何執行內容分析

- 決定你想在文本中探索的中心主題。
- 設計一套分析類別：在書面文本，這些將是具體明確的詞。
- 計算每一指標在文本中出現的次數：這可以使用彩色麥克筆在原稿上標記以識別關鍵詞。
- 主題在文本中所占的篇幅將會告訴你一些有關其意義的事。
- 一旦你已計算了所有的關鍵字，就導出一個推論。

內容分析被認為是為了避免詮釋的問題，因為所強調的是在文本內說了什麼，而不是它如何說或在什麼情境下說，例如：如果你想確認政治人物的思想立場，你可以計算一個關鍵字（指標），如*自由*，在他們的競選演說中被使用的次數。誠如 Berelson（1966: 262）解釋，內容分析是關於「溝通的是什麼，而不是溝通者的意圖」。

格拉斯哥大學傳媒小組

三十多年來，格拉斯哥大學傳媒小組（Glasgow University Media Group, GUMG）使用內容分析，論證在英國的電視新聞未善盡其法律責任，以平衡與中立的態度報導政治與勞資新聞。小組的研究顯示了內容分析的優缺點。該小組認為：「主導思想在電視新聞製作中產生了影響。」（GUMG, 1980: 497）「當以事件的獨立真實性為評量時」，電視新聞「對於英國的勞資糾紛」呈現了一種扭曲、虛假與「誤導性的報導」（GUMG, 1980: xiii）。它們所援引的權威消息來源包括《金融時報》（*Financial Times*）和《今日管理》（*Management Today*）。

該小組有興趣於在新聞及時事節目中語言的意識形態功能：

> 我們一向都主要關注於媒體在大量製造誤解與愚昧的作用……我
> 們亦已顯示了媒體如何在使重要利益合法化上的作用，以及意識形態
> 如何能真正發揮說服人群的功能。（Philo & Miller, 2001: 17）

然而，在《眼見為信》（*Seeing and Believing*）中，Philo（1990: 153）解
釋，「階級體驗並非等同於政治信念」，而且「一個人的信念並不是一個與其
階級地位成線性發展的單一連貫實體」（1990: 185）。該論點是，在新聞及時
事節目中所使用的語言在資本主義重製（reproduction of capitalism）中扮演了重
要的角色。該小組將意識形態界定為：「與階級或其他利益相關聯的社會觀點
或理解方式」（Philo & Miller, 2001: 17）。電視新聞記者「希望宣稱他們的報
導是準確與可靠的，雖然如我們之前的個案研究顯示，他們所具有無意識的政
治設想（unconscious political assumptions），經常會造成一些有違他們宣稱的報
導內容與曲解」（GUMG, 1995: 182）。

在 GUMG 的研究著作中，對於有關研究方法採用與所導出之推論間的關聯
性並未明確說明。在《更壞的消息》（*More Bad News*）（1980）著作中，該小
組曾為內容分析提出了辯護：「我們研究的一向主要論點是，對於電視新聞節
目的仔細檢查，可以用來驗證其所含的意識形態與實踐」（GUMG, 1980:
407）。總言之，該小組對於內容分析如何能夠有效地描述、測量或分析意識形
態，並沒有提出一個令人信服的交代。另外，前述論及的**無意識的政治設想**充
其量只是有依據的推測，任何意識形態的討論必須包含具有說服力的說明觀眾
如何專注與了解新聞對成員所呈現的意義。

內容分析係在一個非常簡單的實證層次實施，如該小組解釋：

> 既然作品明顯地是具有意義的，那麼，其意義的顯示自然可以清
> 楚從螢幕上研究，正如它可以透過訪談製作人或觀眾。（GUMG, 1980:
> 409）

　　對於在任何文本中的任何一些言詞，讀者一般都期望能了解作者使用該言詞所具有的可能明顯意義，僅僅是因為我們有共同的語言並了解代碼。然而，在社會科學研究方面，存在著框架問題（frame problem）的議題。如果我們看到或聽到咖啡這個言詞，這可能意味著棕色液體、細粒、香料、膚色等，取決於該言詞被使用的情境。GUMG 的成員均是志同道合的馬克思主義者，是以他們均能夠認同在一則新聞報導中之訊息的意義，因為他們可能都認同這些新聞製作的情境脈絡。然而，新聞製作的情境脈絡是非常廣泛的，並對各種非馬克思主義的理解與詮釋開放，因此更難以縮小情境範圍，以至於只可能有一種新聞報導的意義。

　　文本中言詞的「明示」（manifest）意義與「潛在」（latent）的意識形態意義之間有很大的差異。內容分析產生一系列的文字與數字，無法從一序列的意義中識別作者的本意。意識形態不能夠僅藉由計算文本內的言詞即可覺察：此種過程充其量產生了一種「重複的想像」（repetition speculation）的形式，在其中關鍵詞被賦予意義而沒有說明意義是由何而來。內容分析無法指出文本作者的動機，而且新聞意識形態的根源是無法加以解釋的，因為這是不可能以簡單的量化計算出現在文本中的關鍵詞就可以確認的。

思考點

　　在《戰爭與和平新聞》（*War and Peace News*）（1985）一書中，格拉斯哥大學傳媒小組調查，電視新聞如何報導在福克蘭（Falklands）戰爭中，兩艘軍艦的沉船事件：阿根廷巡洋艦「貝爾格拉諾將軍」（General Belgrano）於 1982 年 5 月 2 日沉沒，英國戰艦「HMS Sheffield」於 5 月 4 日沉沒。

　　該小組進行內容分析，以倖存者與傷亡者的陳述作為每一新聞報導如何呈現的指標。顯示「生存」（survival）該關鍵詞使用於與貝爾格拉諾沉船有關的陳述較之使用於 HMS Sheffield 沉船者更為普遍。這是令人驚訝的，因為沒有任何士兵或水手在貝爾格拉諾的沉船中倖免於難。

>> 問題

　　我們能否有效地識別文本的根本意義，譬如以計算關鍵詞出現在文本中的次數，來了解電視新聞報導的主要意義？

　　批評者認為 GUMG 利用內容分析將他們自己有關新聞媒體的政治假想轉換成文本的真實意義。然而，該小組的「分析」只不過是對文本意義的軼事思考。

　　在該工作小組後期有關以阿衝突（Arab-Israeli conflict）內容分析的研究：「是配合觀眾對新聞之理解與收視的分析而進行的。」Philo 與 Berry 解釋說：「將這樣的研究彙整起來是很重要的，因為僅僅是依賴內容分析，將徒使研究者必須斷言觀眾可能從新聞中理解到什麼」（Philo & Berry, 2004: 98-99）。

　　綜言之：

● 內容分析僅指出了共享的意義。
● 文本的意義並非簡單地依據對字詞的計數即可以了解。
● 內容分析不能從一系列的意義中找出內涵意義。
● 文本的「明示」與「潛在」意義間存在很大的差異。
● 一個言詞的意義取決於情境：例如失誤（fault）這個字對一位網球選手的意義，就不同於一位地質學家。

日記

撰寫研究日記

　　一些研究人員認為在研究計畫進行中，撰寫研究日記是一種很好的作法。Burgess（1982）概述了研究日記的三種作用：

1. 它讓研究者得以保持對訊息與事件的實質描述。

2. 它是一種自傳的紀錄，勾勒研究人員在該場域的參與情形。

3. 它是對研究過程中所引發之問題、疑惑與關注原因的分析解釋。

除了在研究的撰寫階段作為資訊來源的作用外，日記亦有助於保持該研究的效度和信度。日記提醒研究者，他們必須保持他們自己身為研究人員的角色，每天花一些時間思考該領域的事件。此書面的見解有助於對該領域事件更全面的理解。此外，日記也勾勒出在資料蒐集或分析過程中所遭遇的任何問題，以及研究者如何克服它們。這有助於保持資料蒐集與分析過程的透明性，如此任何想要審查這些過程的人將有一個做決定的清晰輪廓，以及支持這些決定的理由。

在她對「統一教會」（the Moonies）的研究中，Barker（1984）寫了日記，記錄她在觀察時所不了解的事物。隨著資料蒐集的持續進行，事理自明，她將這些都記錄在日記上，並用之於解釋建構的過程中。在任何研究，最重要的階段之一是根據所蒐集到的資料導出一個適當的推論。換句話說，你的研究需要給予讀者一個交代，為什麼你所調查的人們如此作為，或者為什麼事件如此開展。日記讓身為研究人員的你有機會啟發可能的解釋，並對之加以檢查與修訂，也提供你評量自己之研究的機會。

資料蒐集方法

日記也是一種可行的資料蒐集方法。研究對象的日記可用以蒐集過去一段時間內的資料，並讓受訪者能夠對其社會活動的動機有所提示，而無須依賴接受訪問或問卷調查時的記憶。此外，受訪者能夠經常在研究人員未在場的情況下，記錄任何他們想記錄的事件或問題。研究人員的未在場可避免以不適當的提示與探究或誘導式的問題等特定方式，引導受訪者回答問題。

不過使用日記作為資料蒐集的方法仍然有一些問題。日記給予人們機會，思考他們生活中的事件以及他們的動機，這也可能會導致人們改變他們的行為。如果一種資料蒐集方法造成受訪者改變他們的行為，這稱之為反應性效果（reactivity effect），被認為有損我們研究結果的效度。

Plummer（2001）認為有四種類型的日記研究：

1. 隱私的日記（intimate journal）或回憶錄（memoir）：這些經常由名人所發表，它們的確使我們能洞察作者的生活。

2. 由 Sorokin 與 Berger（1938）所設計的時間規劃（time budget）或日誌（log）：在這種類型的日記，受調查者被要求就研究者認為重要的特殊事件作紀錄，例如：Maas 與 Kuypers（1974）要求在舊金山適應老年生活的 142 位樣本寫日記，勾勒他們為期一週每天的生活，以及他們對事件等的想法與感受。這些樣本也被要求就本週是否為大多數其他週的典型發表看法。同樣，Coxon（1996）在「汙名專案」（Project Stigma）的研究中，要求 1,035 位雙性戀男子的樣本，保持每天寫日記一個月，記錄他們的性經驗。在這些研究中，重點是對事件的量化研究；受訪者被要求記錄他們在過去每一天什麼時間做了什麼。

3. 日記—日記面談（diary-diary interview）方法：Zimmerman 與 Wieder（1977）用這種方法來研究加州的嬉皮反文化（hippy counter culture）。給付 10 美元予受訪者，要求他們每天就誰／什麼／何時／哪裡／如何的方式，記錄在七天來所遭遇的事。受訪者隨後就日記中所記錄的遭遇與事件接受訪談。如 Plummer 解釋，研究人員：「能夠覺察到穩定與經常性的文化認同社會組織的類型……這是用其他方法難以發掘的。」（2001: 116）

4. 預先存在的日記（pre-existing diaries）：Chambers（1998）與 Monette（1992）均曾採用這種形式的日記，以有助於了解愛滋病（AIDS）感染者的生活經驗。於使用個人現有的日記作為資料來源時，有一些爭議與問題。在該母群體中，幾乎很少人會記日記，這表明了有寫日記的人對母群體來說也不具有代表性。不具代表性的樣本自然不能產生有效的研究結果。如果我們要求一群人記日記一段時間，那麼我們即面臨反應性效果的問題，亦即人們因為記日記而改變了他們的行為。另外，也有實際問題，在日記中記錄事件可能會非常耗時，許多受訪者提供給研究人員的可能是一本不完整的

日記。

這裡所討論的各種類型的日記方法，都是具有重要意義的，讓研究人員能夠透過個人的生活史洞察他們的生活經驗，並且經常對人們日常生活行為的動機提供非常詳細的說明。

信件

信件與其他形式的通信，也是一種在研究中一直被使用且有良好效果的可能資料蒐集方法。Thomas 與 Znaniecki 曾經指出信件在社會的五項主要作用：

1. 禮儀的：寄送給人們邀請出席重要的家庭活動，如婚禮與洗禮儀式的信件。
2. 提供訊息的：提供有關不在場之人們，如在休假、軍中或監獄中之人們訊息的信件。
3. 情感的：具有產生讀者感情狀態之目的的信件，譬如給心愛人的信件。
4. 文藝的：具有藝術或審美目的的信件。
5. 業務：例如邀請應試者參加面試的信件。

利用信件的研究並不常見，但除了 Thomas 與 Znaniecki 有關波蘭農民的研究外，例子尚包括 Allport（1965）的研究，《來自珍妮的信件》（*Letters from Jenny*），這是對一位老太太在 1926 至 1937 年間寫給她兒子的兩位朋友的一系列信件的分析。信件讓人洞察了母親與兒子之間的關係，一個人當其日趨年邁，住進老人之家，及至瀕臨死亡的感情狀態。另一個例子是由 Straus（1974）所提出的，他與一位酒癮者通訊超過二十五年。同樣，該研究深入探究受訪者的日常生活經驗與感情狀態。

我們可以說，在一個研究中，當我們對有關什麼動機促使人們以獨特的方式思考、感受或行動所知甚少時，信件作為訊息的來源即特別有用。在這種情況下，我們不能安排一系列的問題以進行面談，或例如，設計一個問卷調查，

因為我們不知道應該問些什麼問題。

不過，使用信件作為訊息來源也有一些問題。其中一個 Webb、Campbell、Schwartz 與 Sechrest（1966）稱之為「浮渣率」（dross rate），大量提供的訊息對研究者來說幾乎沒有什麼分析價值而必須刪除。這引發了重要的**意見表達**問題：經由選取信件的某些部分而非其他部分，這可能涉及研究員藉由選擇性的編輯，改變了信的重點，甚至它的意義。此外，我們必須記住，信件通常都是一種書寫者與閱讀者間非常隱私的溝通形式，且不是所有提出的訊息能立即為閱讀者所了解，除非是有意的。一個率先由 Ang 採用的新穎方法，是邀請人們以寫信給她的方式回答問題：這為她的研究提供了資料。Ang 收到四十二封信回應她登載於荷蘭婦女雜誌《萬歲》（*Viva*）的一則啟事，其上寫著：

> 我喜歡看電視連續劇達拉斯（Dallas），但往往對它有奇怪的反應。是否有任何人願意寫信告訴我，為什麼你也喜歡看它，或不喜歡它呢？我要將這些回應融入到我的大學論文中。請寫信給……。（Ang, 1985: 10）

Ang 的分析解釋，即使觀眾知道，**達拉斯**是虛構的事且情節經常與現實不符，但是很多觀眾發覺，內容有一種高度的情感寫實（emotional realism），反映了觀眾在日常生活中所經歷的憂慮與感情上的問題。無關節目內容是真實的或非現實的，每一位觀眾和該節目已有一種「多少有點獨特的關係」（Ang, 1985: 26）。

雖然這項研究是基於一個小規模的自選樣本（self-selecting sample），是非結構化的性質，並不能代表所有**達拉斯**影集的觀眾，但是並沒有理由認為，受調查者不是收視觀眾的代表。作為一種資料蒐集的方法，信件的使用讓 Ang 能夠對觀眾觀看**達拉斯**的體驗有深刻的理解，因為研究結果係來自於參與者自己意見表示的結果。

思考點

閱讀下面的引文。什麼是 Ang 對她自己研究方法的批評？

　　人們對他們的經驗、喜好、習慣等說或寫些什麼，不能完全依表面價值來看待，因為在日常生活的例行事務中，它們並不需要理性意識，它們經常是未被注意到的，就像往常一樣。它們是常識的，不言而喻的；它們不需要進一步的解釋。這意謂著我們無法讓信件本身來說明什麼，而是應該「依據癥狀地」（symptomatically）加以解讀：我們必須探索隱藏在明確文書後面的是什麼，因為預先假定的事與接受的態度是被隱藏其中的。（Ang, 1985: 11）

不過，針對 Ang 的研究方法仍有各種批評。

● Modleski（1986）曾主張 Ang 的方法只是能成為對流行文化的辯解，驗證消費的一個主導思想。在此，其論點是，該方法不允許 Ang 批判人們消費流行文化的方式，而僅是描述了人們如何以及為什麼喜歡收看該節目。信件的使用並沒有讓 Ang 質問信件的作者，提示與探究受調查者，以獲得對他們的看法有更充分與更有效的理解。

● Gauntlett 認為：「Ang 沒有什麼特別的方法，用以實現這一目標（儘管是有根據的猜測結果）。實際表達的態度都很好⋯⋯但是我們如何發覺『隱藏的』（concealed）態度（依定義），係指實際未見諸於文字的看法呢？如果『我們不能讓信件不言自喻』，那麼我們能做些什麼呢？」（Gauntlett 2007: 7，原文的重點）。

不像許多有關針對觀眾的研究，Ang 並沒有以學術優越的傲慢立場與其讀者或受調查者談話。Ang 的方法與大多數有關觀眾或「媒體效應」（media effects）的研究相反，例如：格拉斯哥傳媒研究小組的研究，似乎就認為觀眾幾乎少有自知之明。Ang 的研究方法證明使用信件作為研究之資料蒐集的方法有許多優點。受調查者能夠參與他們所關心之問題的討論，而不是受到研究者詢問的影響；信件的使用非常有助於探討在過去少有研究的問題，以及在研究中我們無法確定要問的問題或與受調查者要處理的問題。

視覺方法

大多數的研究方法在資料蒐集的過程中，均倚賴使用口頭或書面的語言。然而，人們亦彼此間廣泛地使用非言語的方法進行溝通，譬如手勢、面部表情、凝視、肢體語言、裝扮與髮型。這些和其他的視覺表徵（visual representations）可以讓我們洞察文化，並對於認為社會研究者只能夠以問人問題的方式探究社會世界之假設，提供了另一替代的選擇。視覺研究方法（visual research method）的目的，是藉由與受訪者探索圖像或實物對受訪者的含義或意義，以獲得對社會生活的了解。

當問題難以用言詞表達，尤其是當我們使用學術語言時，視覺圖像或實物即派得上用場；它們可以加強與受訪者間的同理心，促使我們以新的方式關注事物，甚至可以幫助我們從受訪者的觀點看世界或更佳地融入他們的經驗。

就研究人員來說，「觀看」（seeing）是一種在攝影資料中發現模式的能力。Collier（1967）主張，人們以攝影般的方式思維（think photographically），他們建構他們的照片（photographs）使之看起來像圖像（pictures）。Hall（1986）表示，很少有人認識到有多少他們的視覺投影（visual projections）是根據有關如何查看一個人、地方或事物的硬性規則來建構的。

Suchar（1997）認為，攝影之所以具有作為文件方法蒐集資料的潛能，並不是攝影本身固有的，而是經由在互動式的詢問過程中，讓研究者能夠使用照片作為一種回答或詳細說明有關我們研究焦點問題的方式。他指出（1997）視覺社會科學家所使用的兩種方法：

- 照片引談法（photo-elicitation）。
- 拍攝腳本（shooting scripts）。

照片引談法

照片引談法涉及拍攝相關人群的照片，然後利用這些照片與那些人一起探索他們的主觀意義（見 Beilin 以下的實地考察例子）。Collier 與 Collier（1986）及 Samuels（2004）指出，使用照片較之通常的對話訪談為佳，因為它們似乎能激起受訪者的回憶。

照片引談法該名詞係由身為攝影師與研究員的 John Collier 於 1957 年所創造的。Collier 於比較附有照片之訪談與沒有照片之訪談在所得資料的差異後，提出結論：

> 從附有照片之訪談所獲得的資料是明確的，有時甚至是意義深遠的；對照組的訪談（control interview）在聯想（association）方面是屬於較非結構化的、漫無邊際的與自由的。照片訪談（photo interview）中的陳述是對圖像探索的直接回應，且隨著圖像內容的不同，其特性也有差異。然而對照組訪談的特質似乎是受到訊息提供者之情緒的支配。（Collier, 1957: 856）

引談（elicitation）這個字，意謂詢問受訪者他們如何了解他們周遭的世界。研究人員之所以這樣做，是為了要了解受訪者為求了解事物而將其分類的方式。構想（construct）一詞則是用來描述受訪者藉以分類圖像成分的一套想法或概念。在較正式的研究方法，作為一個研究者要知道受訪者是如何界定研究計畫的資料蒐集與分析所使用的構想及其分類。研究人員這樣做，是為了要避免讓受訪者必須從一套研究者所設計或認為相關的構想中做選擇，致使受訪者無法明確描述圖像的意義。

根據 Harper〔《視覺研究》（*Visual Studies*）期刊的創始編輯之一〕的說法：

這有生理上的根據：大腦中處理視覺訊息的機能比處理言語訊息的機能演化得更早。因此，圖像比言語更能激發較深層之人類意識的成分；完全依靠言語的溝通所使用大腦的能量較之大腦同時處理圖像與言語溝通所使用的能量為低。（Harper, 2002: 13）

照片的呈現使得受訪者更容易反思他們的生活與身分。這是因為一張照片可以顯示身分的各方面，如果受訪者自己的照片被使用，更是如此，這些個人照片往往會使受訪者回想其獨特的生活經驗而與研究者共享。Spence（1986）的自傳在文本中利用她自己的照片，探討她罹患殘障疾病的經歷，以挑戰社會對女性身體魅力的界定。Harper（1987）發表了一長篇有關一位名為 Willie 者的個人生活史，透過照片的使用，Willie 探索他的生活，包括他如何經由他的日常生活與農村工匠的工作建構自我意識。

Harper（1987）、Collier 與 Collier（1986），以及 Curry 與 Clark（1977）認為照片引談法是在研究過程中的一種啟發式的方法：換句話說，是衍生研究問題的一種方法。照片也可以用在訪談時，提示與探究受訪者回答支撐現實的有關社會、文化與行為的假設問題。

Mahruf、Shohel 與 Howes（2007）在他們有關孟加拉小學生過渡到高中生的研究中，採用了照片引談方法。在研究過程中，受訪者小學的照片被用來幫助高中學生聯想他們過去的經歷。照片明顯地提醒了受訪者在小學時的生活，這些強烈的感情與回憶被運用於 Mahruf 等人評量轉型理論（theories of transition）的一系列訪談中。Mahruf 等人認為：

當照片被使用……以詢問有關學校的經驗時，受訪者率然地道出有關他們學習環境方面的經驗與期望。在兩個時機所產生的資料有明顯的差異，驗證了圖像如何豐富了資料的內容，以及使參與者能合作地參與研究。分析顯示，在大多數的訪談中，很明顯地有許多的訊息是來自於因為學生受到照片的啟發而提出的看法。（Mahruf et al., 2007: 56）

　　Beilin（2005）與在澳洲東南 Gippsland 山區的農民進行了一項照片引談的研究。她的研究目的是確定農民與土地的關係。她清楚地勾勒了在她研究中資料蒐集的過程，這為讀者提供了一個有關如何著手照片引談研究的清晰概念。

如何進行照片引談的研究

　　Beilin 的實地考察有四個階段，總計資料蒐集歷時四年完成。

▶▶ 階段一

　　第一階段是取得接近農場社區的機會。這包括以參與觀察者的身分出席一系列的社區會議。該研究過程持續了兩年。一旦她深信她對社區以及社區所關注的事務已有所了解，Beilin 即進入研究的第二階段。

▶▶ 階段二

　　其次，進行與十八個農民家庭的一系列深度訪談。這些訪談將轉錄並經其家屬驗證，以為反思他們在訪談時所說的內容。在第一次訪談結束時，每個家庭都領到了一個可拋式的相機，並要求他們拍攝十二張他們認為是「有意義的景觀」的照片。

▶▶ 階段三

　　該研究的第三階段開始於農民的整理和分類照片。農民家庭被要求決定他們的類別；拍攝照片的人得優先將照片排序與分類，隨後由家人共同討論。農民最後協議擬定一套類別，並將他們的照片依其在各類別內的重要性加以排列。然後，Beilin 分別與每個家庭走訪照片拍攝的地點，並在那裡對現場的意義有進一步的討論。

▶▶ 階段四

　　要求農民將他們的照片依主題或類別加以分類。該建立類別與順序的過程是為 Beilin 所稱的「階梯法」（laddering），而討論照片的適當順序與

主題則為 Beilin 所謂的「引談」。隨後根據照片引談會議,進行第二次深
度訪談以及走訪照片拍攝的地點。同樣地,訪談內容將由家人轉錄與驗證。

　　Beilin 解釋,在照片引談研究中,深入訪談的作用是為讀者提供「厚實與豐
富的訊息。該厚實描述的一方面是認識到農民並非毫無經驗的攝影師。其中有
幾個農民做了明智的決定,從特殊的角度拍攝,述說了一個特別的故事,並確
認了一個特殊的軼事」(Beilin, 2005: 66)。換句話說,當農民於談論他們所拍
攝之照片的意義與重要性時,這已經不僅僅是景觀的描述,而是藉由地區的文
化以及當地農民的社會與經濟利益,對景觀如何改變之意義與重要性的分析。
　　Beilin 以如下方式,解釋了她在研究中採用之資料蒐集方法的意義:

> 　　Harper 強調在組織照片過程中,創造敘事或序列的重要性——「照
> 片論說文」(photo essay),其意義是在「整體結構與組織」(1987:
> 6)中。這些敘事必須揭露一個文化中的故事,它們很可能需要研究者
> 是身為該文化中的一份子,或有該文化的經驗,以透過延伸隱喻與確
> 立清晰了解的方式,為資料提供證據(Harper, 1987: 9)。每個研究中
> 的十二張照片都是有蓄意的敘事,由敘事者刻意規劃對研究者與其他
> 觀看者述說一個特別的故事。(Beilin, 2005: 62)

　　Beilin(2005)探討照片引談法的倫理面向:她提醒讀者,作為一位社會研
究員,你應該總是能意識到「研究者」與「被研究者」之間可能存在的緊張關
係。Beilin 解釋說,該研究過程中的一個核心要素是「表達」(giving voice)或
解釋圖像的作為。Beilin 利用 Habermas 的溝通語談(communicative discourse)
概念,結合了照片與口語的運用。溝通語談強調人們以及研究者與受訪者賦予
口語的意義。當研究人員傾聽受訪者所說的話時,他們也同時對受訪者所說的
話加以解釋與分析。據 Forester(1989: 110)所言:「我們用我們的眼睛也用耳
朵來傾聽。」在此,Forester 所指出的是,被動的聽(passive hearing)與主動的

傾聽（active listening）之間在本質上的差異。對於 Forester 來說，傾聽是一種道德的作為，它創造了一種研究者與受訪者間共同理解（collaborative understanding）的意義。

拍攝腳本

　　相反地，拍攝腳本的方法是基於觀看可以揭露社會行動發生之情境脈絡的形態、特徵或細節的假定。拍攝腳本涉及列舉可以利用照片中所含的訊息加以檢驗的研究問題或議題（Collier & Collier, 1986; Rothstein, 1989）。對於 Suchar（1997）來說，研究問題或議題清單提供了攝影得以策略性與聚焦地探索解答特定理論所衍生之問題的一種方法。

分析照片資料

　　無論照片是否於正式場合拍攝，如學校班級照片，那些婚禮、生日、結婚等紀念照，或者是個人趣味照片如家庭度假照片，所有這些照片均包含有自我表述的意義。它們是了解在某一特定時間我們個人生活與事件的指標。Plummer（2001）說明了有些研究者如何嘗試發展敘事的視覺理論（narrative visual theory），諸如 Barthes（1977）對照片的評量、Harper（1987）對流浪漢的研究，以及 Jackson（1978）對監獄生活的研究等。關於該方法，照片不僅僅是一種有助於研究人員描述的訊息來源；甚而所使用的圖像與言詞在文本中都具有同等的重要性，兩者都可用以發展理論建構。

　　拍攝腳本方法與紮根理論有許多共通之處，這兩種方法都涉及為蒐集、組織與分析所觀察的資料而建立類別。誠如紮根理論創始人 Glaser 與 Strauss 的解釋：

　　　在發現理論，人們依據證據產生了概念類別或它們的屬性；然後利
　　用該類別所顯現的證據來闡釋這個概念。（Glaser & Strauss, 1967: 23）

　　拍攝腳本，首先需要檢視照片並找出任何關鍵概念或類別，以產生拍攝腳本問題的清單。第二階段，是把照片的證據歸類於一系列通稱之為*記錄框架*（logging frame）或*記錄資料表*（logging sheet）的文件夾或類別中。當所有照片證據都已蒐集與分類時，照片所顯示的意義經由「開放式編碼」的過程，轉譯成字詞（words）。Strauss 與 Corbin（1990: 61）將開放式編碼描述為：「分解、檢驗、比較、概念化以及分類資料的過程。」

　　當在記錄框架中的類別或文件夾的資料飽和時，它們再次分為不同類別，且類別間的關係開始自然顯現：透過這過程，發展出新的概念理解。在這過程中，研究人員編碼以符合資料而非相反方式，試圖為拍攝腳本的問題找到答案。

　　Strauss 與 Corbin 稱此種解釋建構過程為*主軸式編碼*：

　　　　在開放式編碼後，將資料以新的方式加以組織，以產生類別間關聯的一套過程。（Strauss & Corbin, 1990: 116）

活動

　　Stryker 在 1930 年代與 1940 年代的「農場安全管理」（Farm Security Administration, FSA）研究是使用拍攝腳本方法之最具有影響力的研究之一。在該研究中，當時最著名的一些攝影師，特別是 Walker Evans、Dorothea Lange 以及 Arthur Rothstein 均負責在一些農村小鄉鎮以攝影來記錄日常生活。攝影師被要求就諸如：「人們在哪裡聚會？」「女人與男人是否在同樣的地方聚會？」「人們如何看待？」「人們家園的室內與室外看起來像什麼？」等事情，拍成照片紀錄。

▶▶ 問題

　　在網際網路上探索 Walker Evans、Dorothea Lange 以及 Arthur Rothstein 的作品。你覺得，這些照片有助於我們了解在 1930 年代與 1940 年代時美國的社會與經濟情勢嗎？

個案研究與文件檔案研究法

　　本書第 6 章曾探討個案研究法的資料蒐集。在本章結束前，我們將簡要地探討一個嘗試結合文件檔案研究法與個案研究法於社會研究的良好研究。在一個研究中，結合兩個或兩個以上的資料蒐集方法，稱之為方法三角驗證，它是個別研究者可以提昇其研究發現效度的方法之一。藉由使用兩種以上的資料蒐集方法，研究者對於被研究者的行為將能夠獲得較充分與完整的了解。

方法的結合

　　Stones（2002）曾針對電視如何激勵人們對有關公共議題如衝突，以理性面對並提出看法的方式，寫了一篇評論。這個例子表明，個案研究與文件檔案研究法都是非常有彈性的，且對任何研究者來說都是有用的工具。Stones 進行了一項名為「戰爭的根源」（*The Roots of War*）的紀錄影片調查，聚焦於 1990 年代初南斯拉夫衝突原因的探討。Stones 關切的是電視紀錄片已經受到娛樂倫理（entertainment ethic）的支配；換句話說，為了努力吸引觀眾，紀錄片製作人試圖提高紀錄片的表面「觀賞性」（watchability）或娛樂內容，而罔顧批判性論證、推理或真實性。

　　Stones 的出發點源自於如 Mills（1959）之社會學想像力（sociological imagination）的概念、Nussbaum（1997）之「公民的想像力」（civic imagination）概念（那是一群集的關注，為有關公共領域的推論提供理所當然的背景情況），以及一系列探討能動性與結構關係的社會理論學家（Alexander, 1998; Archer, 1995; Bourdieu & Wacquant, 1992; Cohen, 1989; Giddens, 1984; Sayer, 1984, 2000），他試圖指出什麼是紀錄片的獨特性以及其不充分的地方。

　　紀錄片包含文本中所描述有關社會現實本質的明確概念，大多數有關社會事件的紀錄片中均包含有「明示或隱喻形式的論證，依次在其中亦存

在著有關形成這些事件之社會原因或過程的論點」（Stones, 2002: 360）。Stones（2002: 357）探討在產生「目前事件（與圖像）沒有（近或遠）社會進程」中，紀錄片如何呈現結構本質的圖像、個別人或行動者的活動以及談話。他這樣做，係透過使用兩個核心理念：「情節（*sjuzet*，俄語）（表面文字表徵，或情節／談話）與故事（*fabula*，俄語）（人物與事件所隱含的故事，如實際地發生於真實的時間與空間上）」（Stones, 2002: 361）。

此外，Stones 運用 Bill Nichols（1991）所採用的方法，質疑：

- 發現於文本內的知識整體程度。
- 表徵於文本內的主觀性程度。
- 文本內的自我意識程度。
- 文本的良好溝通（communicativeness）程度。

就 Stones 言，「戰爭的根源」的中心論點是南斯拉夫的衝突是屬於本質論者（essentialist）的性質，換言之，人民「自然無可避免地會形成對其他族群的憎恨」（Stones, 2002: 364）。

該影片激發觀眾以順從的態度接納影片中的論點。該論點是建立在以下幾個彼此關聯的主題上：

- 一個根深蒂固的種族仇恨（ethnic animosities）意識。
- 夢想的不真實與對未來願景的互不相容。
- 壓制的影響導致未來衝突的不可避免（Stones, 2002: 368）。

一個更具權威的事件解釋，譬如 Woodward（1995）的《巴爾幹悲劇》（*Balkan Tragedy*），提出一個非常不同的寫照。Woodward 駁斥本質論者「持久民族仇恨」的說法，認為這過於單純化。相反地，她認為衝突的原因是植根於民族主義，而不是民族仇恨：該特性並沒有呈現在紀錄片中。

從這個例子，我們可以了解，個案研究與文件檔案的方法都是非常有彈性的，對任何研究人員來說都是有用的工具。

結論

本章業已探討了文件的資料蒐集方法。個人文件讓研究者能更深入洞察研究對象的日常經驗與感覺狀態。然而，重要的是要注意，我們能夠要求研究對象針對我們所要探究調查的主題寫信函、拍照，或要求他們記日記。這種方法讓研究人員能夠了解研究對象的動機與意圖，這在其他方法可能是做不到的。

本章其次探討兩種截然不同的解讀個人文件的方法：符號學與內容分析。雖然這兩種方法都有有關效度與信度的問題，但是它們所處理的資料類型則通常不是使用其他較客觀與系統的資料蒐集方法能輕易獲得的。本章亦探討研究人員在進行研究時，撰寫日記的重要性。記錄研究日誌可以幫助研究者保持對研究焦點的專注，並於撰寫研究報告時，成為一種有用的資料來源。

Erica 被要求撰寫一個研究計畫，但她不知如何著手！

Erica 應該使用文件檔案與敘事的分析嗎？

社會研究人員於使用他們所蒐集資料中的文件時，通常認為這些文件與受訪者填寫問卷或接受訪談具有同樣的可靠性與重要性。Erica 考慮進行一項對動物園內存在生物多樣化與永續發展訊息之標誌的研究。

她可以簡單地用她自己對字面上的認識（literal awareness），來了解標誌所含的訊息是什麼。另外，她也可以進行簡單的內容分析，即統計動物園內具有生物多樣性與／或永續發展主題的標誌數量，並調查標誌內所使用的關鍵詞，藉以找出標誌試圖傳達給動物園遊客有意義的訊息。然而，Erica 特別有興趣於研究符號學，因此考慮利用符徵（在標誌上可看出

的內容）與符旨（標誌設計者試圖傳達給看到標誌之動物園遊客的想法或
概念），來探討動物園內的每一個標誌。Erica相信，這將讓她能夠判斷有
關動物園提供給遊客之生物多樣性與永續發展訊息的品質。

 參考文獻

Alexander, J. (1998) *Neofunctionalism and After*, Oxford: Blackwell.

Allport, G. (1965) *Letters from Jenny*, San Diego, CA: Houghton Mifflin Harcourt.

Ang, I. (1985) *Watching 'Dallas': Soap Opera and the Melodramatic Imagination*, London: Routledge.

Archer, M. (1995) *Realist Social Theory: The Morphogenetic Approach*, Cambridge: Cambridge University Press.

Barker, E. (1984) *The Making of a Moonie: Choice or Brainwashing?*, Oxford: Blackwell.

Barthes, R. (1972) *Mythologies* translated by Annette Lavers, London: Paladin.

Barthes, R. (1977) *Image, Music, Text*, New York: Hill and Wang.

Barthes, R. (1981) *Camera Lucida: Reflections on Photography*, New York: Hill and Wang.

Becker, H.S. (1986) 'Photography and Sociology', in H.S. Becker (ed.) *Doing Things Together*, Evanston: Northwestern University Press, pp. 223–71.

Becker, H.S. (1986) 'Do Photographs Tell the Truth?', in H.S. Becker (ed.), *Doing Things Together*, Evanston: Northwestern University Press, pp. 9–13.

Beilin, R. (2005) 'Photo-elicitation and the agricultural landscape: "seeing" and "telling" about farming, community and place', *Visual Studies*, 20(1): 56–68.

Berelson, B. (1966) *Content Analysis in Communication Research*, New York: Free Press.

Berger, J. (1982) 'Appearances' in J. Berger and J. Mohr (eds) *Another Way of Telling*, New York: Pantheon Books, pp. 81–129.

Bourdieu, P. and Wacquant, L. (1992) *An Invitation to Reflexive Sociology*, Cambridge: Polity.

Burgess, R. (1982) 'Keeping a research diary', *Cambridge Journal of Education*, 11(1): 75–83.

Callon, M. (1986) 'Some Elements of a Sociology of Translation: Domestication of the Scallops and the Fishermen of Saint Brieuc Bay', in J. Law (ed.) *Power, Action and Belief: A New Sociology of Knowledge?*, Sociological Review Monograph, 32: 196–233, London: Routledge & Kegan Paul.

Chambers, R. (1998) *Facing it: AIDS diaries and the death of the author*, Michigan:

University of Michigan Press.

Cohen, I.J. (1989) *Structuration Theory: Anthony Giddens and the Constitution of Social Life*, London: Macmillan.

Collier, J. (1957) 'Photography in anthropology: A report on two experiments', *American Anthropologist*, 59(5), 843–59.

Collier, J. (1967) *Visual Anthropology: Photography as a research method*, New York: Holt, Rinehart and Winston.

Collier, J. and Collier, M. (1986) *Visual Anthropology: Photography as a research method*, Albuquerque: University of New Mexico Press.

Coxon, A. (1996) *Between The Sheets*, New York: Continuum Publishing Group.

Curry, J. and Clarke, A.C. (1977) *Introducing Visual Sociology*, Dubuque: Kendall/Hunt Publishing Co.

Forester, J. (1989) *Planning in the Face of Power*, Berkeley: University of California Press.

Gauntlett, D. (2007) 'Media Studies 2.0', http://mediastudies2point0.blogspot.com

Giddens, A. (1984) *The Constitution of Society: Outline of the Theory of Structuration*, Cambridge: Polity.

Glaser, B.G. and Strauss, A.L. (1967) *The Discovery of Grounded Theory: Strategies for Qualitative Research*, Chicago: Aldine Publishing Co.

Glasgow University Media Group (GUMG) (1976) *Bad News*, London: Routledge and Kegan Paul.

Glasgow University Media Group (GUMG) (1980) *More Bad News*, London: Routledge and Kegan Paul.

Glasgow University Media Group (GUMG) (1982) *Really Bad News*, London: Routledge and Kegan Paul.

Glasgow University Media Group (GUMG) (1995) *Glasgow Media Group Reader Volume 1: News Content, Language and Visuals*, J. Eldrige (ed.), London: Routledge.

Hall, E. (1986) *Introduction to Visual Anthropology*, London: Collier and Collier.

Harper, D. (1987) *Working Knowledge: Skill and Community in a Small Shop*, Chicago: University of Chicago Press.

Harper, D. (2002) 'Talking about pictures: a case for photo elicitation', *Visual Studies*, 17(1): 13–26.

Latour, B. (1992) 'Where are the Missing Masses? The Sociology of a Few Mundane Artifacts in Shaping Technology/Building Society', W.E. Bijker and J. Law (eds) *Studies in Sociotechnical Change*, Mass.: MIT Press.

Law, J. and Hassard, J. (eds) (1999) *Actor-Network Theory and After*, Oxford: Blackwell.

Maas, H.S. and Kuypers J.A. (1974) *From thirty to seventy: a forty-year longitudinal study of adult life styles and personality*, San Francisco: Jossey Bass.

Mahruf, M., Shohel, C. and Howes, A.J. (2007) 'Transition from nonformal schools: learning through photo elicitation in educational fieldwork in Bangladesh', *Visual Studies*, 22(1): 53–61.

Mills, C.W. (1959) *The Sociological Imagination*, New York: Oxford University Press.

Modleski, T. (ed.) (1986) *Studies in Entertainment*, Bloomington: Indiana University Press.

Monette, P. (1992) *Becoming a Man: Half a Life Story*, New York: Harcourt Brace Jovanovich.

Nichols, B. (1991) *Representing Reality: Issues and Concepts in Documentary*, Bloomington: Indiana University Press.

Nussbaum, M.C. (1997) *Cultivating Humanity: A Classical Defence of Reform in Liberal Education*, Cambridge, MA: Harvard University Press.

Philo, G. (1990) *Seeing and Believing: Influence of Television*, London: Routledge.

Philo, G. and Berry, M. (2004) *Bad News from Israel*, London: Pluto.

Philo, G. and Miller, D. (2001) 'Corrupting Research: How the market shapes science', *Sociology Review*, 11(1): 24–7.

Philo, G. and Miller, D. (2001) 'Market Killing: Reply to Shaun Best', *Social Science Teacher*, 30(2).

Plummer, K. (2001) *Documents of Life 2: An Invitation to Critical Humanism*, London: Sage.

Prior, L. (2008) 'Repositioning Documents in Social Research', *Sociology*, 42(5): 821–36.

Prosser, J. and Schwarz, D. (1998) 'Photographs within the sociological research process', in J. Prosser (ed.), *Image-based research: A sourcebook for qualitative researchers*, London: Falmer Press, pp. 115–30.

Rothstein, A. (1989) *Documentary Photography*, Boston: Focal Press.

Sacks, H. (1970/1992) 'Story organization; Tellability; Coincidence, etc.' in H. Sacks, *Lectures on Conversation*, edited by G. Jefferson, Vol. II, pp. 229–41, Oxford: Blackwell.

Sacks, H. (1974) 'On the Analyzability of Stories by Children', in R. Turner (ed.) *Ethnomethodology*, Harmondsworth: Penguin, pp. 216–32.

Samuels, J. (2004) 'Breaking the ethnographer's frames: Reflections on the use of photo elicitation in understanding Sri Lankan monastic culture', *American Behavioral Scientist*, 47(12): 1528–50.

de Saussure, F. (1983 [1916]) *Course in General Linguistics*, C. Bally and A. Sechehaye (eds), trans. R. Harris, La Salle, Illinois: Open Court.

Sayer, A. (1984) *Method in Social Science: A Realist Approach*, London: Hutchinson.

Sayer, A. (2000) *Realism and Social Science*, London: Sage.

Scott, J. (1990) *A Matter of Record: Documentary Sources in Social Research*, Cambridge: Polity.

Sorokin, P.A. and Berger, C.Q. (1938) *Time Budgets of Human Behaviour*, Cambridge Mass.: Harvard University Press.

Spence, J. (1986) *Putting Myself in the Picture: A Political Personal and Photographic Autobiography*, Seattle: Real Comet Press.

Stones, R. (2002) 'Social Theory, the Civic Imagination and Documentary Film: A Post-modern Critique of the "Bloody Bosnia" Season's The Roots of War', *Sociology*, 36(2): 355–75.

Straus, R. (1974) 'Alcohol and society', *Psychiatric Annals*, 3(10): (entire issue). (Reprinted as monograph.) New York: Insight Publishing Co.

Strauss, A.L. and Corbin, J. (1990) *Basics of Qualitative Research: Grounded Theory Procedures and Techniques*, Newbury Park, California: Sage Publications.

Suchar, C.S. (1997) 'Grounding visual sociology research in shooting scripts', *Qualitative Sociology*, 20(1): 33–55.

Thomas, W. and Znaniecki, F. (1920) *The Polish Peasant in Europe and America: A Classic Work in Immigration History*, Urbana: University of Illinois Press.

Webb, E., Campbell, D., Schwartz, R. and Sechrest, L. (1966) *Unobtrusive Measures; Non-reactive research in the social sciences*, Chicago: Rand McNally.

Woodward, S. (1995) *Balkan Tragedy – Chaos and Dissolution after the Cold War*, Washington, D.C.: The Brookings Institution.

Zimmerman, D. and Wieder, L. (1977) 'The Diary: Diary-Interview Method', *Journal of Contemporary Ethnography*, 5: 479–98.

測量與統計推論

閱讀本章後你將能理解到：

- 在社會科學研究中，測量的性質。

- 相關名詞，如製表與陣列。

- 如何解讀與構建一維次數分配與分組次數分配，以呈現你自己的資料。

- 如何利用中數、眾數與算術平均數找出集中趨勢。

- 變異數與標準差的含義與重要性。

- 指數測量、代表性測量與複合性測量。

- 在社會科學中對測量的普遍批評。

- 變項與指標間的關聯。

- 四種最常用的測量尺度：類別、順序、等距與等比。

- 推論在社會科學研究中的意義。

- 如何使用社會科學家統計套裝軟體（SPSS）。

前言

　　社會科學中的測量是一種過程，藉此從一些指標蒐集到單一數字形式的訊息。社會科學測量的一個共同點是製表（tabulation）：這簡單的說是意謂根據

你感興趣的特徵，在一特定的群體中，計算人或觀察的數量。下面的資料陣列（array of data）表示開始修習學位課程之一年級學生的入學年齡。這顯示了什麼？

21, 20, 17, 30, 51, 18, 19, 18, 18, 18, 20, 22, 19, 19, 22, 23, 37, 19, 19, 23, 18, 21, 22, 23, 18, 18, 20, 22, 18, 18, 18, 19, 19, 18, 18, 22, 19, 19, 18, 18, 18, 19, 21, 21, 23, 24, 24, 24, 25

大多數大學生就讀大學的年齡似乎是約 18 至 19 歲。

構建分析最簡單的方法是一維次數分配（univariate frequency distribution）：這簡單的說意指在資料陣列中列出不同的年齡連同它們的次數，即不同齡在列陣中出現的次數。就我們的資料陣列，一維次數分配看起來像這樣：

17 = 1	21 = 4	25 = 1
18 = 15	22 = 5	30 = 1
19 = 10	23 = 4	37 = 1
20 = 3	24 = 3	51 = 1

次數分配（frequency distribution）是一種非常有用的彙總資料方法。此外，類別可以組合在一起，形成一個分組次數分配（grouped frequency distribution）。我們的資料陣列可以以下列方式分組：

$$17-19 = 26$$
$$20-29 = 20$$
$$30+ = 3$$

將樣本依年齡分組為青少年、20 多歲者，以及 30 歲或以上年齡者，這是一種不「正常」的資料分類。我選擇以這種方式來劃分。當在建構次數分配時，

重要的是要記住：

- 各類別應該是相互排斥的（mutually exclusive）；換句話說，讓每個觀察只能被歸類到一個類別的方式來建構類別。
- 與原始資料相比較，分組次數分配總是會涉及到訊息的丟失。

找出集中趨勢的常用方法

如果我們有數字類型的資料，我們即有可能找到集中趨勢。我們通稱之為找到平均數，但「平均數」這個詞在統計上並沒有真正的意義。有三種常見的方法可用以找出資料組中的集中趨勢：

1. 中數（median）指的是，我們將所有數值或觀測次數分配依大小順序排列後，找出位在中間的數值。在我們的學生年齡資料陣列中，我們有四十九位學生樣本。如果將所有人從最年輕的依序排列到最年長者，那麼表列第二十五位的年齡將是 19 歲，這就是中數。

2. 眾數（mode）是在資料陣列中最常出現的數值。更具體地說，眾數是指觀察人數最多的類別。在我們的學生年齡資料陣列中，因為有高達十五位學生的年齡是 18 歲，因此 18 即是計算所得的眾數。

3. 算術平均數（arithmetic mean）是一種集中趨勢的測量，指的是我們將所有學生的年齡加總起來，然後除以樣本的人數。更具體地說，我們算出一個變項的總值（將所有學生的年齡加起來）除以觀察次數（除以學生總數）。在社會科學研究中，算術平均值是最常用的彙總資料方法。

年齡總和 = 1,038

學生人數 = 49

1,038 ÷ 49 = 21.2 歲

在社會科學的研究中，研究者通常避免使用平均一詞，而是以特定的平均數術語代之。如果你想呈現一個平均數，就選擇你覺得最合適的測量形式，並提出簡短的使用理由。

變異數與標準差

對社會科學研究者言，其他兩種重要的統計方法是變異數與標準差。變異數（variance）表示各數值距離平均值的分散程度（譯者按，變異數定義為離差平方的平均數）；標準差（standard deviation）則是變異數的平方根。我們使用相同的測量單位來表示標準差。這些數據讓研究人員能夠指出單一個案或觀察在與整體資料集關係變化的程度。

統計結果的離差（deviation）是結果與平均數之間的變異數或差異。

範例

如果我們有以下的數字：

24, 27, 32, 44, 89, 102

那麼平均值是 53（即 318/6）。

每一個數值的離差是：

$$24 - 53 = -29$$
$$27 - 53 = -26$$
$$32 - 53 = -21$$
$$44 - 53 = -9$$
$$89 - 53 = 36$$
$$102 - 53 = 49$$

　　如果你將所有的離差分數（deviation scores）加總，將發現平均分數總是零。因此，大多數研究人員發覺一種稱之為標準差的計算方法，這是一種更有用的統計測量散布或離異的計算公式。

標準差

　　標準差為變異數的平方根。變異數的計算，第一步驟是將每個離差分數平方：也就是將表列的每一分數自乘。如此該離差值的平方總是正數，因為負數乘以負數，其結果總是正數。下一步驟是把結果除以樣本個數以獲得變異數。標準差的數學公式如下：

$$s = \sqrt{\frac{\Sigma(X-M)^2}{n-1}}$$

　　在此 Σ ＝所有成分的總和

　　　　X ＝個別分數

　　　　M ＝所有分數的平均數

　　　　n ＝樣本大小（分數數量）

變異數為標準差的平方，因此

$$變異數 = s^2$$

　　有一些網站讓你只需簡單地鍵入你的數值，然後該網站將為你的資料組計算出標準差。

範例

為了計算 1、2、3、4、5 的標準差，首先，我們計算出平均數與離差。

X	M	(X−M)	(X−M)²
1	3	−2	4
2	3	−1	1
3	3	0	0
4	3	1	1
5	3	2	4

第二步驟是計算 (X−M)² 的總和

$$4 + 1 + 0 + 1 + 4 = 10$$

第三步驟涉及樣本大小。在這個例子，N ＝ 5 是數值的總數。我們需要計算 N−1，即 5−1 ＝ 4

然後我們才能夠使用以下公式，計算標準差：

$$\sqrt{10} / \sqrt{4} = 1.58113$$

標準差＝ 1.58113

在通常情況下，於一個資料集（data set）中，大多數數值都叢集在集中趨勢指標附近。如果這是以圖形的形式（譬如長條圖）來表示時，將形成一種常態分配（normal distribution）或鐘形曲線（bell-shaped curve），叢集在中間附近，極端值在叢集的兩端（參見圖 11.1）。在任何常態分配中，平均數、中數與眾數都是等值的。

在一個常態分配中，95%的數值都位於距離平均數兩個標準差的範圍內，有 99.73%在三個標準差範圍內。因此，如果我們知道，在我們的樣本中，學生

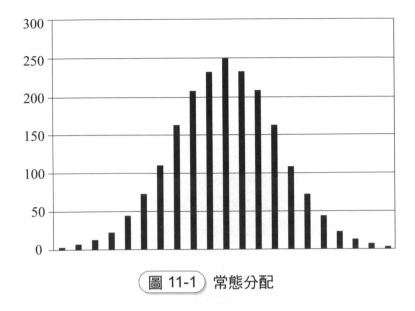

圖 11-1 常態分配

的平均年齡為 21.2 歲，我們樣本的標準差是 2.4，那麼所有我們樣本的 95%將介於 19.2 到 24 歲之間。是以，19 與 24 的值可以合理地被歸類為異常，在二十個樣本中只有一個將不是太年輕就是太老。

為了比較，當我們測量時，我們賦予某物一個真值（true value）。如果我們從超市買了些奶酪，我們明白，奶酪的重量直接與我們所要支付的價錢有關。要做到這一點，我們需要有可以信賴的測量儀器。我們知道一個人實際的身高，那是因為我們相信我們從捲尺所看到的；同樣地，我們知道我們的體重，是因為我們相信我們的磅秤。然而，任何形式的測量誤差都可能會發生，例如，磅秤並非總是能正常運作。

有些錯誤是隨機的誤差，譬如我們站上磅秤前並沒有將它置於平坦的地面上，但是有些錯誤是難以預料的系統誤差。在社會研究方面，難以預料的系統誤差可能是由於研究者使用不合適的測量設計或分類觀察方式，這將影響研究結果。許多難以預料的系統誤差係根源於偶發事件，但有許多其他的誤差是根源於研究者的理論立場、先入為主的態度或偏見。

分類

分類（classification）是編造類別的一種過程，也是將原始資料——譬如我們的觀察或對於我們所問問題的回答——歸類於適當類別的過程。當類別被指定為數字或字母時，它們被稱為代碼。所有類別必須有其範圍。某些類別的範圍是明顯的，例如女性與男性的類別是根據生物性別來分類的。然而，有其他形式的分類則不太明顯，如社會階層或成功者與失敗者的分類。

測量

測量是對社會與實質現象加以歸類或分級。在日常生活中，人們區分不同的事務，譬如宗教、不同類型的房子、不同的運輸方式、不同的鄉鎮與城市等。人們也將事物分等級。一位顧客可能喜歡 X 品牌勝過 Y 品牌。我們經常使用英鎊（£）與便士（pence）來比較收入，哩來比較距離，以及度來比較溫度。測量是一種將個人、團體或其他單位進行分類，並將其歸類於先前已定義的類別中的過程。

要注意的是，在這個階段，有許多非常有趣與重要的研究涉及僅指出研究者所選定樣本的生活某些方面的集中趨勢，並推論或提出為何大多數樣本有共同的想法、感覺或行動的解釋。

可以區分兩種不同類型的測量：

1. 指數測量。
2. 代表性測量。

此外，我們也將考慮複合性測量。

指數測量

指數測量（index measurement）發生於當測量尺度的類別不容許精確的具體呈現時。例如，我可能會在園藝中心採購某些東西，我必須思考一下，是否我有足夠的力氣將我買的東西從收銀台拿到車上。在這種情況下，即使我不能正確地知道或判定這些東西的實際重量，但是我仍然可以把它們歸類為重的、中等的與輕的。

根據 Dawes（1972），我們有一個雙向的對應關係介於：

1. 被測量東西的某些屬性。
2. 測量尺度的某些屬性。

關於指數測量，觀察以數字的形式被歸類在一任意的尺度（arbitrary scale）上。然而，在具有代表性的測量，我們所使用的數字系統——測量尺度——相當於受測量事物間的一套具體的或真實的關係。

指數測量的程序如同以下的範例。

範例

我們可以選擇測量兒童的身高，把他們描述為：

非常高(5)，相當高(4)，中等(3)，相當瘦小(2)，非常瘦小(1)。

你可以將每一個小孩歸類到一個適當的類別，然後利用 5、4、3、2、1 的數字描述兒童身高。

這種測量形式的問題，是一個人可能將一半的小孩歸類到「非常高的類別」，然而另一個人可能只有將一個小孩歸到此類別。

代表性測量

至於代表性測量（representational measurement），我們可以用一個捲尺來測量孩子的高度。捲尺上的數字是由標準刻度的標準單位所組成，這精確地對應於孩子身高的差別。這意謂著，我們可以使用標準單位具體說明一位小孩比另一位小孩高或矮多少。

李克特量表法

當我們使用李克特量表（Likert scale）（Likert, 1932），例如對有關特定問題或主題的意見，不同的意見給予數字代碼或分數。比如，我們感興趣於測量人們對吸菸的看法。我們可以請人們就如下的陳述表示看法，從 1 到 5 的選項中勾選一個最合乎他們的意見：

「吸菸是一種有危害的習慣。」

非常同意(5)，大體上同意(4)，無意見(3)，大體上不同意(2)，非常不同意(1)

▶▶ 問題

你會將李克特量表法歸類為指數測量或代表性測量？請說明你的理由。

複合性測量

一些變項，例如：年齡、性別與職業，一般都被認為是獨立項目（stand-alone items）的測量。換句話說，對一個問題的單一回答即是對我們有效的回答。然而，由於大部分我們有興趣探討的問題是更加複雜的，對一個問題或意見項目的單一回答，往往不被認為能準確或完整地代表受訪者的看法。因此有複合性測量的使用。複合性測量（composite measurement）是將多個指標彙集成集

（sets），以形成一個能夠反映綜合情況的單一尺度（scale）或複合性量標（composite measure）。最常被引用的複合性測量例子是「商品零售價格指數」（retail price index, RPI）：一個產品的價格可以用來測量通貨膨脹率，但是將一系列日用商品與服務的價格加總一起，將提供更有效的了解。

　　複合性測量之所以被認為能提供較有效的資料，是因為它對研究者所要測量的變項提供了更完整的了解。

　　重要的是，研究人員要選擇他們可以找到的最有效指標，因為這使我們能夠以最少的觀測數，卻仍然能產生有效的結果。這種方法的邏輯基礎是來自於科學的簡約性（scientific parsimony）理念。

科學的簡約性

　　科學的簡約性是科學的一種基本原則，可以將之運用於我們的研究。該理念所根據的假定是，如果能夠以不同的方法同樣充分地解釋某事物，那麼應該選擇最簡單的解釋。在此「最簡單」意指，依據最少數的變項與指標來做解釋。我們可能仍然需要廣泛範圍的指標，以確保變項能被充分地操作。操作化（operationalisation）是社會科學研究中的一個關鍵過程：它是研究人員選擇指標的一種過程，而指標則是研究人員所選定之變項的特徵。指標必須是一種容易識別、分類與測量的類型。其目的是以單一的複合分數（composite score）概括存在各項指標之後的變項。這可能涉及使用了大量不同、但本質上一致的問題，來獲得我們有興趣之變項的可靠測量。

範例

　　假設你是一位研究人員，要調查一位工人，譬如油漆與室內裝潢師，對其工作的態度。你認為應該考慮工作的哪些方面？

　　你的清單可能包括：

● 該工作所包含的任務。

● 工作條件，夏季—冬季；室內—戶外。

● 工作時間，輪班。

● 與同事的關係。

可能也需要考慮每個變項作為建構「工作態度」指標的相對重要性。

▶▶ 問題
所有這些不同測量策略的目標是什麼？

▶▶ 回答
以最大限度地提高測量的效度。

為什麼我們要建構類別？

研究人員建構類別是為了要顯示與變項有關的一些變化。

然而，研究人員必須對他們所選擇用以實際測量他們所選定變項之指標的測量工具有信心。在我們繼續之前，值得注意的是，有很多社會科學家質疑我們在社會科學中有效測量任何事物的能力。考量下面的例子：

　　成功地應用變項分析於人類生活的主要限制，係決定於發生於人類群體中的詮釋過程。我認為這個過程是人類行動的核心，賦予人類群體生活的特質，它似乎與變項分析的邏輯前提大相逕庭。（Blumer, 1956: 640）

就 Blumer 言，測量是基於社會行動有一個標準與共同理解的意義的假定，

然而社會生活是由事件與事件的個人與文化經驗所形成。這意謂任何社會行動可以由不同的人在許多不同的情境而有不同的經歷。

Cicourel（1964）認為，在社會科學內所有測量都是經由認可（fiat）的測量，也就是說是透過授權或法令的測量。換句話說，身為社會科學家，我們經常對我們的受調查者提出問題與問題的答案，然後簡單地測量我們已經提供給他們的答案。社會科學家之所以這樣做，是因為社會科學的資料是由日常用語所建構的，以及我們的類別與分類系統係根源於常識，而常識則因為人們對情境的重新定義而不斷變化。Cicourel接下來發展了一個類似Blumer說法的論點：

> 社會行為的字面測量……必須使用語言與非語言的含義，它們不能被視為理所當然的，而必須被視為研究對象。換句話說測量預先認定一個受限的共享意義網絡，如一個文化理論。物理科學家界定他的觀測場域，但在社會科學論述領域通常開始於預選主題與詮釋的文化意義。（Cicourel, 1964: 14）

測量在社會科學是一種創造性的行為。選擇合適的指標不僅是一種憑直覺的行為，我們尚必須對我們所使用的變項與選擇之指標間的概念關聯提出合理說明。指標必須能反映其對變項的意義與必要性。社會行動通常不是具有數值的性質或可以直接測量的形式。這意指，我們必須確定指標是可以測量的形式。簡單地說，社會科學家往往有興趣使用不能輕易或直接測量的抽象概念變項。這表示，我們必須要找出某些與變項有直接關係、實際具體且可以容易測量的東西。因此，通常社會科學家以收入作為社會階級地位的一個指標，因為收入可以精確地測量。社會階級的變項是很複雜的，它包括自尊、權威、技術、權力等，並且運作於社會生活的各個層面。社會科學研究人員假設由於社會階級可以再分為各個部分：收入是社會階級的一個重要方面，可以測量，有數值的性質與類型可以加以識別。

如 Pawson（1989: 40）指出：「測量不只是一個觀察的問題，而且也是概念化的問題」。

類別的特徵包括：

- 明確的定義：避免錯誤的分類，並提高信度。
- 互斥性與獨立性（mutual exclusiveness and independence）：每一觀察只能夠被歸類到一個類別，因此，在學童方面，這將是幼兒園、小學或中學。
- 窮盡性（exhaustiveness）：類別應該涵蓋所有可能的分類觀察。

轉換

使資料標準化（calibrating）稱之為**轉換**（transformation），即是將原始資料歸類於類別的一種過程。例如，老師必須將對學生作業優劣的評量轉換成以百分比或等級如 A、B+、C等。所有的轉換均涉及到部分資料的流失（deqradation of data）。但是，轉換的過程是必要的，因為沒有它，我們就沒有辦法用我們蒐集到的資料來找出任何有意義的模式。

定義

- 變項是具有兩個或多個可能類別的任何特徵。
- 測量是按照規則對標的或事件賦予數字。
- 規則讓我們知道對於既定的一組資料，我們可以使用哪種統計分析。

研究過程開始於理論的說明以及從理論中確認關鍵概念。這些概念必須在提出假設之前即明確界定。假設是以可測試之形式呈現的一種命題，換言之，假設是預測兩個或兩個以上變項之間關係的一種陳述。

你可能會發覺回想最初在第1章時曾提出之以下範例中的要點是很有用的。

範例

假設：工作量愈大，壓力的程度愈高。

該假設是連接兩個概念：「工作量」與「壓力程度」。

每一個概念「被操作化」（operationalised）為指標。

在一天內完成的工作相關任務的數量可以以「工作量」衡量。

壓力程度可以用因壓力相關疾病而致請假的天數來表示。

兩個變量之間的因果關係是什麼？

在這個個案中，「在一天內所完成的工作相關任務的數量」將是獨立變項，而「因壓力相關疾病而致請假的天數」將是依變項。

獨立變項被假設為會影響研究結果。

依變項被推定為受到獨立變項的影響。

還有一個重要的問題需要解決，特別是我們怎麼知道在變項間的關係中是否有偶發或意外的存在？為了對這有關重要問題做出決定，研究人員需要了解概率（probability）。

概率

為了獲得有關兩個變項之間相關性的適當推論，我們需要了解獨立變項對依變項的影響。但是我們怎麼知道我們的獨立變項與依變項之間的相關不是偶然發生的呢？要提出適當的統計推斷的第一步是必須了解事件或變項偶然發生的概率。作為研究人員的你，需要有一致的策略來分析你的資料。你需要能夠有信心地表示，一個變項究竟是重要的抑或不重要的。

概率讓研究者聯想到某一**先行**（即一事物據信在時間或順序上先行於某事），然後經常伴隨著預測的結果。例如，「不要酒後駕車」的勸導是基於在概率上如果一個人喝酒後開車較之他沒有喝酒更有可能發生交通事故。

我們以認定概率小而排除可能性，但究竟是什麼理由讓我們不願意將極不可能的事件歸因於機會？

頻率是統計推理的核心。如果當屬性（property）存在時，事件較可能發生，那麼我們假設屬性、事件頻率，以及其概率間存在著關聯性。此種事件頻率與其概率間的關聯，是不可能確定地加以驗證或排拒的。畢竟，每天都有許許多多不可能的事件發生。沒有偶發事件是絕對不可能發生的。我們需要確認事件的發生是否由於額外的概率因素所造成，為此，我們需要檢驗是否該事件是一較廣泛事件類型的一部分。計算概率使得研究人員能夠談及事件發生的可能性、確定程度或機會。這表示在我們的分析中，仍然存在著疑問的成分，將不會永遠是絕對必然的。

> **範例**
>
> 　　如果我們相信吸菸會導致肺癌（吸菸是獨立變項，而癌症是依變項），那麼我們知道，並不是所有吸菸人都會罹患肺癌，而我們也知道，有些沒有吸菸的人卻得了肺癌。在我們可以導出一個獨立變項（吸菸）與依變項（肺癌）之間的推論前，我們必須計算吸菸者罹患肺癌的概率，並和沒有吸菸卻得肺癌的概率做比較。這意謂著，當我們計算概率時，我們首先需要查明結果隨機發生的可能性。

有三種業經確認的概率類型：

1. 主觀概率。
2. 邏輯概率。
3. 經驗概率。

主觀概率

　　這是我們基於自己的主觀認識或感覺狀態，來預測某事的可能發生。明天下午我將要去看我所支持之橄欖球隊在主場（home）的比賽。根據目前的狀況與戰績，我有一種感覺，他們將會贏得比賽。雖然主觀概率不能作為證據去支

持一個既定的推論，但是在研究過程中，排除此種推理形式卻是錯誤的。主觀概率對成功的解釋建構是很重要的，因為沒有它，將少有學術創新的機會。主觀概率非常有助於研究者產生**啟發式策略**（heuristic device）的假設：這對發展能夠以更有系統之方式進行測試的假設來說是很重要的。

邏輯概率

這是我們根據數學理論做出正式的預測。如果一個人在玩機會遊戲（games of chance）（如撲克牌）有所成果，很可能是因為他了解邏輯概率。如果你想預知一副牌中的下一張牌是否正是你所要的牌的可能性，那麼你就需要了解邏輯概率。為了能夠成功地預測，你需要了解你所要的牌在一副牌中的張數與一副牌剩下的張數的比率。

例如如果你想預測從一副五十二張的撲克牌中抽出一張王牌（ace）的概率，那麼你需要明白，一副牌有五十二張牌，其中有四張是王牌。這告訴我們從一副牌中第一次抽出王牌的機會是十三分之一。

經驗概率

這是當我們根據過去我們所知道的結果，大概計算結果發生的可能性。如果我想要計算我支持的橄欖球隊在星期六贏球的經驗概率，我需要完成以下的計算。P 是球隊獲勝的概率。

$$P = \frac{本賽季該球隊已贏的場數}{本賽季迄今該球隊已參賽場數}$$

結果發生的概率是由從 0 到 1 的尺度來計算的。0 表示結果不曾發生，而 1 表示它總是發生。我們如何判定結果是否從隨機誤差（random error）產生，而不是獨立變項的影響？

第一個步驟是估算隨機誤差可能產生結果的概率。事實上，本球季迄今，我支持的球隊並沒有贏得每一場比賽，但是他們也沒有每次比賽均敗場。因此，

我的球隊將會贏得週六的比賽嗎？這有兩種可能的結果：要麼他們將贏（A），或者他們不會贏（B）。那麼概率是如此計算的：

$$P（A）+ P（B）$$

因為我們計算的結果有兩個可能，球隊獲勝的概率為 0.5，與未贏的概率 0.5。因此，他們贏或未贏的機會是 0.5 + 0.5 = 1。

如果我的球隊從本賽季迄今已經出賽了二十九場比賽，他們的主場戰績是：

勝場	和局	敗場	得球數	失球數
7	3	4	29	29

以及他們客場（away）的戰績是：

勝場	和局	敗場	得球數	失球數
5	7	3	25	23

然後利用這些訊息，我們可以計算球隊在主場或客場的勝場、敗場或和局的概率。此種訊息接著讓我們能夠調查某一位特定球員對球隊戰績的影響。是否由於某位特定前鋒的出賽，使得球隊獲得較多的得分？贏得較多賽局？是否由於某位後衛的出賽，讓對方攻進球數較少，並贏得較多的賽局？一位特定球員的貢獻可以被視為獨立變項，而球賽結果則為依變項。

依據我支持球隊的情況，他們明天有 0.5 贏球的概率。根據慣例，如果一個獨立變項對結果的影響為 0.05，我們即假設這是極為顯著的。所以，如果我們計算出某位特定球員對球賽結果有 0.05 的影響，那麼其對球隊的貢獻是極顯著的，因為只有二十分之一的機會是由於隨機效應（random effect）所造成的結果。

思考點

　　課堂觀察是英國教育標準局（Office for Standards in Education, Ofsted）用以評量教學品質的方式之一。

▶▶ 問題

　　有可能用觀察來評量教學品質嗎？列出贊成與反對的理由。

　　評量標準提供了一套指標，用以評量學生作業的素質，並將其轉換成百分比分數或等級。

▶▶ 問題

　　1. 你能想到在這個過程中可能出現的任何問題嗎？
　　2. 所給的分數與打分數者個人評斷之間的關係經常是決定成績的重要因素嗎？

測量尺度

　　在社會科學，測量資料有不同的方式或標準。測量尺度（scale of measurement）是一組我們可以將我們的觀察或問題的回應置入其中的類別。
　　四種最常用的測量尺度是：

- 名目。
- 順序。
- 等距。
- 等比。

名目尺度（nominal scale）是測量的最簡單形式；一個變項被分成兩個或兩個以上的類別，例如：

- 男性或女性。
- 北、南、東或西。
- 你有汽車嗎？有或沒有。

在名目尺度上，每一個類別都是窮盡的（exhaustive），這表示每個使用的類別均彼此不同。如此，是為了能夠區分類別。名目尺度沒有順序或偏好的含義——僅是有差別。換句話說，男性和女性之間只有差別，我們不會想到某一位是優於另外一位。這種依分類來區分的能力，對所有測量尺度來說是非常重要的。

順序尺度（ordinal scale）具有名目尺度的所有屬性，此外，類別可以依順序加以排列。

範例

就三個類別：A、B 和 C。

我們可以說 A 大於 B，和 B 大於 C。

可以使用的標準，譬如多於、大於、較重要、較美麗、較不友善、較清潔、較聰明等。

然後，我們可以套用一個數字到某一類別：

$$3 > 2 > 1$$

順序尺度使我們能夠區分順序——但是在各類別之間的距離卻是未知。

測量的等距尺度（interval scale）除了具有順序尺度的所有特性外，另外，其類別係以測量的標準單位來界定，相鄰兩點之間的差距相等。換言之，類別之間的距離或間隔能夠以單位來測量。這表示，可以將一個等同於測量單位的數字指定給按照順序排列的物件。就形式來說，A、B 和 C 都是不同的類別：

$$A > B > C$$
$$（A-B）=（B-C）$$
$$或 A-C = 2（B-C）$$

然而，在等距尺度沒有絕對的零點（absolute zero point）；零點可以放在連續數列上的任何一點。這表示，我們可以加或減，但不能乘或除。

等比尺度（ratio scale）除了具有等距尺度的所有特性外，尚有一個固定的零（fixed zero）：譬如，沒有孩子或沒有收入。這意謂著我們可以運用所有一般的算術運算在這些資料上，例如：一個有兩個孩子的家庭，其擁有的小孩數是只有一個小孩之家庭的兩倍。

等比尺度使用連續（continuous）與間斷（discrete）變項。間斷變項只能接受有限數量的不同數值、分數或類別：例如，在一個家庭中的小孩數。所使用的數字或單位都必須是整數（例如：小孩人數的計算一定是整數）。與此相反，一個連續的變項可以是任何兩個整數之間的分數或小數的數值。

比例（scaling）是基於一種假設，即可以將數學簡單的集合論（set theory）應用於社會生活，以測量某些有意義的事物。在數學中，集合簡單的定義為所有與我們所感興趣者具有共同屬性或元素（element）的實例，這些實例被包括在一括號內成為集合。如果我有興趣編組一個 X 集合，那麼我只要簡單地將 X_1、X_2、X_3、X_4……X_n 包含在一組括號內，如此 $X = \{X_1, X_2, X_3, X_4 ... X_n\}$，X 是容易與其他元素如 Y 識別，且集合或分類是元素 X 的乘積。

> **範例**
>
> 如果大學要我去計算每個系有多少張椅子，那麼這將是如上述設定 X 集合那麼簡單。每個系都清楚地確認，且我對被標示為椅子的家具有什麼特質也有清楚的了解。這讓我只要簡單地逐棟大樓去計算椅子，就可完成任務。如果要我評量各系人員的工作效率如何，就不會如此輕而易舉。

在社會研究中，我們通常必須使用一些指標來測量我們有興趣的變項。由於我們是根據我們對該領域知識（包括已發表的研究）的了解，而選擇了最佳的指標，因此我們可以合理地認為，我們的指標將能符應研究目的的需求。Lazarsfeld（1977）在其討論如何找出工作效率概念的合適指標時，指出速度是一個重要的標準，但並非是唯一的。因為，工作速度快可能會造成一些錯誤、意外或耗損。對 Lazarsfeld 來說，研究人員必須將效率的概念分成幾個部分，即速度、機器與設備的安全使用、優良品質產出等面向。

除非我們能夠從受訪者的回答中找出共同的元素，並使用該共同元素適當地將回答歸類到類別，否則受訪者對問題的回答將與我們所選定的分類系統互不相關。如果我們問受訪者對有關問題的看法，然後製作出一個包括他們答案的已分組或總計的次數分配圖表，這稱之為「測量第一階層的意義」（scaling first-order meanings）。「測量第一階層的意義」的使用提示我們，口頭回答與我們所使用數字間存在著對應性或有意義的關係。我們選擇用以分類或彙集人們回答的方式，不是人們所給予回應的產物，而是身為研究人員的我們加諸於人們回答的一些事。

完整的推論

我們如何具有知識？一種方法是經由感官體驗（sense experience）：我們可以看到、聽到、摸到與聞到東西。然而，我們仍然可能犯錯或產生錯覺（hallucinations）。換句話說，我們可能犯了感知的錯誤（perceptual error），因而導致經由感覺器官所造成的錯誤結論。在我第一次到巴黎龐畢度中心（Pompidou Centre）參訪時，我花了很長的時間在大樓四處瀏覽，欣賞展出的藝術作品。歷經一段時間後，我感覺累了，想坐下來休息。在藝廊空間的中央，有一批閒置的椅子。我不得不遲疑一會想想，究竟這些椅子是給疲憊的遊客坐的，抑或是屬於藝術的擺設。我的腦子裡很清楚，我所看到的是一些椅子，但是我擔心我的感覺判斷是錯誤的。所有外在的感官經驗需要加以判斷。我們感覺在我們周

遭事物的存在似乎都是理所當然的，但實際並非如此：總是要經由判斷。此外，人們也有內在的感官或感覺狀態、情緒與情感，譬如恐懼、懊悔、焦慮、喜悅或疼痛，如頭痛。同樣地，我們的內在感官或感覺狀態可能錯了：你可能因為一片癡心或性慾而錯愛。我們的內在感官或感覺狀態可以透過反省的過程來加以探索。

從研究結果產生知識

攝取知識的核心過程，我們稱之為推論或思考能力。在社會科學研究中，有兩種不同形式的推論：

1. 演繹推論（deductive reasoning）：我們先從一個前提去發展一個論點，邏輯上依循前提之後且支持它，最後得出結論。
2. 歸納推論（inductive reasoning）：我們蒐集資料並試圖從資料中找出一個模式或經常一致性，並建構一個產生結論的論點。

人們也有信仰、主張、直覺或有關世界及其如何運行的信念——這些主張可以被用來支持知識的追求嗎？為了形成一個有效知識的基礎，這些主張或信念必須轉化為一個或多個命題：那就是一種可以利用可靠有效的程序以進行調查並據以判斷的陳述形式。

兩種活動方式，似乎是我們的認知或思考生活的核心，它們即是解釋與推論。

推論

當個人根據一些訊息而做出判斷時，即形成推論。在我們的日常生活中，我們時時在做推論。如果我不能去看週六的足球比賽，我通常會在球賽後打電話給我的兒子，不僅想知道球賽結果，而且也要聽聽他對球隊踢得如何以及影響球賽關鍵因素的看法。就社會科學研究方法方面，我不僅想要知道球賽結果，

也希望對球隊如何與為什麼會贏或是輸有個解釋。推論是獲得結論的一個過程；換句話說，它是我們致力對我們所調查的問題，提出一個合理解釋性或辯解性之結論所歷經的過程。當我們根據一些證據做出判斷，且它確是產生訊息所不可或缺時，推論因而形成。然而，身為研究人員，我們經常面臨的是過多的解釋，因此我們需要給予充分與詳實的理由，說明為什麼我們所提出的結論比其他的更佳，因為我們有可獲得的證據。

Tashakkori 與 Teddlie 界定推論為：

> 研究人員對人們、事件與變項之間關係的建構以及他或她對受訪者之看法、行為與情感的建構，與這些因素彼此之間如何以一貫性與有系統的方式相關聯。（Tashakkori & Teddlie, 2003: 692）

雖然導出一個適當的推論，是研究過程中最重要的部分之一，但是在研究方法的教科書中往往沒有直接論及推論的特徵或必經階段。

一些研究人員可能會對研究結果或研究發現的資料感到混淆。導引出一個適當的推論是資料蒐集與對研究之結果或發現提出解釋之間的一個階段。這意謂在導引推論的過程中，存在一個解釋模式（explanationist pattern）。這裡的重要問題是什麼使得一個解釋能夠優於另一個解釋？

演繹推論

演繹推論以一個既定的理論為開端，研究者積極地尋找證據以支持或反駁該理論。這種在社會科學的解釋建構類型涉及經由合理的解釋證據，從一個前提、推測或假設推向一個對有關結果的深思熟慮見解。運用邏輯思考去創建或發掘一個良好推論。如果有一個健全的論據能連結前提與結論，那麼該推論陳述即被假設是正確的。作為社會科學家，我們假設所有良好與健全的論據的前提都是真實的。

前提往往可以基於政治或意識形態的理由來選擇，在我們開始資料蒐集或分析之前，讓我們對我們的研究結果將會是如何有一個非常清晰的概念。一個

錯誤的前提或錯誤的理論會導致一個錯誤的推論或結論。演繹方法遵循一個清晰的邏輯，在其中前提會對有關我們將在我們的資料內發現的模式以及我們應獲致的結論，提出一些想法。

歸納推論

相反地，**歸納推論**首先涉及資料的蒐集，一旦資料蒐集完成後，檢視資料從中找出模式，隨後對該模式提出一適當的解釋。這裡的問題是我們都是受過教育的人，對我們所調查的研究領域已有知識。我們知道在該領域其他較有經驗的研究者所採用的方法、他們的研究實例以及研究結論。他們選擇一種推論而非另一種推論的理由，將指引了我們對調查問題的選擇、我們的資料蒐集方法以及我們的結論。

歸納推論往往是個人化的，且其理論建構中的直覺創作過程很少為人所知。尤其是，社會學家沒有發現些什麼，但他們的確創造了一些理論或概念上編造的解釋。如 Baldamus（1976: 25）明確指出：「沒有已知的社會學上的發現。」他向其讀者提出我們對「社會」的概念的例子，他將之描述為只不過是一種心理上捏造出來的事物。接下來，由於我們的社會概念是虛構的，那麼關於它再也沒有什麼可被發現的，乃是必然的結果。即使當我們所捏造的事，譬如社會階層，被視為個人外在的真實事物，它們仍然是捏造的，而不是被發現的事物。

效度的概念

效度的概念涉及前提與結論之間的關聯。如果前提與結論之間有一個強調與清晰明確的連結，我們即可以說論點是有效的。然而，一個有效的論點也可以基於一個錯誤的前提，因此有效的論點並不能保證結論的真實。

恰當理由

我們可能會被迫接受我們自己演繹的前提或偏好的理論，但是我們需要對如何以及為何使我們所蒐集的資料與我們所做出的推論之間產生連結，提出一個恰當理由。該恰當理由應該是原則性的，且那些原則應該是你的研究讀者了

解你的邏輯所應具備的。換言之，你應該對你的推論方法提出一個清晰的勾勒。
恰當理由（justification）包括說明我們提出的論點是有效的，以及我們從資料到
推論的過程是可靠的。我們使用不足以確定性（underdetermination）一詞來形
容所呈現資料與導出之推論間的沒有充分相關，或如果所得出的推論未獲得論
點與呈現之證據的支持。

推論：主要的構成要素

　　推論是解釋建構的主要構成要素。它是使研究人員了解他們所蒐集之
資料，並於總結報告中表示一些有意義看法的關鍵過程。

相關性、原因與機制

　　Thagard（1998）問了一個問題：人們為什麼會生病？醫學的解釋是非常複
雜的，因為大多數疾病涉及多種因素的相互作用。他認為：

　　　　疾病的解釋最好被認為是一種因果網絡的實例（causal network in-
　　stantiation），其中的因果網絡描述多種因素之間的相互關係，而實例
　　包含藉由觀察或假設的認定來解釋病人生病的原因。解釋為什麼特定
　　階級的成員（婦女、律師等）往往會得到某種特定的疾病，也是因果
　　網絡的實例，但是屬於一較抽象的層次。（Thagard, 1998: 61）

　　有關為什麼人們會得到某種特定疾病的第一階段解釋建構，通常開始於確
認疾病與可能的因果因素之間的關聯性。藉由 Proctor（1995: 27-28）的研究，
Thagard 解釋道，溯及 18 世紀的人們業已確定癌症與各種作為之間的大概關係：
使用鼻煙與鼻癌，煙斗吸菸與唇癌，煙囪清掃與陰囊癌，身為修女與乳腺癌。
　　Cheng（1997）發展了「強度 PC」（power PC）的理論，來解釋人們如何

從概率的訊息來推斷因果強度（causal power）。Cheng 主張，當人們推斷事件發生的原因時，他們使用因果強度的一種直覺概念來解釋所觀察的相關性。她根據概率對照（probabilistic contrasts）來描述相關性（共變）（covariation）的特徵：對結果提供原因不是比沒有原因更可能嗎？換言之，因果強度對相關性提供了一種理論的解釋。為了估量因果強度，我們需要考慮其他可供選擇的可能原因。

根據 Hennekens 與 Buring（1987: 30），病因因果關係是「暴露或特徵之頻率或質的變化導致相對應的疾病或相關結果頻率的變化」。Elwood（1988: 6）說：「如果一個因素的操作增加了事件發生的頻率，那麼該因素即為事件的原因。」

Hennekens 與 Buring（1978: 40）解釋道：「如果有一個已知的或假設的生物機制（biologic mechanism），暴露可能合理地改變了疾病的風險，因果關係存在的信念將因此增強。」此外，「為了因果關係的合理判斷，應該很清楚有關的暴露與計畫的生物機制一致要先行於結果一段時間」（Hennekens & Buring, 1987: 42）。因此，根據 Hennekens 與 Buring，流行病學家的確應該徵詢與機制相關的問題，譬如有關生物可信度（biologic credibility）與時間序列。

對於 Thagard（1998），機制的考慮也往往是與評估醫療因果關係相關的。Thagard 界定機制有如一個機器的零件系統，將動力、運動與能量從機器的一個部分傳輸到另一個部分，譬如槓桿、滑輪與輪子。就以人體作為一個機械系統言，機制是依層級化組織的，較低層級的機制〔如分子（molecules）〕產生較高層級（如細胞的改變）：

> 有超過一百種不同類型的癌症，但現在都認為癌症的原因是由於一系列的基因突變導致細胞成長失控，首先是致癌基因（oncogenes）的活化增長，然後是抑癌基因功能的喪失。癌症形成的機制包含兩個層面的部位（它們包含細胞與基因），隨著一系列基因突變而造成細胞成長的變化。在個人，基因突變的形成可能有許多原因，包括遺傳、病毒、行為與環境因素如吸菸、飲食及暴露於化學品等。（Thagard,

1998: 67-68）

　　Ahn 解釋說，當人們被要求想到某特定意外事件發生的原因時，他們將尋找有關根本因果機制的訊息，而非僅是找出相關性。例如，人們被要求想到一場車禍發生的原因時，如果駕駛是酒醉駕車，他們將不會考慮所有可能與事故相關的因素（Ahn, Kalish, Medin, & Gelman, 1995; Ahn & Bailenson, 1996）。

　　注重機制本身並不會對人們如何從相關性推論原因的問題提供答案。就 Thagard（1998）來說，為了解有關機制推理如何影響有關原因的推理，當我們考慮因素 c 是否為事件 e 的原因時，我們需要考慮發生於科學與日常生活中的四種不同的情況：

1. 有一個已知的機制，藉以 c 產生了 e。
2. 有一個似合理的機制，藉以 c 產生了 e。
3. 沒有已知的機制，藉以 c 產生了 e。
4. 沒有似合理的機制，藉以 c 產生了 e。（Thagard, 1998: 68）

他的後續論點頗值得以長篇幅加以引用：

　　就一個 c 產生 e 的已知機制，c 必須是一個由各部分組成之系統中的一環或發生於其中，經已知的相互作用產生 e。最近有一個非常明確的機制，即吸菸會導致癌症成為眾所周知，經確認是由於香菸煙霧中的成分苯並芘（Benzo[a]pyrene），造成癌症抑制基因 p53 的病變（De-nissenko, Pao, Tang, & Pfeifer, 1996）。然而，正如我們上述所言，早已有一個貌似合理的機制，認為吸菸會導致肺癌。當有一個已知的連接 c 與 e 的機制存在時，c 造成 e 的推論即受到強力的激發，雖然謹慎的因果推論仍需要考慮到有關相關性與替代性原因的訊息，因為不同的機制可能以另一替代性的原因 a 造成 e 的結果，例如：酒醉駕駛往往造成行車不穩肇事，但是即使約翰喝醉了，他的車禍可能是由於機械

故障所造成，而不是他的酒醉。（Thagard, 1998: 69）

　　研究者從任何蒐集的資料所導出的推論中，必須包含說明為什麼他們覺得他們在研究報告中所提出的解釋是優於該領域已出版之其他研究的解釋。為此，我們必須業已確定了一個貌似合理的基礎機制。如果我們知道一個連接 c 與 e 的已知與可靠機制，那麼這將使我們能夠推論 e 是 c 引起的。此外，如果我們已經確定的機制確認是和類似個案中的另一因果機制近似的話，那麼我們的推論將變得更為合理。換句話說，如果我們的推論與其他研究所得到的結果相一致時，我們的推論顯然更為有效。然而，這通常在社會科學是比自然科學更為錯綜複雜的，因為前者經常涉及進行有關理論的與不可觀察之關係的推論。

　　如果我們的推論與所知的是不相容的話，則它較不可能被閱讀我們研究的讀者接受，例如：當 Marshall 與 Warren 首先認為胃潰瘍是由細菌引起時，這種說法卻遭科學界駁斥，因為共同的假設是胃裡酸液太強，細菌不可能有任何存活的機會。這是很久之後才發現，幽門螺旋桿菌的細菌會產生足夠的氨以中和胃酸，使潰瘍滋長。同樣地，Alfred Wegener 的大陸漂移理論也一直到 1960 年，當板塊構造受到充分的理解時，才獲得科學界的接受：

　　　　動機在謀殺案的審判就像是在醫療推理中的機制，對假設提供了
　　一個非必要的（non-essential）、但一致增強（coherence-enhancing）
　　的解釋。（Thagard, 1998: 72）

在研究中如何導出一個適當的推論

　　推論往往是一種複雜的過程。推論第一階段的方法是呈現「類別知識」（category knowledge）。透過依類別呈現我們的資料，這將使研究人員能夠找出資料內的共同特點，它們在探討一個個案或觀察時，可能不會明確顯示出來。資料的分類可以採取數種形式中的任何一種：

- 利用訪談的轉譯稿，尋找主題或模式。
- 從簡單內容分析的數值彙總。
- 以推論統計之變項的測量指標的數值彙總。

推論可以被認為是一種對研究者所蒐集資料之關係的小理論（mini-theory）或解釋。該小理論解釋基於我們的研究問題形成之資料集內之各種關係的某些方面。

研究者需要問：是否資料分析有效地回答了該研究所要調查的研究問題？

對於一個可靠的推論，研究者需要能夠為資料蒐集與資料分析過程的設計提出辯解。可靠的資料蒐集將產生可靠的研究結果。資料是否以嚴謹與周全的方式來解釋？研究者能夠就他們對資料含義的偏好解釋較之其他解釋或理論寫出更具有說服力的理由嗎？如果對這些問題的答案是「是」，那麼已得出一個適當或合理的解釋或推論。

SPSS

你或許對如何運用公式與計算有困難。SPSS，即「社會科學家統計套裝軟體」（Statistical Package for the Social Scientist），對那些不十分了解公式的使用、如何計算或解釋其計算結果之意義的研究人員來說，是一種很理想的工具。SPSS 可以用來產生頻率、圖形資料以及根據研究者的資料測試顯著性。要詳細說明如何有效使用 SPSS 的所有步驟，將是非常耗時的。幸運地，在市面上有一些很好的相關書籍。Langdridge 與 Hagger-Johnson 在他們的書《心理學研究方法與資料分析概論》（*Introduction to Research Methods and Data Analysis in Psychology*）（2009）中有七章對如何使用 SPSS 加以詳細的敘述，從電腦開機起到如何進行多元迴歸（multiple regression）與因素分析（factor analysis）止。這

些說明都適用於所有的社會科學研究人員，不需要有心理學的知識亦能理解與運用。

在規劃過程中的第一階段，是設計一編碼本（codebook）。研究人員需要界定他們將使用的變項，然後找出他們覺得能反映變項變化的指標，最後對每一個指標指定一個數值。但是到底這一切意謂著什麼？

對初次經驗的研究者，最大的問題之一是他們的問卷調查或採訪所得的資料不適用於 SPSS 的形式。如果你想使用 SPSS，你需要非常仔細地設計你的問題。對所有問題的所有可能答案都必須加以編碼，也就是對所有可能的答案都必須給予一個數值。一個簡單的例子是：你是男性還是女性？你可以將男性編碼為(1)與女性為(2)。這種封閉式問題類型很容易編碼，但是許多社會科學家問的問題可能更加難以處理，以致無法確定受訪者回答問題的範圍。如果研究者不能夠知道他們可能得到的所有答案，那麼他們可以採用「開放」式問題。此時，研究者對答案補上編碼（post-code）；即彙集所有類似的答案，並給它們一個數字代碼。

如果研究者對於進行相關性的分析有興趣，那麼所蒐集的資料必須是連續性的類型，如在李克特量表的資料。

當研究人員開啟 SPSS 並打開資料編輯（Data Editor）視窗，以建置一個新的資料檔案時，程式會要求輸入研究中所使用的變項。每一變項都必須給予一個名稱，且各個名稱都應該完全不同，如此在下一階段研究者才能夠識別彼此不同的變項。

重要的是，要記下所有使用的變項、研究者給予所有變項的名稱、所有變項的指標，以及賦予的數值。

結論

對於為何選擇特定的指標，以及為何特定的觀察或回應被歸類到某一特定的類別，如果沒有非常充分與讓人信服的理由，那麼你所使用的測量尺度可以

說是武斷的、牽強的、不可靠的與無效的。武斷的測量方法產生武斷的研究成果，所以必須強調，我們對變項的操作必須依賴理論。我們需要有一個理論來決定什麼是或什麼不是適當的指標，基於這個理由，我們所採用的理論決定了資料的形式。簡單地說，研究人員對於其所使用的變項與指標之間的相關性，需要有一個明確與合理的解釋。此外，我們之所以能從研究發現導出一個合理推論，這是因為我們所使用的理論讓我們能夠以特定的方式對資料進行編碼。這也就是我們採用的理論，讓我們從蒐集的資料中找到了一種模式。

Erica 被要求撰寫一個研究計畫，但她不知如何著手！

Erica 在她的研究計畫中，應該多使用測量及統計推論嗎？

　　Erica 的朋友 Jenna 也正在進行動物園的研究，但是不像 Erica，Jenna 對涉及探索敘事、理解意義與感覺狀態或自我探索的研究方法了解不多。她試圖使 Erica 相信，她的研究所需要的有效資料的獲得，可以透過簡單地計算每一個動物園所雇用之教育人員的人數，以及每一個教育人員在專注於生物多樣性與永續發展的簡報或演示中所參與的人數。 Jenna 解釋，我們僅要簡單地設想教育人員擁有相關專業知識，因此，如果動物園雇用了教育人員，也就算是已履行了其法律義務。

　　雖然 Erica 可以了解 Jenna 在做什麼——這是一種非常有效的方法——但是她決定她自己的研究計畫不採用這種方法。

 **參考文獻**

Ahn, W., Kalish, C.W., Medin, D.L. and Gelman, S.A. (1995) 'The role of covariation vs. mechanism information in causal attribution', *Cognition*, 54: 299–352.

Ahn, W. and Bailenson, J. (1996) 'Causal attribution as a search for underlying mechanisms: An explanation of the conjunction fallacy and the discounting principle', *Cognitive Psychology*, 31: 82–123.

Baldamus, V. (1976) *The Structure of Sociological Inference*, London: Martin Robertson.

Blumer, H. (1956) 'Sociological analysis and the "Variable"', *American Sociological Review*, 21(6): 683–90.

Cheng, P.W. (1997) 'From Covariation to Causation: A Causal Power Theory', *Psychological Review*, 104: 367–405.

Cicourel, A. (1964) *Method and Measurement in Sociology*, New York: Free Press.

Dawes, R.M. (1972) *Fundamentals of attitude measurement*, New York: Wiley.

Denissenko, M.F., Pao, A., Tang, M.S. and Pfeifer, G.P. (1996) 'Preferential formation of benzo[a]pyrene adducts at lung cancer mutational hotspots in p53', *Science*, 274: 430–32.

Elwood, M. (1988) *Causal relations in medicine: A practical guide for critical appraisal*, Oxford: Oxford University Press.

Hennekens, C.H. and Buring, J.E. (1987) *Epidemiology in Medicine*, Philadelphia: Lippincott Williams and Wilkins.

Lazarsfeld, P.F. (1977) 'Notes on the History of Quantification in Sociology – Trends, Sources and Problems', in S.M. Kendall and R.L. Plackett (eds) *Studies in the History of Statistics and Probability*, London: Hodder Arnold.

Langdridge, D. and Hagger-Johnson, G. (2009) *Introduction to Research Methods and Data Analysis in Psychology*, Harlow: Pearson Education.

Likert, R. (1932) 'A technique for the measurement of attitudes', *Archives of Psychology*, 140.

Pawson, R. (1989) *A Measure for Measures: A manifesto for empirical sociology*, London: Routledge.

Proctor, R.N. (1995) *Cancer Wars: How Politics Shapes What We Know and Don't Know about Cancer*, New York: Basic Books.

Tashakkori, A. and Teddlie, C. (2003) *Handbook of Mixed Methods in Social and Behavioral Research*, Thousand Oaks: Sage.

Thagard, P. (1998) 'Ethical Coherence', *Philosophical Psychology*, 11(4): 405–22.

何謂抽樣調查？

閱讀本章後你將能理解到：

- 什麼是社會科學家所謂的抽樣調查。
- 抽樣與母群體意謂著什麼，以及為什麼研究人員經常使用母群體的樣本。
- 抽樣程序的常見問題，如抽樣誤差。
- 在調查研究中的無回應。
- 在調查研究中的良好作法。
- 描述性的社會調查。
- 分析抽樣調查。
- 使用問卷作為資料蒐集方法的問題與爭議。
- 問卷設計。

前言

　　在社會科學中，當我們使用調查（survey）這個字詞時，即意謂我們有興趣於以一種有系統的方法蒐集有關某一特定母群體的訊息。多年來，蒐集調查資料最常用的幾種方法一直是藉由郵寄問卷、結構化訪談及焦點團體（focus group）。調查範圍可以從非常簡單的頻率計數描述到複雜的分析；從非常地方性

的分析（例如一所中學），到全國甚至國際教育制度的比較。在所有的情況下，研究人員熱衷於在他們感興趣之母群體之內與之間，以及相對於更廣泛的社會，尋找模式、規律、異同，也許是為了確認因果關係或行為的預測模式。為了做到這一點，我們必須有所計畫。如果我們選擇使用問卷，我們的樣本必須能代表我們感興趣的母群體。我們的資料蒐集將包括對我們的樣本中的每一個人以同樣的話、相同的順序問同樣的問題，如此任何所發現的差異即是母群體中人們間真正的差異所產生的，而不是我們蒐集資料的方法所造成的結果。

　　本章將解釋什麼是研究人員所了解的抽樣調查，以及描述性調查（descriptive survey）與分析性調查（analytical survey）之間的差異。許多調查研究者面臨所要探討的問題，例如：什麼促成一個良好的問卷設計、什麼是有效問題的特點、是否問卷可以被用來調查人們對敏感問題的態度與情感，以及在資料蒐集過程中可能造成的倫理問題等。不同類型的抽樣將於本章中加以說明。雖然能夠擁有足以代表你感興趣之母群體的樣本是很好，但是你如何確保你的樣本是有代表性的，且重要的是，當不可能使用一個具有代表性的樣本時，你如何進行有效與可靠的研究？本章包括討論社區研究所（Institute of Community Studies）〔現為楊格基金會（Young Foundation）〕的研究成果。儘管這些都是陳年老舊的研究，但是它們在學術界與公共政策方面，都依然具有非常重要的影響。雖然研究人員所使用的樣本不能代表母群體，但對我們有價值的是他們以公開與誠信的方式解釋該研究中心為何與如何從母群體中選取樣本。

社會調查如何開始

　　社會調查在英國的社會科學界有著悠久的歷史，可追溯到維多利亞（Victoria）與愛德華（Edward）時期末期，Charles Booth 在倫敦對貧窮的研究（1892）與 Seebohm Rowntree 在約克郡對貧窮的研究（1901）。社會科學研究中的抽樣技術，首先由 Bowley（1915, 1937）在其對第一次世界大戰前北方城鎮之初級貧窮（primary poverty）（譯者按，該名詞係由 Seebohm Rowntree 所

開創的貧窮類別）與不公平的調查。該類型的研究曾在 20 世紀對英國的社會政策有重大的影響，導致了貿易委員會（Board of Trade）對工人階級的食宿費用與生活水準的調查（British Parliamentary Papers, 1903, 1905, 1912）。

在這些大規模的貧窮研究中，抽樣調查的採用使得研究人員能夠藉由對能代表母群體之小規模人群的調查，而導引出一個有關英國貧窮程度的推論。在這些研究計畫中假設，利用有效的抽樣技術，可以讓研究者提出可靠的研究報告，並對大規模的母群體導引出重要的推論。

規劃：如何進行調查

調查是一種研究策略，研究者藉由使用有計畫的資料蒐集，試圖找出一些其感興趣之母群體的重要事物。因此，調查研究人員需要有一明確的研究目標，並能夠以標準化或系統化的方式呈現資料的資料蒐集方法。雖然在調查中可以使用的資料蒐集方法有很多，但是問卷調查與訪談最常使用，因為它們一般被認為是相對較有效能、準確與合乎成本效益的。

理想上，在調查中，研究人員的目標是從母群體中交叉選擇（cross selection）樣本以獲取訊息，如此他們可以聲稱樣本對於整體的母群體具有代表性，因此研究結果是有效的。

無論我們選擇採用什麼樣的資料蒐集方法，該方法應該與研究目的能夠相適應：換句話說，它應該是我們認為最適合用以完成該研究計畫的目標。如果我們使用大樣本，且我們不是要問特別敏感的問題，那麼標準化問題（其中每位受訪者均被問完全相同與同樣順序的問題）是很好的，且問卷調查將可能會適合我們的目的。

開始之前

在開始資料蒐集過程之前，重要的是：

- 研究者對主題與需要的訊息很清楚。
- 研究者計畫問的問題是與被研究者相關的。
- 研究者應該以被研究者可以理解的方式問問題。
- 研究者必須排除任何錯綜複雜的事物，譬如專業術語可能會讓被研究者無法充分了解問題的意義。

一般認為，如果被研究者不了解什麼是研究者所需要的答案，他們即不太可能做出回應。

調查設計的結構

問卷的結構或設計應盡可能簡單。在封閉式問題，研究人員對被研究者提出問題與一組可供選擇的答案，封閉式問題被認為有助於讓被研究者能夠提供一些有條理的答案。相較之下，在開放式問題，研究人員對被研究者提出問題，但容許他們依自己的意思回答問題，讓被研究者能夠提供更充分、完整或有效的答案。

什麼是抽樣？

經過一天在學院或大學的授課與研討會之後，你可能決定給自己買一本雜誌。你注意到有一本雜誌附贈洗髮精與潤絲精的樣品。在免費樣品上寫的樣品這個字與抽樣調查中的樣本具有相同的意義。你可以合理地假定隨雜誌免費附贈的少量洗髮精與潤絲精是代表（因為它有完全相同的特性）大瓶相同產品的內容。

為什麼要用母群體的樣本？

對於大多數的研究人員來說，他們感興趣的母群體太大了，以致無法調查所有的成員。因此，為節省時間與金錢的實際目的，從你感興趣的廣大人群中，

我們選擇了樣本。任何抽樣過程的第一步，是清楚地界定你感興趣的母群體。在日常語言中，人們使用population（人口）這個詞指涉一個國家的居民總數。然而，在社會科學研究，population（母群體）是指你有興趣調查的一群人。研究者需要對其有興趣調查的母群體有非常清晰與明確的定義；需要有非常明確的母群體參數或特徵來界定誰是或不是母群體的對象。研究者感興趣的人是否住在一個特定的地方，且（或）是特定的年齡群體、族群、性別等？作為一位研究人員，你需要對閱讀研究報告的人明白表示誰是不是包含在你的研究母群體中，並能夠解釋為什麼有些類別的人被排除於你的母群體之外。

確保樣本的代表性

一旦你已界定了你感興趣的母群體，你需要決定你打算如何從母群體中找出具有代表性的樣本。如果我們能夠找出具有代表性的樣本，那麼我們可以合理地假定被研究者所給予我們的回應能代表母群體中的所有人。但是，我們如何能確保我們的樣本能代表母群體呢？你可能曾經聽說過隨機抽樣這個名詞。這種方法並非表示，作為研究者的你應該站在街角或某些其他公共場所，「隨機」（at random）攔住那些看起來像是你所感興趣的那類型的人們，並問他們是否願意回答一些問題。你需要有一個明確的抽樣程序，並且需要向你的研究對象充分與明確地解釋該程序。

隨機抽樣

在隨機抽樣中，我們感興趣之母群體中的所有人均有被選為樣本的同等機會。正是由於這個原因，許多研究人員認為隨機抽樣是一種概率抽樣，因為所有在母群體中的人被選為樣本的概率是相同的。概率抽樣是抽樣的一種形式，它使用某種隨機選擇的方式，從一較大的母群體中選取樣本。

在許多方面，隨機抽樣就好像把所有我們感興趣的人的名字放在一頂大帽子中，並挑選出一些人接受訪談或寄送問卷。然而，如果研究人員從帽子中選取一個名字，在選取第二個名字之前，他們是否將先前選取的名字放回帽子中？從帽子中選取第二個名字之前，將原先選取的名字放回帽子的過程，稱之為**放**

回隨機抽樣（random sample with replacement），因為在帽子中名字的數量於抽取名字前總是相同的，那麼在帽子中的所有名字在每一次抽取時都有被抽到的同等機會。這種方法的問題是一個名字可能被選取一次以上。另一種方法稱為不放回隨機抽樣（random sample without replacement）。使用這種方法，研究者不需要將已選取的名字放回。然而，嚴格來說，這種方法不是一種隨機抽樣，因為已選取的名字從帽子中剔除，仍然留在帽子中的名字有較大的概率或機會被選取。

　　如果你可以將所有母群體的名字放回帽子中，並以兩種方法中的任一方法選取，那麼任一方法都是被認為有效的與可靠的。

　　在抽樣過程中，對於如何從感興趣的母群體中選取受訪者的規則有明確的界定，將讓研究人員能夠聲稱他們的研究設計是可靠的，因為其他的研究者可以複製或依循該研究設計。

抽樣框架

　　你不需要把母群體中所有人的名字放進帽子中，但是你必須能夠識別你感興趣之母群體中的每一個人。在母群體中的人們的名單稱為抽樣框架（sampling frame）。進行隨機抽樣的一種方法是選擇一個亂數，或許從帽子中抽出一個號碼，並使用該號碼作為抽樣間隔。抽樣間隔是從在你名單中選定的第一個人到下一個名單中選定的人之間的距離。該亂數是用以決定是否你將順著名單，每第五個、第十個或其他某數字選取一個樣本。另一種使用一個隨機選擇號碼作為採樣間隔的方法，是確定你可以適當地調查多少人——你可以對多少人進行訪談或問卷調查——並界定該數字為你的樣本數。然後你以母群體的人數除以這個樣本數，而得到所謂的抽樣比（sampling fraction）。抽樣比將被用來確定你的抽樣間隔。如果你能在每二十位母群體的人中訪談一位受訪者，那麼 20 即成為你的抽樣間隔。

　　上述的抽樣程序有可能不會產生一個能夠代表我們感興趣之母群體的樣本。如果我們對母群體內不同團體的人們有清晰的概念，那麼我們就能表示，一個或多個團體在我們已選取的樣本中是否代表人數不足或超過代表人數（under or over-represented）。如果樣本對母群體不具有代表性，那麼我們研究結果的效度將較低。為了避免這個問題，許多研究者選擇使用分層樣本（stratified sample）。用這種方法可把母群體分為我們認為對了解研究目標有意義的不同分層（strata）。

範例

如果我們認為社會階級是一個有意義的因素，或是性別、種族或性傾向，那麼所有這些分組應該如同整個母群體所呈現的程度，出現在我們的樣本中。這表示，如果我們認為性別是一個分層因素（stratifying factor），而且我們感興趣的母群體中有50%是女性，那麼我們樣本的50%應該是女性。

一旦我們根據具有意義的*分層因素*，將母群體加以分組，之後我們再從每個分組中進行隨機抽樣。

這個過程聽起來似乎簡單，但實際則不然。因為抽樣框架並非總是存在的，且當在抽樣時由於一系列法律上的原因，如兒童保護、隱私與保密，我們無法獲得名單。學校、醫療服務與政府部門都有正確的孩子名冊、地址與電話號碼，因此成為研究的極佳抽樣框架。然而，正因為有關兒童安全的理由，這類訊息不會提供給公眾。

群集抽樣

群集抽樣（cluster sampling）是抽樣技術的一種形式，將研究人員感興趣調查的母群體分為研究人員稱之為*群集*（cluster）的群體。

採用群集抽樣，研究者將母群體分為其認為對研究目的有意義的不同群組。然後研究者從每一個這些群組中抽出一個樣本。這種方法稱之為*單一階段群集抽樣*（single-stage cluster sampling）。然而，如果我們感興趣的是試圖找出群組內的差異，如婦女對某一個特定問題的不同觀點，那麼我們就必須在較大的群

體中界定子群體（sub-groups），並從這些子群體中抽出樣本。這種方法被稱為多階段群集抽樣（multi-stage cluster sampling）。

　　如果我們以英國國民健保制度（National Health Service）改革的問題為例，我們可能會懷疑，男性與女性會對改革有不同的態度，在這種情況下，研究人員將從母群體中抽取男性樣本與女性樣本。然而，我們也可能會懷疑，年長女性的態度不同於年輕女性的態度，在這種情況下，研究人員將抽取年長女性的樣本與年輕女性的樣本。

　　在單一階段群集抽樣，婦女的樣本應該與我們感興趣之整個母群體成比例。因此，如果母群體的 50%是女性，那麼樣本的 50%也應該是女性。如果我們想進行多階段群集抽樣，每個子群體的大小應該與其在群體內的大小成比例。這裡的一個關鍵方法是按大小成比例的概率（probability proportionate to size）抽樣，是一種在涉及多階段群集抽樣的調查中，選擇第一組群集或群體的方法。

配額抽樣

　　如果我們沒有抽樣框架，有一種稱為配額抽樣的方法，這是市場研究公司經常使用的抽樣方法。如果我們知道我們感興趣之母群體的大小以及同樣感興趣之群體與子群體的大小，那麼有可能按照他們在整個母群體中的比例，計算出一系列配額的大小，例如：如果我們知道母群體的 50%是女性，以及在女性母群體中 20%是在 30 至 60 歲之間，我們可以站在一個公共場所，攔住看起來似乎合乎我們所要尋找之配額條件的人們，並對合乎我們條件者進行調查，直到我們的配額額滿為止。雖然配額抽樣是非概率抽樣的形式，是一種不涉及隨機選擇的抽樣方式，但是它在節省時間與金錢方面確有許多優點。

滿額的配額

　　我曾經在路過 Manchester 市中心時，被一位市場研究員攔下，問我：「你會介意回答幾個問題嗎，它不會需要很長時間的？」他遞給了我一張上面印有不同年齡組別的卡片，並問我：「你是屬於哪一組別？」當我回答時，這位市場研究人員嘆了一口氣，從我手中接過卡片說：「你這組的人選已經足夠了。」換句話說，我這年齡組的人，市場研究人員已調查足夠、滿足她的配額，而我被誤判為比我的外表更年輕或可能更年長的人。我沒有問是哪一種情況。

非概率抽樣

　　身為研究人員，我們並非總是能夠獲得一個抽樣框架；在某些情況下，並沒有此種名單存在，或在其他情況下，我們根本無法取得它。如果你想調查母群體中一群行為詭異的人，例如：一群人他們的所作所為讓人們認為他們是不可信賴的，但是他們的作為可能並不違法（如那些沉迷賭博的人），你可以透過其設立宗旨在幫助這群人的扶助團體。或者，你也可以使用非正式管道，如經由朋友或家人的聯繫以接觸你有興趣研究之行為詭異的人，並問他們是否認識該團體內其他可能有意願接受訪問的人。這種方法通常稱為滾雪球抽樣。非概率抽樣是一種並非所有感興趣之母群體內的人都有同等機會被選定為樣本的情況下的抽樣方法。我較喜歡將這種方法稱為立意抽樣。我會建議你，如果你無法使用概率抽樣選擇你的樣本，那麼你應該積極地找出誰是在母群體中你感興趣的人，以及你認為誰擁有母群體中共有的特質。

社區研究所

不是所有的調查都是從母群體的大規模概率樣本中蒐集資料。在過去幾年中，一直有許多非常重要的研究發表，它們都是使用小規模、地理位置偏僻以及非概率樣本，產生對公共政策與學術研究實例均有相當影響的研究結果。其中一個此類研究團體是社區研究所。

許多研究方法的教科書對學生提供建議，如果他們要進行問卷調查或結構式訪談，他們應該有精心設計的問題。此外，研究方法的教科書也概述了抽樣程序。然而，近年來，已發表的研究往往未對讀者概述在資料蒐集過程中所提出的問題，亦沒有描述研究者在找到適當的抽樣框架或進行抽樣過程中所遭遇的問題。在一些由社區研究所之成員出版的書籍中，非常詳細地勾勒了抽樣的過程以及所遭遇的問題與解決方法。此外，該研究所亦經常提供讀者問卷調查或訪談計畫的副本，供他們閱讀與參考。

接下來的幾頁將完整描述由社區研究所成員與其他曾受到該所的研究影響之其他研究人員所完成的一些重要研究。許多年來該研究所的研究一直對英國社會政策的制定具有非常重要的影響。對於我們的目的言，該研究所的研究是很重要的，因為它明確界定了研究人員所感興趣的問題；界定他們感興趣的變項；對於用以測量研究變項的指標提出了充分的理由；清楚地解釋他們的抽樣程序；以及詳細說明他們在蒐集資料與抽樣過程中所遭遇的問題及如何解決這些問題。在描述這些研究之後，將有一個簡短的敘述說明這類研究對研究新手的重要性。

社區研究所

在 20 世紀，一些家庭生活與不平等的調查都屬於從小規模與私人的團體蒐集資料。具有影響力的社區研究所於 1954 年由 Michael Young 所創，係有興趣於探討城市不平等與相關問題並率先使用地區性調查研究的

研究機構。該研究所設在倫敦的 Bethnal Green，但在 2005 年易名為楊格基金會，以紀念 Michael Young。

案例 1：老年人的家庭生活

第一個我想要探討之該研究所的研究案例，是 Townsend（1957）對 Bethnal Green 地方老年人家庭生活的研究。這研究秉持社區研究所的一向傳統，利用地區性調查方法進行社會政策的研究。Townsend 想要調查的假設是，領取退休金的老人變得與他們的家人及他們的社區居民逐漸疏遠，以及家庭組織較過去更不能持久。這項研究是對一般社區，特別是對 Bethnal Green，具有重要性之一系列研究中的第一個研究。Townsend 研究的第一階段是找到該地區老年人的名單。超過退休年齡之老人的名字是從該地區七所家庭醫生（GP）診所的病歷紀錄中隨機選取而來。醫療卡被用來作為抽樣框架，每第十張卡所指的領取養老金的老人即被選為樣本的一部分。共有 261 人被確認，其中有 203 位同意接受採訪。三分之二的樣本是女性，其中一半是喪偶，只有不到五分之一沒有子嗣。七所家醫診所是隨意挑選的。Townsend 將訪談過程描述為「引導談話」（guided conversation），受訪者被請求提供「家譜」，這提供了有關與受訪者聯繫之親屬的訊息。Townsend 還蒐集了有關健康、收入、鄰居與朋友的訊息。

▶▶ 該研究告訴身為研究人員的我們什麼

任何研究最困難的方面之一，是如何找出能測量變項的適當指標。換句話說，因為變項通常是一種不可測量的抽象概念，因此我們需要找到一種稱為指標者，其能代表變項且可以加以觀察與測量。這個過程稱為操作化。Townsend 之研究的創舉之一，是他試圖將孤立（isolation）與孤獨（loneliness）的概念操作化。孤立，是指與家人或社區居民幾乎沒有往來，根據 Townsend，這個可以參照客觀的標準來衡量。與此相反，孤獨是一種主觀的感覺狀態。他對孤立的測量所利用的標準，是計算被研究者

每天的社會交往（social contacts）次數，然後低於某個次數水平以下的人，通常被認為是被孤立的人。Townsend 所謂的「交往」是指與另外一個人不僅只是寒暄問候的照面。然後他將交往的平均次數加在一起，並給每次交往一個分數。在測量尺度底層的人，通常是樣本中年紀較長者，獨居、無子女或親戚住在附近。但是，生活上相對的孤立並不意謂著這些人是孤獨的。孤獨被認定有一個最主要的因素：近期喪偶或其他近親，通常是由於死亡或重病的緣故。孤寂而非孤立是造成老人孤獨的根本原因。

案例 2：東倫敦的家庭與親屬關係

1957 年，Michael Young 與 Peter Willmott 亦出版了他們非常著名的一本書《東倫敦的家庭與親屬關係》（*Family and Kinship in East London*）。他們有興趣於研究在離該地區數哩遠之新興住宅區的發展對家庭關係的影響。Greenleigh 住宅區是由倫敦郡議會（London County Council）於 Essex 地區所建造的，主要是為了安置來自 Bethnal Green 那些因為貧民窟拆除計畫，老房子被拆除的人們。這是一個採用調查作為資料蒐集工具的家庭關係個案研究。

Bethnal Green 不只是一個人群的聚集區，它是一個井然有序的社區。然而，Willmott 與 Young（1960）想調查，是否他們所發現之 Bethnal Green 社區的生活形態，也可以在其他地區發現，特別是在中產階級的地區。在 Bethnal Green，人們與社區內其他家庭與朋友的更廣泛人際關係網絡維持著密切的關係。1960 年，他們出版了《在倫敦郊區的家庭與階級》（*Family and Class in a London Suburb*），這基本上是他們在 Bethnal Green 的研究在中產階級較多之 Wanstead 與 Woodford 地區的重製研究。

▶▶ **思考點**
你覺得案例 2 對身為研究人員的我們有些什麼啟示？

案例 3：守寡

　　Peter Marris（1967）對守寡的研究，試圖奠基在與延伸 Young 與 Willmott 的研究，調查在家庭悲劇——丈夫與父親的死亡——情境下的家庭關係。這個研究的意義，是 Marris 認為社會調查可用以蒐集敏感話題之資料的看法。（在本節結束時，你可能需要思考 Marris 為他自己所設定的問題，採用蒐集資料方法的適當性。）

　　在 Bethnal Green 的寡婦人數沒有多到足以提供一個合理的樣本數，因此 Marris 必須擴大調查群體以包括周邊地區。所有接受訪談的婦女在丈夫去世的時候，都居住在 Bethnal Green、Stepney 或 Poplar 地區。所有的丈夫生前也都從事傳統的東邊（East End）的職業，且 Marris 設想對喪偶的情感反應會影響婦女對一系列問題與議題的態度。他的核心問題之一，是要求每一位婦女描述她對丈夫去世的反應。

　　Marris 將他的樣本限於有子女的年輕女性，其理由為 60 歲以上婦女會經歷與 Townsend 先前曾在該地區對該年齡老人所做調查的相關問題。Marris 限定他的母群體為在 1953 年、1954 年及 1955 年前三個月守寡的婦女，她們的丈夫在去世時享年 50 歲或更年輕，以及她們在丈夫過世時係居住於 Bethnal Green、Stepney 或 Poplar 地區。他的訪談計畫圍繞著三個主題：

1. 喪偶前後的收入。
2. 寡婦自丈夫去世後所遭遇的問題。
3. 她對丈夫去世的情緒反應。

　　關於所有的問題，尤其是如前述的這些敏感問題，所蒐集到的資料的品質直接關係到受訪者表達感情的能力，而這種能力則因不同的受訪者而有所差異。他的訪談方法是漏斗式的。Marris 首先請這些婦女回答一些非常通泛或一般性的問題，但在訪談的過程中，他逐漸加強聚焦於探索他所提出的敏感問題（支撐漏斗的假設是，雖然一個人可能不同意接受採訪這

個問題，但是透過嫻熟運用提問的技巧，仍有可能會獲得對問題非常充分與隱私的回答）。Marris 以如下的措辭解釋他的作法：

> 訪談的設計，開始於最實際的問題，當訪問者與受訪者都感到較不受拘束時，從而逐漸引導深涉到個人情感的話題。但是順序能夠隨著不同的訪談而有所變化，以最自然的方式，對於問題，我沒有使用標準形式的話語。我當場做筆記記下受訪者的回答，盡可能逐字記下最有趣的談話，以及畫家譜。每次訪問的完整報告，趁訪談印象仍清晰留在我的腦海時，於一兩天之內即寫好，以及有必要時我會進行二度訪談，以彌補任何疏漏。（Marris, 1967: 6）

Marris 建議，當以非正式的方式訪談時，受訪者更有可能分享他們個人方面的生活歷史，並坦誠回應問題。此外，從談話過程中可能產生一些研究者在彙整訪談問題的題目時，並未察覺到的要點。

這本書給讀者一個非常清晰的有關樣本如何組合起來的概述。並沒有寡婦的名單可供研究者作為抽樣框架使用。因此，Marris 必須以其他的方法在母群體中找出他有興趣研究的婦女。一種選擇是請求年金部（Ministry of Pensions）提供該地區領取寡婦年金（widow's pension）之婦女名單。然而，Marris 認為，年金部將會拒絕該申請。第二個選擇是購買在他感興趣之期間男性亡者的死亡證明書（death certificates）。然而，這不可能選擇某一個區域，因此，必須購買在特定期間於英格蘭與威爾斯的所有死亡證明書。這將所費不貲。當地公共衛生當局（Local Public Health Authorities）確實有特定地區所有死亡者的紀錄，Marris 與衛生當局商量，他們同意給他所需要的名單。然後，他寫信給名單上的每一位婦女，問她是否願意參與該研究計畫。在他的名單上，有 104 個名字，其中 2 位業已亡故，7 位無法追查，7 位已搬離該地區，故訪問他們並面談是不切實際的，另有 16 位婦女拒絕參與（樣本的 18%）。這讓 Marris 有 72 位婦女樣本能進行訪談（樣本的 69%）。她們的平均年齡為 41 歲 10 個月，她們平

均結婚 16 年 2 個月。

▶▶ 該研究告訴身為研究人員的我們什麼

樣本不能代表所有英國的寡婦，但這並非表示 Marris 的研究結果是沒有價值的。他的研究可以告訴我們很多關於寡婦的經驗，包括 1960 年代在 Bethnal Green、Stepney 或 Poplar 於財政上的限制。

▶▶ 思考點

我不認為藉由此種性質的調查，人們可能會受到傷害。（Marris, 1967: 132）

你同意或不同意這種說法？概述你的理由。

案例 4：深居簡出的妻子

Gavron（1966）對年輕已婚婦女與幼兒的具有影響力的研究是一項小規模的調查研究，探討社會變遷對婦女社會地位之影響，以及此種地位對家庭生活的影響。她認為有幾個因素，即節育、社會服務的擴展、關於離婚的法律變化、消費社會的出現、相關婦女雜誌、讓女性能夠更深入了解其他婦女生活的電視，以及教育與就業機會的提昇。她認為所有這些因素都可能對家庭生活產生潛在的影響。

Gavron 進行了一個小規模但詳盡的研究，試圖闡明在其樣本中之婦女的生活。一些在 1950 年代末與 1960 年代初的研究人員曾主張，工人階級與中產階級家庭的家庭生活模式已不再如過去那般明顯差異。她的研究涉及兩類婦女樣本：四十八位工人階級婦女與四十八位中產階級婦女。

工人階級的婦女樣本是從在 Kentish 鎮家庭醫生聯合診所（GP group practice）之 Caversham 健康中心的病患名單（practice lists）中抽出。Gavron 將符合她所要尋找之類別的所有婦女（已婚，擁有一位或多位於 1930 年以後出生之 5 歲以下的小孩），依姓氏字母順序排列製作成一

名單。Gavron 帶著聯合診所的介紹信逐一拜訪了這些婦女，並問她們是否願意參加這項研究計畫。四十八位工人階級的婦女同意接受調查。中產階級婦女的樣本比較難蒐集。起初，她從該健康中心的病患名單中找不出四十八位合乎其條件的中產階級婦女。她洽商一位在 West Hampstead 執業的家庭醫生，由該醫生提供給她三十五名合乎她條件的婦女，其餘十三名婦女是從「（因病）深居簡出的妻子」登記冊（"Housebound Wives" Register）中抽取。這是一個非正式的婦女網絡，這些婦女在一封於《衛報》（*The Guardian*）刊出的信後聚集在一起。

▶▶ 該研究對身為研究人員的我們的啟示

在這裡，重要要注意的是，雖然樣本不是隨機樣本，且 Gavron 不能宣稱這些被選取的婦女能夠代表所有工人階級與中產階級的母親，但是她對樣本如何以及為何被選取的方式，提出了一個非常清楚的概述。

Gavron 感興趣欲探索的，是婦女對她們所處情境的自我感知。她的資料蒐集方法是非結構式的訪談，她非常靈活地運用她的訪談計畫。誠如她指出，任何調查無異於所問的問題。這些問題必須將研究目的轉換成有意義的研究發現。有兩個重要的問題需要解決：要問什麼問題以及如何措辭表達問題？研究新手可能會發現看 Gavron 的書，尤其是 157 到 161 頁，是很有用的，她提供讀者一份完整的訪談計畫。

案例 5：相對剝奪感與社會正義

通常，當研究人員想到抽樣調查，他們就會想到大規模的全國樣本。1966 年 Runciman 發表了他的重要研究《相對剝奪與社會正義》（*Relative Deprivation and Social Justice*），這是由社區研究所贊助的人們對英格蘭與威爾斯之社會不平等之態度的調查。Runciman 感興趣的是「制度化的不平等」（institutionalised inequalities）與人們對有感不平等（perceived inequality）的察覺或不滿之間的關係。他的核心概念是「相對剝奪」，這是一種人們對不平等的態度係取決於態度構想內的參照

框架的想法。

　　與迄今我們所討論之社會研究所的研究不同的，是 Runciman 在 1962 年春天進行了一項全國性抽樣調查。他的調查被用來提供有關委屈與不平等之間的關係的經驗資料（empirical data）。Runciman 認為，唯有調查才能提供他所需要的量化資料，但是：

> 　　一項調查除非參照了發生於某社會情境並影響該情境的事件，否則它是少有或根本沒有意義的……抽樣調查的方法是只有在當它們是歷史詮釋的僕人、而非主人時才是有用的。的確，抽樣調查的價值為，是否從社會歷史學家的觀點較之從實驗心理學家的觀點更能論證任何事物。調查充其量只是提供一個論據不足之虛擬的控制實驗，但作為社會歷史學家的原始資源，它們是唯一有意義的。（Runciman, 1966: 5-6）

Runciman 解釋，他原本可以使用信件、報紙、日記或其他目擊者的描述，但是不能保證這些目擊者的描述是具有代表性的。該調查使研究人員能夠確認有多少人在各種選舉間改變他們的投票，以及基於何種理由；它可以識別那些支持同一政黨、加入宗教團體或有相同疾病的人們具有什麼共同的特徵；以及可以「較其方法更能有信心與精確地確認」人們的態度（Runciman, 1966: 6）。

　　就 Runciman 而言，調查的主要優點是它可以用來確定一母群體內的模式或統計的相關性。然而，Runciman 亦指出，調查可能無法明確解釋或證明為什麼某事會發生，或為什麼人們持有某種態度或信念：

> 　　調查只不過是對某一時空下之社會景觀（social landscape）的速覽（snap-shot）。它可能像一張空中鳥瞰的照片，使我們乍看之下能清楚地看到樹林與田野的輪廓；但這只會增加我們想看看樹下的好奇心。（Runciman, 1966: 7）

這意謂著由調查所產生的資料需要加以解釋，才能使資料變得有意義。

▶▶ 思考點

　　你認為案例 5 告訴身為研究人員的我們些什麼？

案例 6：嬰兒照護模式

　　該研究所開發的方法得到一系列其他研究人員的採用。John 與 Elizabeth Newson 出版了一系列關於在 Nottingham 嬰兒照護（infant care）模式的書，在書中他們試圖確認什麼樣的母親能與子女相處，以及她們的孩子通常行為表現如何。他們也有興趣於嘗試找出是否在母親照顧幼兒的方式存有社會階級的差異。在他們的書《都市社區的嬰兒照護》（Infant Care in an Urban Community）（1969），Newson 夫婦從 Nottingham 市衛生局（Health Department）的紀錄中，隨機抽取了 709 位擁有 5 歲以下小孩之母親的樣本。雖然 200 位母親的對照樣本是由 Elizabeth Newson 訪談，但是在過去兩年間，主要是由衛生訪問員（health visitor）訪談這些母親。每一個孩子之父親的職業訊息是得自衛生訪問員的紀錄。父親的職業是利用「職業的註冊總分類」（Registrar General's Classification of Occupations）來加以歸類。Newson 夫婦有興趣於「普通家庭情況的正常嬰兒」（Newson & Newson, 1969: 17）。他們將所有未符合他們所認為是「正常」類別的事例排除在他們的樣本之外：這意謂他們排斥所有私生子、殘疾小孩、非由母親照護的小孩，以及父母為新移民的小孩。他們對這些排除的理由是：「把他們列入樣本只會搞亂了情況」（Newson & Newson, 1969: 18）。

　　訪談以如下的序言開端：

　　　　許多母親發現一些問題發生在撫育幼兒時，並產生許多處理這些問題的很好方法。我們正努力蒐集許多母親的不同經驗，這樣才能找出什麼樣的方法是最廣泛被使用的，以及它們如何有助於不同的嬰兒。（Newson & Newson, 1969: 251）

Newson 夫婦沒有使用直接的問題清單，而是採用了他們形容為「不拘一格的與務實的」（eclectic and pragmatic）訪談形式，一種更像是「自然的對話」（natural conversation）的方法，在其中，他們注意說話聲音、語調與手勢的細微差別，以確認與理解母親潛在的動機與價值觀。為了了解母親對分娩的態度，對母親問了一些開放性的問題：「妳生活如何？妳過得很愉快嗎？」雖然他們很小心地不對所得到的回應暗示地批評或發抒個人的情感，但是他們還是問了一些他們形容為令人震撼的問題，如：「當他一直調皮搗蛋時，妳怎麼懲罰他？」他們聲稱，衛生訪問員幾乎很容易與這些母親發展出一種融洽的關係，但是衛生訪問員所獲得的回應與 Elizabeth Newson 所獲得的回應彼此之間仍存在著一些差異。例如，當母親們被問到是否她們曾經給自己的寶寶一個橡皮奶嘴（dummy）時，有 63% 的母親對衛生訪問員說她們曾經有過，但是有 72% 對 Elizabeth Newson 說曾經有過，雖然在兩個樣本中存在著社會階層的差異。

▶▶ 思考點

在你繼續往下閱讀前，你可能要思考一些與本研究相關的問題：

1. 對於 Newson 夫婦決定在本研究排除一些孩子的母親，你的想法如何？

2. 鑑於衛生訪問員是對母親們提供建議的人，那麼他們是從母親蒐集她們小孩資料的最適當人選嗎？

3. 利用衛生訪問員可能有損所蒐集到的資料的有效性嗎？

案例 7：夫妻間角色關係

舉 Edgell（1980）探討英國中產階級婚姻中，於家庭週期的養育孩子階段，夫妻角色關係（conjugal role relationships）的研究為例。這些婚姻被普遍認為是具有平等與無角色歧視（role desegregation）的特徵，但是 Edgell 認為，很少有經驗的證據來支持這個假設。他使用調查方法，蒐集了他認為是適當的證據。

正如任何調查，Edgell 開始先將他的關鍵概念予以定義及操作化。首先，他認為在中產階層中，有可能區分出兩個明顯不同的群體：受薪的專業人士與小資產家（如店主與小企業業主）。Edgell 決定把重點放在一個由三十一對專業人士夫婦組成的群體與一個由七位牙醫小資產家所組成的小規模「控制」組。他選取受薪專業夫婦係透過與某跨國公司之人事經理與一位大學資深教職員的洽商，由他們提供一份他們認為符合該類別之專業人士的名單。雖然樣本不是隨機樣本，Edgell 不能聲稱所選擇的人們能代表中產階級，但最重要的是他對於該樣本的如何選取提出了一個非常清晰的勾勒。

大樣本比較能代表母群體，但 Edgell 解釋，家庭是基於一系列的情感與經濟的關係，往往是非常隱私的，這需要對少數個案的深入研究。該研究要求受訪者對研究過程有信心，且能夠與獨力進行現場訪談的 Edgell 培養出一種融洽的關係。

Edgell 所使用的主要資料蒐集方法為訪談錄音、問卷調查以及觀察。在他的專書第 118 到 127 頁，Edgell（1980）提供讀者一份完整的問卷與訪談計畫副本。

▶▶ 思考點
你認為案例 7 對作為研究者的我們說明了些什麼？

大多數研究方法的教科書均提出中肯的建議，認為問題應該措辭清楚，避免模稜兩可、含糊等，但瞧瞧一套好的問題應該像什麼是非常有幫助的。前述所提及的問卷與訪談計畫例子是值得一看的，因為它們給讀者有關開放式與封閉式問題應如何措辭的一個非常清楚的思路。

此外，如 Gavron 的研究顯示，小規模的受訪者樣本仍可以進行有效與可靠的研究。

關於該研究過程我們學到了什麼？

首先，該研究所的研究應該激勵了具有潛能的研究者在他們當地尋找研究機會與研究問題。其次，指出一個群體所面對的共同模式或行為，或常見的一些問題本身，即可能是有趣的研究問題。自問在你現今所居住的地方，家庭、老人、寡婦、深居簡出的母親或任何其他你感興趣的團體等，面臨什麼困難與問題？第三，即使你不能組成能代表你感興趣之母群體的樣本，或你的樣本數很小，這並非表示你的研究必然只有有限的效度。你需要能夠對你的讀者解釋，你選擇調查的樣本具有母群體之人們的共同特徵。如果沒有可資利用的抽樣框架，看是否有其他替代方法。最後，有關你如何建構樣本、你遭遇的問題以及你如何克服它們，必須誠實地向你的讀者交代。

問卷

簡言之，問卷（questionnaire）是一份清單或一組問題，讓研究人員能夠蒐集到為探討其研究目標所需的資料。社會調查往往與問卷調查相關，如 Gray 的解釋：

> 的確，很難想像一個大型的調查沒有使用精心構建的問卷。
> （Gray, 2004: 187）

自填式問卷是問卷的一種形式，研究人員透過郵寄或以電子郵件將一份印製的問題寄送給被研究者。一般它具有節省時間的優點。但是，問題的遣詞用字是非常重要的。被研究者必須充分了解我們所提出之問題的本意，以及哪些問題回答的訊息是我們所需要的。當然，他們也必須願意如實地回答我們的問題。通常的情況是調查研究者力求問卷中問題的*刺激可逆性*（reciprocity of stimulus）。這意謂，作為研究者的我們，對所有的被研究者，問同樣的問題，

以相同的順序，使用相同的字詞與語氣。許多研究者認為，刺激可逆性讓他們得以聲稱他們的研究是更可靠的，因為如果所有的被研究者都被問同樣的問題，以相同的順序，使用相同的字詞與語氣，那麼任何被研究者間的差異，是態度或看法的真正差異，而不是研究設計錯誤的結果。

如果母群體的樣本是大規模的，且使用標準化的問題，那麼問卷是理想的，因為這將讓研究人員能夠清楚地確定變項之間的關係。

無回應

什麼是無回應（non-response）？有關調查研究有一些無回應的形式。單元無回應（unit non-response）或有時稱為第一階段無回應（first-level non-response），是被研究者對問卷的任何問題沒有提供任何答案，因此沒有提供資料。這種類型的無回應往往是因為被研究者無法聯繫、拒絕接受調查或者被研究者或研究者丟失問卷。自填式問卷的一種普遍缺失，是往往非常低的回應率。

項目無回應（item non-response）或第二階段無回應（second-level non-response）是被研究者沒有回答問卷中的一個或多個特定的問題，以至於無法獲得研究者分析所需的資料。

如果在樣本中的被研究者沒有完成我們寄給他們的問卷填答，這將影響研究結果的效度。在許多研究，甚至少數的沒有回應即可能會影響研究發現的效度。理想情況下，調查研究人員希望所有的被研究者都回答所有的問題，並沒有無回應。或許不可避免的，在我們的研究會有一定程度的無回應，我們應該接受這點。

然而，在一些研究，如果一個人的答案是以「不知道」回應，這樣的回應就我們的資料分析言，仍然是有意義的，例如：如果我們問一個問題：假如明天將舉行大選，你會投票支持哪一個政黨？但是，如果我們問有關年齡、性別或收入的問題，那麼「不知道」的答案就沒有包含有意義的資料。

在這些情況下，插補是需要的。插補（imputation）是一種過程，據此，研

究者設想被研究者會給予的答案。但是，要有效地做到這點，你需要盡量蒐集更多的訊息。這在面對面的訪談中有可能獲得，但是用郵寄問卷難度較高。研究人員可以問其他問題、提示人們、要求澄清、改寫問題，並解讀他們的肢體語言（body language）。

如果我們的資料集有差距，那麼我們的分析結果可能會有偏差，因為選擇回答某一特定問題的被研究者與那些選擇不回答者之間可能有顯著差異。那些人選擇不回答某特定問題的理由，可能對我們理解他們的行為是很重要的。

遺失資料（missing data）可以分成三個主要類別：

1. 研究者決定某些問題將不會對特定的被研究者提問，因為有許多問題被認為是不適用於所有的被研究者。例如，如果一個人獨居，研究者並不需要問有關人們同居關係的問題。
2. 部分未回應（partial non-response），指在問卷的某處之後，所有的資料都缺失。
3. 項目未回應，在某些被研究者的某些問題（項目）中，有資料缺失的情形。

範例

部分未回應的兩個常見的例子是*長期追蹤被研究者的死亡*（panel mortality）*或耗損*（attrition）*以及訪談的中斷*。在長期追蹤研究（panel research）中，研究是縱貫式的（longitudinal），涉及經過一段時間在幾個不同的時間點從被研究者蒐集資料。一個人同意作為被調查樣本中的成員，但是在該研究的過程中選擇不回應後續的問卷調查或訪談。另外，被研究者可能之後患重病、死亡或搬家而無法追蹤。在訪談時中斷最常發生於電話調查，被研究者回答了一些問題，但之後掛掉電話或不回答剩下的問題，造成一個「部分未回應」。

什麼機制可能造成無回應？

資料可能基於完全隨機的原因而告缺失，例如：由於問題的錯失而導致資料的缺失。有些問題可能因為被研究者的問題、而非問題的設計問題而錯失，例如：被研究者可能記憶力減退而無法回想重要的訊息。然而，一些問題的錯失卻是由於非隨機的理由，如被研究者認為他們的回答會破壞他們的自我形象、自尊或可能不被社會所接受，例如：關於學校學習成績差的問題。某些主題，譬如被研究者的年齡，更可能導致無回應。利用面對面或電話訪談的調查較之郵寄問卷，普遍有較低的無回應。沒有確鑿的證據說明為什麼是如此，但它可能是一旦被研究者同意接受研究者的訪談，就會有一種有義務完成訪談的感覺。在第 14 章我們將看到 Milgram 表示，這就是為什麼人們繼續參與他的實驗的原因。

我們的被研究者必須明白我們問他們的問題，尤其是，他們必須了解問題的本意。被研究者必須從記憶中回想我們所問的相關訊息，在某些情況下，這可能不是一件容易的事。如果我們問被研究者的是「封閉式」問題，被研究者必須安排他們的回答，以適合我們事先已經為他們提供的回答類別。如果我們問的是「開放式」問題，被研究者必須有語言的技巧與能力，以清晰表達他們的答案。如果問題很敏感，被研究者可能覺得有必要在對研究者提出回應之前做些修改，例如：年長的人與教育程度較低的被研究者往往較容易錯失問題。

為了使問—答過程順利進行，作為研究人員的我們需要謹記一些重要問題。每個問題使用的措辭應該是言簡意賅的，容易被被研究者理解，如果我們使用的是「封閉格式的問題」，每個回答類別應充分符應所給的答案，且所有可能的回答都應該能歸類到某個回答類別。換句話說，我們的回答類別應該是窮盡的。

你需要思考一下，你為每個封閉式問題所提出之回答類別的數量。通常認為回答類別的數量應多於兩個為佳。同樣認為，如果人們被迫就某個類別作答，他們往往會感到不自在，而有可能選擇「不知道」、「不適用」或「其他」類別作回應。Krosnick 與 Fabrigar（1997）及 Leigh 與 Martin（1987）建議對每一

個封閉式問題，應有四到七個類別。

然而，重要的是要記住：

● 要擬定好的問題，讓人們能以充分且完整的答案作回應不是一件容易的事。

● 在你進行抽樣調查之前，問題應該先經測試。

有兩種形式的測試：預測以及初步或現場測試。預測（pre-test）是一種嚴謹的小規模測試，其中的問題都經過焦點團體或個人訪談的試用，以求發現被研究者將會如何解釋你的問題，並找出任何問題。

定義

現場測試（field test）通常涉及一個或兩個人嘗試測試研究者打算使用於調查中的問題，以評估是否這些問題將能蒐集到所需的資料。

初步測試（pilot test）通常是指針對從研究者感興趣之母群體中抽出的小樣本施以整套問題的測試。同樣地，其根本的想法是評估是否這些問題將能蒐集到所需的資料。

對無回應的探究

Larroque、Kaminski、Bouvier-Colle 與 Hollebecque（1999）曾進行一項有趣的研究，試圖分析從問卷發出到提醒函與兩封進一步郵寄的幾個階段中，受調查者與無回應者的特徵。

Larroque 等人（1999）的調查，是探討兩個月大小孩之「性情」（temperament），以及其與撫養孩子方法的相關性如何。

該研究的第一階段，是對在醫院的母親分發「分娩問卷」（birth questionnaire）。被排除在樣本之外的婦女包括母語非法語的婦女以及那些有嚴重健康問題的婦女。研究人員認為，這些因素可能影響問卷回收率。分

娩問卷詢問了母親的年齡與職業、孩子的性別、妊娠年齡、出生體重、是否剖腹生產、死胎以及新生兒加護。也包括關於家中的孩子數、吸菸以及養育子女的作為（如餵食）等問題。在 Larroque 等人進行研究的四家法國醫院裡，分娩婦女的總人數為：

- 1,013 人分娩：2 名死胎。
- 1,011 人活產：23 名多胞胎。
- 988 名單胞胎出生的嬰兒，其中 50 名被排除，因為母親不是很看得懂法語或孩子有嚴重的健康問題。

Cartwright（1986）的一項研究曾發現，低問卷回收率是與嚴重的健康問題或者母親是否較嬰兒早出院相關。Cartwright 亦發現，如果採用的是面談而不是郵寄問卷，那麼受訪參與的機會將更大——尤其是那些母語非英語或是教育程度較低的婦女；回應率從 75% 提高到 95%。

Larroque 等人（1999）的調查採用 938 位母親的樣本（占原母群體的 95%），首先發給這些母親一份分娩問卷與一份同意函，詢問她們是否願意參與一個郵寄調查。110 位母親沒有填寫分娩問卷或同意書，其中 6 位婦女寄回同意書，但沒有填寫問卷。828 位母親（84%）寄回分娩問卷與同意書，但是 120 位不同意參與郵寄調查。708 位（72%）同意參與郵寄調查，但是有 96 位沒有寄回郵寄問卷，其中有 7 位因為研究人員寫錯郵寄地址而沒有收到問卷。

郵寄問卷估計需要三十至四十分鐘才能填寫完成。提醒函（reminder letter）是在三週後寄出，以激勵母親們填寫問卷，六週後再寄出另一封信，隨函另附一份問卷與貼妥郵票及寫上收件地址的回郵信封。最後，612 位（62%）填妥並寄回郵寄問卷。

Larroque 等人（1999）調查的目的是：

- 找出回答問卷之母親與未回應問卷之母親相比較之下，她們的背景與醫療保健的特徵。

● 確定寄發提醒函與重寄郵件給樣本的效用。

　　未經提醒即寄回問卷的母親被歸類為早期受訪者（early respondents）；那些在第一次提醒函之後寄回問卷者被歸類為中等受訪者（middle respondents）；那些在第二或第三封提醒函之後回應者為後期受訪者（late respondents）；以及那些沒有寄回問卷者為無回應者。

　　拒絕參與該研究的婦女較不可能被雇用、沒有受過良好教育，且更可能曾經有過剖腹生產。然而，拒絕參與研究與孩子的健康狀況、母親的年齡、家中子女人數或吸菸並沒有相關性。無回應者比樣本中其他婦女的年紀較大、較不可能被雇用，且她們的小孩較可能接受新生兒重症加護。

　　後期回應者更有可能是非在法國出生者。早期回應者較有可能被雇用、受過較良好教育以及家中子女較少。

　　從 Larroque 等人（1999）研究的重要發現，是回應與無回應與一些社會及經濟因素相關。曾有人表示，如果受訪者對研究結果感興趣，他們較更可能回應問卷，且郵寄提醒函會增加樣本的回應參與。

如何分發問卷

　　一位研究者必須做的決定之一，是最好透過郵寄或電子郵件來分發自填式問卷，或親自分發問卷且在受調查者填答時在現場。雖然後一種方法對研究者來說是較耗時的，但它被認為能提高回收率，因為它有機會讓研究者能夠回答受調查者可能有的任何疑問，或解釋任何受調查者所關心的問題。

必要的依循步驟

1. 如果你決定使用一種自填式郵寄或線上（online）問卷調查，寫一篇序言是很有需要的，向受調查者致意、說明你是誰、解釋研究計畫的目的、

誰將會閱讀到完成的計畫報告，並解釋受調查者是如何選取的。匿名與保密的倫理問題，亦可在序言中解釋。你需要明確說明你想要問卷如何完成，特別是是否期望受調查者回答所有的問題。完成問卷的時限也需要向受調查者提及。

2. 我們假定，由於受調查者是自願的參與者，那麼在道德上，如果他們希望的話，他們應該就能選擇不回答問題。因此，允許受調查者對我們的問題選擇回答：「我不知道」、「不適用」或「其他」，這是很好的作法。在道德上，應該在你隨問卷發送的序言或說明書中告知受調查者他們沒有一定要回答所有的問題。

3. 在寫序言時，不要害怕述說明顯的事，因為訪問者的不在場意謂著受調查者「沒有機會提問或澄清曖昧或設想不周的答案，因此受調查者可能會給予錯誤的答案」（Gray, 2004: 189）。

設計問題

如同任何資料蒐集方法，關於問卷，你問受調查者的問題應該與你的研究的目標相關。這些問題可能會來自你的文獻探討所出現的問題。每一個提出的問題必須能有助於研究者蒐集到對研究目標有意義的資料。

如果你正在調查某一特定區域的貧窮程度，那麼貧窮將是你的變項，你將需要確定既能表明貧窮，又能夠以有意義的問題形式問受調查者的事。

思考點

讀者可能會發現探討 Townsend（1979）的著作《英國的貧困》（*Poverty in the United Kingdom*）是有用的。在該書他試圖探索英國的貧窮程度。在該調查，Townsend 發展出「相對貧窮」（relative poverty）的概念。他認為，在英國有一種合乎習俗且人們視為理所當然的生

活方式。然而，如果一個人無法負擔合乎習俗的生活方式，他們即屬處於貧窮中。為了衡量貧窮程度，Townsend 發展出「剝奪指數」（deprivation index）。誠如 Townsend 之後解釋：

> 物質剝奪即是指缺少社會所考量的習俗上或至少是眾所認可的貨物、服務、資源、便利設施以及實質環境。另一方面，社會剝奪，是指社會及其次級團體成員所必需具有之角色、關係、風俗、功能、權利與責任的非參與。這種剝奪可能歸因於種族主義、性別歧視與年齡歧視……的影響。（Townsend, Phillimore, & Beattie, 1998: 36）

Townsend（1979）從原本六十項的清單中，確定了十二項剝奪的關鍵指標：

- 一個人在過去十二個月中，未曾有過一週的離家出外度假。
- 成人：在最近四個星期以來，未曾邀請一個朋友或親戚到家裡用餐或點心。
- 成人：在過去四個星期，未曾拜訪過一個朋友或親戚共享餐點或點心。
- 孩子：在過去四個星期，未曾與一個朋友一起遊戲。
- 孩子：在最近的生日沒有舉辦派對。
- 在最近兩星期以來，未曾外出娛樂。
- 一週享用新鮮肉類的次數不到四次。
- 兩週來，沒有一天吃過烹調的餐點。
- 一星期中大多數的日子沒有烹調早餐。
- 家裡沒有冰箱。
- 家庭經常沒有上週日酒館（Sunday joint）。
- 家裡沒有個別使用的四種主要便利設施：沖水馬桶、水槽／洗臉盆、固定式的浴缸／淋浴、瓦斯／電爐。

貧窮是一個抽象的概念，無法直接加以測量；因此 Townsend 必須確定一組貧窮的指標（即其剝奪指數）。

▶▶ 問題

1. 你認為沒有假期、沒有能力對朋友提供食物、孩子沒有派對、缺乏新鮮的肉或缺乏烹飪的早餐構成貧窮嗎？

2. 如果不是，你會選擇用什麼指標來衡量貧窮？

重要的是，你的問題必須是清晰與明確的。作為社會科學家，我們習慣使用對許多一般民眾而言並沒有意義的概念與術語，因此，要考慮你的受調查者是很重要的。每次你設計了一個問題，問問你自己你感覺受調查者將如何回應。要謹記在心，有些人具有有限的語言表達能力與不同的閱讀能力，另外其他的人可能有視覺障礙或閱讀障礙，如失讀症（dyslexia）。總是值得做的是透過詢問母群體中的人們對問題的反應，來測試你所設計的問題。你可能會對人們對於你自認為最簡單與直接的問題，卻能提出許多不同的解釋而深感驚訝。

身為研究者，你可能有興趣於性別對學業成就的影響。你可能對於教師對男女學生為何在某些學科學習成就會有差異的認知感興趣。但是如果你打算要問一個問題，例如：「你如何解釋男孩與女孩的學業表現差異？」那麼一些教師可能會將那句「男孩與女孩」解釋為「學生」的意思。在一些受調查者的心裡，你的問題可能會被解讀為，為什麼一些「男孩與女孩」的表現優於其他的「男孩與女孩」；在這種情況下，受調查者將會提供你很多不是你的研究目的所關注的資料。

對問卷設計的進一步建議

● 在你的調查問卷中的第一個問題應該是很簡單的。它應該讓受調查者容易回答。如果第一個問題是冗長而複雜並附帶專業術語，那麼受調查者

可能會認為所有提出的問題都將會是如此過度要求的，而決定放棄回答。

● 你問的問題應該以相同的主題或議題來分類，並以邏輯方式進展。你可能要使用粗體或斜體字體來突顯關鍵詞或短語，以引起受調查者的注意。

開放式問題或封閉式問題？

一個開放式問題，是你問一個問題，並提供受調查者在問卷上的空白處按照他們自己的意願，使用他們自己選擇的語詞做出回應。開放式問題允許受調查者在回應時有更大的靈活性。當一個研究人員不能確定回應的範圍時，特別有用。然而，對開放式問題之回應的分析是更耗時的，因為所有的回應都必須加以解讀，然後分配到適當的類別。

至於封閉式問題，研究者給予受調查者問題與答案的選擇。很常見的是讓受調查者選擇一開放的類別或「其他答案」選項，在其中受調查者可以寫下自己的答案。在這種方法，受調查者選擇最能切合他們心意的答案或類別。雖然回應的選擇較之開放式問題較為有限，但在分析時較不費時間。

有許多有關開放式與封閉式問題的不同變化，你可能需要加以考量：

● 預置類別的開放式問題（open questions with pre-set categories）：對受調查者提出開放式問題，讓他們能夠用自己的話自由回答問題，但是仍附有一組預先設定類別的答案。這將涉及由於將答案歸類而導致某些具有特殊性質的答案將流失，但此種處理的確讓量化分析更容易進行。

● 檢查表或等級序列（rank order）也可以編入調查問卷中，例如當我們要問一個人從事某一特定活動的頻率時。

● 此外，也可以要求受調查者提供活動、偏好或態度的等級序列。

兩種最廣泛使用的態度量表是李克特量表與語意辨別量表（semantic differential scale）。用李克特量表的研究人員提供了一個陳述，例如：「英國政府應該在未來五年內減少預算赤字。」受調查者被要求對上述陳述表示是否他們非常同意、同意、既不同意也不反對、不同意，或非常不同意。

關於語意辨別，受調查者被要求在兩個包含兩極化形容詞充當刺激詞（stimulus words）與概念的陳述中做選擇，例如：

- 品質良好／品質惡劣。
- 理解／不知所云。
- 衛生／骯髒。
- 歡迎／不友好。

語意辨別的目的是衡量受調查者對刺激詞的反應。一個簡單的語意辨別量表看起來像這樣：

$$好 _____ 壞$$
$$3 \quad 2 \quad 1 \quad 0 \quad 1 \quad 2 \quad 3$$

在量表中間之 0 的位置是用以表示受調查者對問題的「中立」（neutral）立場，在 1 的位置表示受調查者「在某種程度上」（to some extent）的關注，2 的位置「適度地」（moderately）關注，以及 3 的位置表示「非常」（very）關注問題。

這是研究人員常用的作法，將五或六個陳述組合在一起，每一陳述包含一對兩極化的形容詞，且每一陳述探討略微不同的問題面向。研究人員這樣做，是因為一般認為單一答案是不能全面地了解受調查者對研究者所調查問題的立場。每次英國大選後都會進行的英國選舉調查，非常有效地利用語意辨別來描述與探討英國選民對競選期間發生的一系列問題的看法。

描述性與分析性調查

所有的社會調查研究都是高度結構化的。有兩種不同類型的抽樣調查：

1. 描述性的社會調查（descriptive social survey）。
2. 分析抽樣調查（analytical sample surrey）。

描述性調查

　　Booth（1892）、Rowntree（1901）及 Bowley（1915, 1937）的著作都是大體上屬於描述性研究的主要例子，其研究的目的是盡可能精確地勾勒工人階級的生活與工作條件。描述性調查可以用來有效地測量各種人口統計特徵，例如年齡、性別、種族、性取向、殘疾狀況等，以及有關人們的行為、態度、信念與習慣的資料。

　　所有描述性調查研究的一個關鍵因素是比較：何以一個群體不同於另外一個群體？很多時候，研究者可以利用已經存在的資料，如人口普查，做一比較。在進行調查前，你需要自問的一個問題是：是否該訊息已經存在？自 1801 年以來，英國政府每十年即會進行一項人口普查。人口普查的目的，是為政府提供有關在英格蘭與威爾斯的某一個夜晚人口的一般性描述，或「匿名處理的」（anonymised）約略了解（有關人口普查與結果的更多訊息，請查看 www.ons.gov.uk）。

　　在你往下讀之前，值得注意的是所有形式的抽樣調查都具有一定程度的解釋潛力（explanatory potential），即使調查顯示出非常描述性的也是如此。重要的是要記住，即使是最簡單的描述也可以讓我們知道一些先前我們沒有覺察到的事。

分析性調查

　　這項調查可以提供比母群體的描述更多的的訊息──藉由有效的問卷設計可以測量信念、意見、偏好與習慣。分析調查讓人有更多的比較性或實驗性的感覺，因為此種調查試圖測試兩個或多個變項之間的關係。

　　研究者為什麼使用分析性調查方法蒐集資料的理由之一，是它試圖向研究者透露關於研究者所選擇的研究領域人們想的是什麼。分析性調查通常涉及使用混合的方法來蒐集資料。藉由複合的方法（composite approach），研究者使用幾種形式的測量尺度，蒐集有關同一系列問題的不同類型資料。受調查者對某一問題的態度、知識或理解的不同面向，將彙集起來，而對受調查者的回應

有一多面向且因此更有效或完整的理解。正如我們將在本節中看到，該方法的支持者認為分析性調查方法可以用來蒐集有關敏感性主題的資料。在下面的框框裡，我們將仔細探討一個試圖蒐集敏感資料的分析性調查例子。在討論結束時，將請你思考一下該方法的價值。

思考點

性教育

　　葡萄牙立法（Law 120/99）要求所有學校於學校課程中，為孩子們開設性教育課程。但是，在實施該項政策時，仍然存在著一些障礙。De Almeida 與 Rei（2006）設計了一項使用分析性調查方法的研究。他們試圖測量教師對性教育的態度。該研究利用問卷調查教師的性教育知識，並於教學性慾主題時，測量他們的自在（comfort）程度。De Almeida 與 Rei 以含括三個向度（態度、認知與情感）的問卷，調查了 176 位高中教師。這三個面向分別由三個量表來測量，即態度向度（attitude dimension）、認知向度（cognitive dimension）與情感向度（emotional dimension）。

　　就 De Almeida 與 Rei（2006: 186）言：

> 　　態度有一種總是透過判斷來表現的評量向度。態度可以透過討人喜歡或不討人喜歡的行為或情感來表現，這是評量判斷的特徵之一。

　　他們還指出了態度的第二個特徵，即態度能有一種贊成或反對某一特定問題的方向。態度也有強或弱立場的強度（intensity）。De Almeida 與 Rei（2006: 186）舉對安樂死（euthanasia）的態度為例：

> 　　一個人可以贊成安樂死，但只有在當病人是神志足夠清醒地表達他（她）的意志的情況下。其他人則可以在許多其他情況下贊成安樂死，因為他們相信有尊嚴與無痛楚的死是一種基本人權。

可及性（accessibility）係指當我們面對態度的對象時，一種態度將不假思索地泛起在我們記憶中的可能性。研究者也確認這是態度的主要特徵。他們亦採用 Lima（2000: 190）的見解：

> 通常發覺三種不同的評量答案的形式，它們相對應於態度表現的三種形式：認知的、情感的與行為的。

De Almeida 與 Rei（2006）覺察到教師在其課堂上討論性慾問題時所表現出來的自在程度與他們的態度有關，而且他們將此種情感面向與教師的行為意向聯繫起來，以進一步參與性教育活動。De Almeida 與 Rei（2006: 187）試圖調查「是否認知方面，譬如教師所接受的培訓以及他們法律方面的知識，與他們的態度有關聯」。

態度向度是採用十項量尺來測量，要求受調查者針對陳述在五點李克特量表（5-point Likert Scale）上表示他們認同的程度：

1. 完全不同意。
2. 不同意。
3. 我不確定我的立場。
4. 同意。
5. 完全同意。

五項陳述是正面的，例如：「學校性教育對兒童與青少年是非常重要的」與「性教育是預防愛滋病毒／愛滋病（HIV/AIDS）的一種非常有效的方法」；另五項為負面陳述，譬如「學校性教育促進早期的性參與」與「只有生物教師應提供性教育課程」。

受調查者之答案值以計算出所有答案的平均值來計算。

認知向度是使用十五項具真值或偽值答案之陳述所組成的知識量尺（knowledge scale）來測量，例如：

- 「有學校性教育的法律架構。」

- 「性教育主要是衛生專業人員的任務。」
- 「有得自衛生與教育部門的教育材料，幫助教師推行性教育。」
- 「性教育依據法律要在第二階段的教育之後才能允許。」
- 「根據法律規定，學校有責任在其教育計畫中包括性教育活動。」

受調查者的答案值是透過答案的總和來計算，其值可以為 0 到 15 之間。

情感向度的測量是透過使用三十項量尺，來測量教師於討論諸如「流產」、「避孕」、「同性戀」、「月經週期」及「自慰」等問題時，感覺自在與（或）不自在。受調查者被要求在 1 到 5 的等級中做選擇，其中 1 表示受調查者在討論該問題時是「非常不自在的」，至 5 級受調查者自我形容在討論該問題時是「很自在的」。受調查者的答案值來自計算答案平均值所得。

問卷還詢問受調查者有關他們曾受過什麼與性教育相關之培訓的訊息。

問卷的最後一部分主要是描述性的，並要求受調查者提供一些人口統計學的資料（性別、年齡、婚姻狀況），以及一些有關他們的教學年資、教學專長等資料。

問卷經常被選擇作為研究工具，因為它普遍被認為能於比較短的時間內，從比較多的人中有效地獲取訊息。如果該訊息是屬於非敏感性質的，我們也可以認為該方法的效度與信度以及調查結果的普遍性是高的。然而，如果我們的發現是有用的，那麼我們必須有信心，我們的問題能實際測量出我們所要它們衡量的事物。唯有我們對我們問題的效度有信心，我們才可能滿意我們的研究結果。

▶▶ 問題

1. 你覺得 de Almeida 與 Rei（2006）之問卷設計的優點與缺點是什麼？

2. 你能找出 de Almeida 與 Rei.（2006）的研究所使用之問卷中任何可能影響其研究結果之效度、信度或普適性的問題嗎？

結論

　　抽樣調查的最大優點，是它可以用來在母群體內找出一個模式或統計的相關性，甚至是最具描述性的調查能引發重要的分析問題。如果你想要針對你所在居住地區的人們進行一項描述性調查，你可能會想到本章曾論及的類似「社區研究所」研究者所進行的研究之一。抽樣調查通常與問卷調查法有關。問卷往往是以郵寄或電子郵件的方式，對能代表母群體的樣本寄發一份標準化的問題，以蒐集資料。這些問題之所以以標準化的方式陳述，是因為研究者要對樣本中的每一位受調查者問同樣的問題。此種資料蒐集方法的最主要問題之一，是無回應率往往偏高。這可以透過對受調查者寄發提醒函，或者在面對面或電話訪談時，由訪談員對受調查者逐一提問題並錄下其回答，以減少無回應。

　　任何調查不外乎就是問問題。在問問題時，需要仔細考量所用的措辭，避免使用專業術語、引導性、語意不清或「如果……那又怎樣？」之類假設性的措辭。應該將問題加以邏輯分類，由一個主題導引至另一個主題。至於問題的形式則可採取混合的方式，包括開放式、封閉式及語意辨別等。在問卷施測前，先預測你的問題，以確保受訪者了解你的問題並願意回答問題。

　　始終要謹記著，研究者向受調查者提出問題的目的，是要將研究目的轉變成有意義的研究發現。如同所有的研究，在你的研究計畫規劃階段，有一些問題需要去解決：

- 我要發現些什麼？
- 什麼是我感興趣的變項？
- 我將要問誰？
- 我要問母群體中所有的人，或者我要抽樣母群體中的一部分人？如果是樣本調查，我又如何選取樣本？
- 我將要問他們什麼問題──我將如何操弄我的變項？
- 我將要選擇什麼指標？

Erica 被要求撰寫一個研究計畫，但她不知如何著手！

Erica 應該使用抽樣調查嗎？

　　雖然 Erica 一直想要進行一項人種誌研究，但是她擔心的是她缺乏個人在這些領域的技能，譬如從她的觀察導出一個適當的推論，以及與陌生人進行非正式的談話或更深入的訪談。或許她應該穩紮穩打採用問卷調查法。如果她想了解動物園對遊客所提供之訊息的品質，她可以請求人們填寫問卷。

　　Erica 可以用封閉式問題，發覺一些重要的事實性訊息，如：

1. 你知道在動物園有一位教育人員嗎？　　　　　　　　　　是　　否
2. 你曾參加一個由動物園的教育人員所做的簡報或講座嗎？　是　　否
3. 因為你參觀了動物園，你對生物多樣性與永續發展有更多
　 的了解嗎？　　　　　　　　　　　　　　　　　　　　是　　否

　　她也可以採用語意辨別方法，請受調查者在含有兩極化形容詞的陳述中做選擇，以發覺人們的態度與看法，例如：

　　　　如果你曾聽了簡報或講座，那麼你對它的評等如何？請在以
　　下一至七的量表中，圈選最接近你的看法的號碼：
　　　　這次簡報是：
　　　　　　　　　　　　　品質佳 3 2 1 0 1 2 3 品質差
　　　　在我收到的印刷品中，有關生物多樣性與永續發展的訊息是：
　　　　　　　　　　　　非常詳實 3 2 1 0 1 2 3 並不十分豐富

參考文獻

Booth, C. (1892) *Life and Labour of the People in London*, Volume 1, London: Macmillan.

Bowley, A.L. (1937) *Wages and Income in the United Kingdom since 1860*, Cambridge: Cambridge University Press.

Bowley, A.L. and Burnett-Hurst, A.R. (1915) *Livelihood and Poverty*, London: G. Bell and Sons, Ltd.

British Parliamentary Papers (1903) *Consumption of Food and Cost of Living of Working Classes in the United Kingdom and Certain Foreign Countries*, Cd 1761.

British Parliamentary Papers (1905) *Consumption and the Cost of Food in Workmen's Families in Urban Districts of the United Kingdom*, Cd 2337.

British Parliamentary Papers (1908) *Cost of Living of the Working Classes. Report of an Enquiry by the Board of Trade into Working-Class Rents, Housing and Retail Prices Together with Standard Rates of Wages Prevailing in Certain Occupations in Principal Industrial Towns in the United Kingdom*, Cd 3864.

British Parliamentary Papers (1912) *Cost of Living of the Working Classes. Report of an Enquiry by the Board of Trade into Working-Class Rents and Retail Prices Together with the Rates of Wages in Certain Occupations in Industrial Towns in the United Kingdom*, Cd 6955.

Cartwright, A. (1986) 'Some experiments with factors that might affect the response rate of mothers to a postal questionnaire', *Statistics in Medicine*, 5: 607–17.

De Almeida, M.H. and Rei, V.D.G. (2006) 'Validity of a scale to measure teachers' attitudes towards sex education', *Sex Education*, 6(2): 185–92.

Dillman, D.A. (1978) *Mail and Telephone Surveys: The Total Design Method*, New York: Wiley.

Edgell, S. (1980) *Middle Class Couples: A study of segregation, domination and inequality in marriage*, London: George Allen and Unwin.

Gavron, H. (1966) *The Captive Wife: Conflicts of housebound mothers*, London: Routledge and Kegan Paul.

Gray, D.E. (2004) *Doing Research in the Real World*, London: Sage.

Groves, R.M. and Couper, M.P. (1998) *Nonresponse in Household Interview Surveys*, New York: Wiley.

Krosnick, J.A. and Fabrigar, L.R. (1997) 'Designing rating scales for effective measurement in surveys', in L. Lyberg *et al.* (eds), *Survey Measurement and Process Quality*, New York: Wiley, pp. 141–64.

Larroque, L., Kaminski, M., Bouvier-Colle, M.H. and Hollebecque, V. (1999) 'Participation in a mail survey: role of repeated mailings and characteristics of non-respondents among recent mothers', *Paediatric and Perinatal Epidemiology*, 13: 218–33.

Leigh, J.H. and Martin, C.R. (1987) 'Do-not-know item nonresponse in telephone surveys: effects of question form and respondent characteristics', *Journal of Marketing Research*, 24: 418–24.

Lessler, J.T. and Kalsbeek, W.D. (1992) *Nonsampling Error in Surveys*, New York: Wiley.

Lima, L.P. (2000) 'Atitudes: estrutura e mudança', in J. Vala and M.B. Monteiro (eds) *Psicologia Social* (3rd edn), Lisbon: Fundação Calouste Gulbenkian, pp. 187–225.

Marris, P. (1967) *Widows and Their Families*, London: Routledge and Kegan Paul.

Morton-Williams, J. (1993) *Interviewer Approaches*, Aldershot: Dartmouth Publications.

Newson, J. and Newson, E. (1969) *Infant Care in an Urban Community*, London: George Allen and Unwin Ltd.

Rowntree, B.S. (1901) *Poverty: A Study of Town Life*, London: Macmillan.

Runciman, W.G. (1966) *Relative Deprivation and Social Justice: A Study of Attitudes to Social Inequality in Twentieth-Century England*, London: Routledge and Kegan Paul.

Townsend, P. (1957) *The Family Life of Old People*, London: Routledge and Kegan Paul.

Townsend, P. (1979) *Poverty in the United Kingdom: a Survey of Household Resources and Standards of Living*, London: Penguin Books.

Townsend, P., Phillimore, P. and Beattie, A. (1988) *Health and Deprivation: Inequality and the North*, London: Routledge.

Willmott, P. and Young, M. (1960) *Family and Class in a London Suburb*, London: Routledge and Kegan Paul.

Young, M. and Wilmott, P. (1957) *Family and Kinship in East London*, London: Routledge and Kegan Paul.

混合方法研究

閱讀本章後你將能理解到：

- 混合方法研究是什麼。
- 混合方法研究必須克服的問題。
- 使用混合方法的可能優點。
- 使用混合方法的可能缺點。
- 結晶化的方法。

混合方法研究的一般特徵

社會科學研究的混合方法係根源於實用主義（pragmatism），其根本假設是，在一個設計良好的研究計畫，可以同時兼採質性與量化的方法且可以同時運用得很好。第二個假設是，混合不同類型的方法以及使質性與量化的資料交互關聯，可以強化研究成果。對於採用混合方法的研究者來說，僅依賴一種資料蒐集方法的研究有時只提供不完整的理解，進一步的解釋是有必要的。使用明顯不同的資料蒐集方法所建立的第二個資料庫，有助於解釋首次蒐集所引發的問題。量化研究通常以統計形式來呈現研究結果，無法解釋人們為什麼會如此回應，因此需要有進一步更充分的解釋。

　　混合方法的研究在社會科學中有著悠久的歷史。在教育領域中，Lacy（1970）、Woods（1979）及 Ball（1981）結合調查研究與人種誌的研究。Smith 與 Robbins（1982）進行了「結構人類學」（structured ethnography）的研究，該研究根據最初對美國學校家長參與的全國性問卷調查，其後繼之以深度訪談、觀察與文件檔案法，探討特定學區的「分析封包」（analysis packets）家長參與。

　　Cook 結合調查研究與人種誌研究，探討當孩子被診斷出罹患癌症時，父母所面對的問題。Crompton 與 Jones（1988）蒐集受訪者的口頭敘事，將敘事加以編碼與彙集以產生數值資料。類似的方法曾被 Silverman（1984）採用，調查國家醫療服務體系（NHS）與私營腫瘤診所之間在提供服務方面的差異。

　　Barker（1984）進行了一項對統一教會（Unification Church）的抽樣調查並隨後進行觀察、訪談與公開參與觀察，以產生對會眾的動機與意圖更為有據的圖像，並解釋為什麼有些人會脫離教會。

　　在許多情況下，混合方法被採用是因為研究者對研究的相關情境脈絡有相當豐富的個人知識。Becker（1962）對爵士音樂有興趣，這使他能夠使用人種誌方法去探討舞蹈音樂家的生涯。

　　混合方法的研究以一組研究問題為開始，每一個問題都需要一種不同的研究方法：研究者要解決問題的某些方面可能要採用結構式量化的方法，對問題的其他方面則要用質性類型的方法。混合的研究方法跨越研究方法論的界線。它經常認為在一個混合方法的研究，研究問題將有質性面向與量化面向。在一些混合方法研究，研究者保持兩個截然不同與相互獨立的部分，直到他們覺得自己有足夠的資料能引導出一個適當的推論。

　　然而，在互動的研究，強調的是在整個研究過程中方法的統整而非分隔。在互動的研究中，量化與質性兩個面向之間產生高度互動，往往在一個詮釋架構（interpretative framework）內經由名為資料轉換（data transformation）的過程，將量化資料轉化為質性資料：

　　　混合方法研究是一種研究者或研究團隊為了達到廣度與深度的理

解與實證的目的，結合了質性與量化研究方法之元素（例如，採用質性與量化的觀點、資料蒐集、分析與推論技巧）的研究類型。（Johnson et al., 2007: 123）

　　在混合方法研究的資料分析可以是一種標準的資料分析方法，透過使用描述性與推論性統計來分析量化資料，以及透過使用編碼與主題分析（thematic analysis）來分析質性資料。另外，研究者可以利用資料轉換嘗試統整量化與質性的資料分析，例如：藉由比較數字的量化尺度與質性的主題，或轉換質性主題為數值評分。然而，在混合方法常見的是研究者在方法上不是優先考慮量化就是優先質性方法。研究者可能選擇先使用量化方法以大量樣本測試變項，然後於日後使用質性的方法更深入地探索來自樣本群體的少數個案。

　　最後，如所有的研究一樣，在混合方法研究，研究者可以選擇以平衡與中立的方式進行他們的研究，其目的是產生客觀的、有效的與可信的資料。或者，研究者可以選擇贊同與接納母群體中特定人群的觀點或某特定的意識形態。

　　在本書他處，我們已經看到了混合方法研究的良好例子；例如，「社區研究所」率先使用了深度的個案研究與問卷調查，藉以彙整質性與統計資料。

方法的混合發生在什麼階段？

　　混合方法的設計可以是固定性質的與（或）萌發性質的。固定的混合方法（fixed mixed methods）的設計，是研究者事先計畫從研究的一開始即使用量化與質性的資料蒐集方法。與此相反，在萌發性混合方法（emergent mixed methods）的設計，研究人員往往是在研究進行中因為認為所選擇的方法本身不夠充分，而決定採用第二種量化或質性的方法。

　　在混合方法發生的階段稱之為界面點（point of interface）。在一個研究中有四個可能的階段界面點可能發生：

1. 規劃或設計階段。
2. 資料蒐集階段。
3. 資料分析階段。
4. 研究者於導出推論時之研究發現討論。

　　混合方法研究所意味的不僅是使用研究方法的結合。一些混合方法研究的支持者認為，它涉及探討「調查的多樣方式」（multiple ways of seeing）：

> 　　混合方法研究是一種具有哲學假設及探究方法的研究設計。作為一種方法論，它涉及的是哲學假設，在研究過程中的許多階段，引導蒐集與分析以及質性與量化方法混合的方向。作為一種方法，在單一或一系列研究中著重於蒐集、分析以及混合質性與量化資料。其核心前提是量化與質性方法的結合使用，使其比單用一種方法對研究問題能提供較佳的理解。（Creswell & Plano Clark, 2007: 5）

優點

1. 當研究者對其所調查人群的了解有限時，混合方法是很有用的。在這些情況下，他們可以用質性的方法，如觀察或深度訪談，以找出需要測量的變項與需要以量化方法探討的問題。
2. 混合方法的研究能消除量化與質性方法的侷限。此種量化與質性方法的結合，表示研究者可以利用一種方法的優點來彌補另一方法的缺失。
3. 混合方法研究提高了研究發現的效度，結合量化與質性的研究方法比使用任何單一方法更能夠提供詳細的資料。研究者採用三角驗證方法，比較與對照統計資料與質性資料，提高了研究推論的有效性。
4. 混合方法使研究人員能夠解決單獨以量化或質性方法無法獲得答案的問題，例如：那些受 Bourdieu 社會學的啟發專注於實踐（個人主觀能動性與社會結構中較客觀之處所或場域間的互動）的研究，即需要運用量化與質性的

資料。

5. 混合方法研究鼓勵運用可以結合歸納與演繹推理的多元世界觀或派典（para-
digms）。正如我們在本書其他地方所看到的，*演繹方法*在研究設計中導出
推論，是基於研究者以一般理論來分析所蒐集資料的假定。與此相反，*歸
納方法*是指研究者蒐集資料，然後在沒有一般理論的引導下，從所蒐集資
料中尋找一個模式。混合研究方法通常涉及嘗試將這兩個非常不同的研究
方式結合在一起。Willis（1977）的《學習勞動》研究是基於認為 Marx 的
階級再製理論是有效的假設，且該假設有助於形成 Willis 對他的研究發現
的解釋。然而，在進行階級再製的過程中，人們每天做些什麼不能被忽視，
以及人們在階級再製過程中如何自主作為也是他的研究的一個主要面向。

6. 混合方法研究是「注重實效的」（practical），研究者可以自由地彙整量化
的與質性的資料組，使其能以有意義的方式使用數字與文字，致力於研究
問題的探討。

缺點

然而，進行混合方法研究可以說是既耗時且所費不貲的，因為它往往涉及
研究者跨學科的團隊合作，分享專業知識。使用多種資料來源提供了更多的證
據，這就研究結果的效度來說是好的，但分析非常耗時。在另一方面，研究者
可能會發現，量化與質性的資料不是彼此互相矛盾，就是在某些方面需要另外
的解釋。這種矛盾可能很難徹底了解真相，但它往往是受訪者在接受訪談時所
說的或在問卷所回答的，卻與在現場所觀察到的行為大相逕庭。受訪者往往不
願意在訪談中說一些有可能會損害其自我形象的事，但從觀察他們的行為卻顯
示他們真正的動機與意圖。研究者對矛盾何由而來，必須找出一個結論，這可
能需要從有關受訪者為什麼如此行為來蒐集額外的資料。

最後，也有可能會有這種情況，在研究的質性階段所選取的一位或兩位受
訪者全然迥異於母群體中的其他人。在這種情況下，你可以考慮使用我們於第
6 章中所提及的負面案例分析的方法，試圖找出為什麼個人或少數人所抱持的看
法不同於母群體中的大多數人。

思考點

　　如果研究者想要了解被研究者的動機與意圖，質性方法是最適當的，但是如果我們認為個人問題往往也是許多人經常必須面對的公共議題，那麼為了能更充分了解受訪者所處情境的更廣泛社會因素，我們可能需要從母群體中取得量化的資料。過度肥胖感覺上可能是個人問題，但它也可能是一個公共議題。混合方法研究於當前的一部紀錄片中說明得很詳盡。如果你觀看 Morgan Spurlock 所拍攝的紀錄片「麥胖報告」（*Super Size Me*），Spurlock 著眼於美國對肥胖的統計趨勢，並讓你看到一個月來他只吃麥當勞餐廳的食物。這部紀錄片藉由量化資料（官方統計）與質性資料（傳記研究）二者來敘事真相。

▶▶ 問題

1. 觀看紀錄片「麥胖報告」。（如果你不能找到該影片，你可以在You Tube上找到它的片段。）寫一個簡短的敘事，提出你認為Morgan Spurlock 的方法的優點與缺點。
2. 作為一種資料蒐集的方法，他的方法的有效性與可信度到什麼程度？

混合方法研究的特點

　　混合方法研究的一般特點包括方法論的折衷主義（methodological eclecticism），即一般認為的「方法的結合是認識論上的不連貫」（Howe, 1988: 10）。

　　混合方法研究涉及從質性與量化的方法中選擇最適當的技巧，然後協同地統整，以調查研究者最感興趣的問題。

　　混合方法研究的第二個特點是派典多元主義（paradigm pluralism）。派典

一詞最早是由 Kuhn（1962）提出，用以解釋科學革命的性質。雖然 Kuhn 在整本書中對該名詞的使用並沒有一貫性，但一般普遍認為「派典」這個名詞指的是在任何科學領域中占有主導地位且因此具有影響力，致能形塑所有研究設計與解釋建構的宏大理論或主要思想。只有在異常產生致使重大理論無法解釋時，涉及派典轉移的科學革命才有可能發生。根據 Morgan（2007: 50-54）的說法，派典一詞在混合方法的文獻中，有四種不同的含義或詮釋：

1. 派典是世界觀（觀察與理解世界的方式）。
2. 它是形而上學的派典，藉此研究者發展他們的知識理論（知識論），並探討研究對象如何知道他們所了解的世界是什麼，以及他們對現實是由什麼構成的理解。
3. 派典為混合方法的研究者提供了一個在某領域他們的研究應如何進行的一個典範。
4. 派典提供了混合方法研究社群有關他們研究領域問題性質所共享的一組信念，以及最適當的資料蒐集與分析方法的信念。

　　人們共同的信念是各種派典可作為混合方法研究的基本哲學，包括實用主義、批判理論與批判現實主義，這反映了整個社會科學各種哲學或理論立場。該議題然後變成了：在我們的混合方法設計中，我們是保持各種不同方法的分隔，抑或是試圖合併不同的研究方法以及作為其基礎的各種派點？那些秉持**互補優勢**立場的研究者認為，不同的方法應盡可能分隔，實質上就是在同一時間使用不同的方法進行兩個各自獨立的研究，所以每個派典立場的優點可以被探索。舉詮釋性或由下而上的方法為例，藉此我們試圖了解受訪者對世界的主觀看法，這種方法可能涉及使用深度訪談。同時，一個由上而下的實證方法，即採用研究者設計之封閉式問題的問卷調查，假定我們對於我們的受調查者將如何回答已經有一非常全面與清晰的思路。

　　與此種主觀性或客觀性的選擇相反，對於許多研究者來說，混合方法的研究涉及藉由結合質性與量化的方法，創造了一個增效作用。Biesta（2010）表明，使用混合方法的研究者應該致力於**互為主體性**（inter-subjectivity）的目標，

即人們從他們的個別主觀世界開創一個共享的世界，以替代主觀性與客觀性。

混合方法研究的第三個特點是在研究計畫的各級層次均注重多樣性，從更廣泛的、更概念化的層面到更窄、更實證的層面。

混合方法研究的第四個特點是連貫主義（synechism），換言之，量化與質性研究的混合是大於任何一個單獨採用量化或質性的方法。就 Johnson 與 Gray（2010）的研究言，在一個混合的方法中，應該強調連續體（continua），而不是一組二元對立的；混合方法的研究涉及以連續體替代二元（binaries）。

混合方法研究的第五個特點是一種交互的、循環性的研究方法，在同一研究中包括演繹與歸納的邏輯，因此此種研究可以被視為從地基的結果（事實、觀察）經過歸納邏輯到產生推論（抽象通則或理論），然後從一般推論（或理論）透過演繹邏輯到暫時的假設或特定事件／結果的預測。

混合方法研究第六個特點是在任何既定研究內決定採用的方法上，專注於研究問題。強調研究問題為主，遠離棘手的哲學問題，並選擇最適合探究所關注問題的研究方法。

混合方法研究的第七個特點是一組基本「特徵」（signature）的研究設計與分析過程，通常被稱之為並行混合設計（parallel mixed designs）：

在混合方法的設計，混合以不是同時就是相隔一些時間的獨立方式發生。質性（QUAL）與量化（QUAN）組合（*strands*）的策劃與實施，是為了回答同一問題的相關面向。（Teddlie & Tashakkori, 2009: 341，此處的楷體字，原文為斜體。）

混合方法研究的第八個特點，是隱含在「第三方法論社群」（third methodo-logical community）中的朝向平衡與妥協的趨勢。混合方法研究是基於對二擇一不相容論點的排斥，產生一種在方法論光譜上兩個極端間的平衡，鍛造出獨特的混合方法研究。

混合方法研究的第九個特點，是依賴視覺表徵（reliance on visual represen-tations）（數字、圖表等）與共同標誌符號系統（comm notational system）。混

合方法研究設計、資料蒐集過程以及分析技術適合於視覺表徵，它可以在那些過程中的各要素間簡化複雜相互關係。這些圖表與數字的一個重要特點，是它們如所描述過程之演化，能夠納入更多的面向。

為何要採用混合方法與（或）方法論

混合方法的研究是基於這樣的假設：「質性與量化方法之間存在一種錯誤的二分法，以及研究人員應該最有效地利用這兩種〔方法〕，以理解社會現象」（Creswell, 1994: 176）。

根據 Hodgkin（2008: 296）：「量化資料有助於提出整體的圖像，但是是個人的敘事，附帶著思想與感情，為研究帶來深度與質地」。此可由 Chow、Quine 與 Li（2010）所進行的試圖評量愛滋病病人滿意度的研究加以顯示說明。

範例：愛滋病病人滿意度

Chow 等人（2010）認為，使用如問卷的量化方法將提供問題的規模跡象，但不會讓研究者了解病人對所受到照護是如何及為何滿意或不滿。Chow 等人使用混合方法來評量愛滋病病人的滿意度，並指出在一個醫療中心需求未獲滿足。

該研究的第一階段是藉由使用客戶滿意度調查問卷，獲得對該中心滿意程度的總體統計情況。研究者曾接洽 234 人，其中 166 位受訪者同意參與該研究。問卷的第一部分詢問有關受訪者的年齡、職業等基本人口統計學方面的問題。第二部分探究病人滿意度的十六個面向，包括：對所受到照護的整體滿意度、對病人隱私的維護、中心的位置以及實體環境、在候診區工作人員的管理，以及合適的預約時間。這些回答是以李克特五點量表來測量。填答者還被問兩個開放性問題：「你認為該中心可以如何改善？」與「有沒有任何其他有關該中心及我們的服務或工作人員的事情你願意告訴我們？」

研究的第二階段涉及對二十二位受訪者進行半結構式訪談，以查明任何病人不滿意或需求未滿足的原因。得自訪談的資料經轉譯並以內容分析法分析轉譯稿。

Chow 認為，這種以「以病人為中心」的方法涉及運用研究者的人際互動技能與情緒管理技能；混合方法提昇了對研究發現的全面了解，尤其是當發現在第一階段與第二階段研究結果都是相近或相似的時候。這比只使用一種方法給予研究者對調查結果的效度與信度更有信心。此外，研究第二階段的調查結果亦可用來解釋支持受訪者於第一階段之回答的理由。

　　從使用兩種不同方法論的方法所達到的相同結論通常被認為是提昇了研究結果的效度，因為其關聯性顯示，大抵結論並非決定於所採用的方法。

　　Lyons 與 DeFranco（2010）使用混合方法進行一項教育評量的研究計畫。在他們計畫的第一階段是基礎評量練習（benchmarking exercise），運用學校所擁有的有關學生的資料，對於學校的表現提出了一般陳述。在這之後是採用半結構化的小規模團體訪談方式與教職員進行團體會談。經過一段時間後，在該團體內大家彼此之間建立了高度的信任感，教職員也開始分享他們對學校的洞見、直覺與意見。研究者藉由他們的積極傾聽技巧，捕捉了所說的話的含義，並鼓勵教職員更深入地披露學校的文化。最後，與主要的參與者進行一對一半結構式的訪談，以進一步深化對學校的理解。Lyons 與 DeFranco（2010）的論點是，當單獨使用一種狹隘的量化方法蒐集資料時，這種共享的見解是不會浮現檯面的。

範例：幽默研究

　　Lockyer（2006）認為，由於幽默的複雜性，因此以混合方法來研究幽默是很理想的。她調查當讀者被《私家偵探》（*Private Eye*）雜誌冒犯時，他們如何回應。該雜誌是半月刊且結合實際的新聞調查，有諷刺性的文章、漫畫與笑話。

Lockyer 的研究有三個主要目標：首先分析性地記錄當讀者被惹火時的情況，其次調查幽默的對話如何可基於道德理由而被批評，最後探討編輯如何回應所引起的冒犯。Lockyer 採用混合方法蒐集與分析資料。

首先，量化內容分析是用來提供有關讀者致函編輯表示他們被冒犯惹火信件數量的描述性可靠紀錄，其次，對雜誌提起誹謗訴訟的讀者人數。Lockyer 這樣做是為了確認被惹火者的主要類型，以及是哪些話題引發冒犯。她然後結合質性文本分析與簡單內容分析以「充實」資料，確定讀者來信的重要話語類型，並找出幽默的對話何以在道德上遭受批評。最後，該研究試圖找出編輯如何回應受到雜誌激怒之讀者的抱怨。

最後，由符號學分析（semiotic analysis）技巧而來的成分分析（composition analysis）被廣泛地用來評估編輯散漫地處理讀者批評的策略。

Lockyer 認為，該架構確定了三個表意系統（signifying systems）：

1. 訊息價值：價值如何被賦予該頁的某些部分，而非其他的部分。
2. 顯著性：讀者的注意力是如何被書信頁面上的策略布局及書信長度所操控。
3. 框架：所使用的手段，如使用空白空間，去形塑特定頁面的部分如何與其他內容相連結或不相連結。

根據 Lockyer 的成分分析顯示，雜誌編輯運用書信頁來抑制與終止辯論。

McNamara（2010）採用了混合研究方法，調查在美國國內 330 所高等教育機構支撐轉型領導策略成功的因素與流程，這些教育機構試圖提昇學生對環境永續發展的認識。其資料蒐集的第一階段以描述／相關性階段開始，使用問卷以蒐集永續發展計畫之管理與領導、所採用之推行策略，以及計畫進展之評量等相關訊息。高等教育促進永續發展協會（Association for Advancement of Sustainability in Higher Education, AASHE）的會員名單作為抽樣框架。從調查問卷所獲得的資料提供了對嘗試推行永續發展計畫之教育機構特徵、計畫細節，以及在執行過程中所引發問題的描述。在其研究發現中，McNamara確認了集中趨勢或平均回應。

第二階段是質性階段，對抽取自十個機構中的二十位各單位計畫主持人進行訪談。質性階段的目的是為了從參與者的角度了解轉變的過程。訪談內容是運用 Strauss 與 Corbin（1998）的紮根理論方法確定主題後，加以轉譯、編碼與分析。最後，量化和質性的資料被納入一組研究結果中，據以得出一個推論並建議有助促進永續計畫在高等教育發展的策略。

2006 年，Bryman 進行了一項針對 232 篇結合量化與質性研究方法之社會科學論文的內容分析。Bryman（2006）發現，當在研究計畫中使用混合研究時，研究人員的作為經常與所提出使用該方法的理由不符，並且在許多情況下，對採用混合方法完全沒有提出任何理由。當有理由提出時，三角驗證則為最常見的理由。

三角驗證

三角驗證通常被引用為使用混合研究方法蒐集資料的最主要原因。該名詞「三角驗證」最早是由 Webb、Campbell、Schwartz 與 Sechrest（1966）所使用，即在一項研究中使用一種以上的資料蒐集方法，所根據的理由，是藉使用另一種方法所得到的結果來檢驗使用單一方法所獲得的結果，如果兩者結果相互印證，那麼將顯現更全面且更有效的實情。不幸的，是在實例中，以不同方法蒐集的資料經常是相互矛盾，經常顯現的是某些資料蒐集的方法比其他的方法更可靠。此外，Fielding 與 Fielding（1986）及 Flick（1992, 1998）曾質疑從不同研究方法獲致相同結果可解釋為有效度象徵的假設，因為仍然有可能是這兩種研究方法都存有缺陷。

第二個採用三角驗證方法的常見理由是：「所有的方法都存在著固有的偏見與侷限，所以使用單一方法來評估一個既定的現象將不可避免地會產生偏頗與侷限的結果」（Greene et al., 1989: 256）。

研究人員如前述的 Chow 等人（2010）、Lockyer（2006）、Lyons 與 De-Franco（2010）及 McNamara（2010）都喜好使用混合研究方法，因為他們想要運用的資料都是兼具量化與質性的本質。他們所採用的方法均認定為可提昇整體研究結果的完整性或一致性。量化方法如問卷或使用官方統計，提供了有關研究者感興趣之母群體的數字訊息，例如：有關被調查母群體之規模與成員等的整體統計情況的「確鑿」（hard）證據。另一方面，質性方法讓研究者能夠理解研究對象對其所處情境的認知、他們共享的意涵與感情狀態，以確認研究對象何以如此作為的理由。

混合方法研究最有趣的方式之一是被稱為結晶化。這種研究方法涉及運用來自社會科學之外的技巧與能力，並將其納入資料蒐集與分析的技術中。

結晶化

結晶化（crystallisation）是一種方法論的方式，嘗試透過實務工作者所謂的**創意解析實務**（creative analytic practices）以結合創意作品與學術分析。反映個人故事的藝術作品表現形式（如詩歌、照片等），被用以試圖了解被研究者對議題的想法與感受，以及他們在社會中建構的表徵如何及為何以其所呈現的方式創建。資料分析比其他方法論的方法被視為更為公開創意的過程。研究人員經常放棄客觀的主張，代之以透過投入理解的過程以尋求意義的同理心理解。結晶化假定在社會科學研究內，客觀／主觀二分、質性／量化劃分，以及其他配對的對立，都是二分法的社會建構，阻礙了研究過程中的創造力。

Scheurich（1997）認為，所有的社會研究均包含有「根深蒂固」的文化偏見，這阻礙我們對不同文化人們的了解。結晶化是一種試圖透過研究者主體性的去中心化，以克服這些「根深蒂固」偏見的方法。研究者試圖走出自我有如外人般地檢視自己的想法與觀念，挑戰自己有關理由、知識、主體性與現實本質的基本假定。研究者必須質疑對物質現實的理解及該現實的理解是如何建構的，包括主觀性與研究實踐是如何建構的。Foucault 試圖追蹤「知識論」的歷史

或是容許我們意義化世界的一組組織與分類資訊的想法與原則。Scheurich 以 Foucault 考古學知識的概念為出發點，主張所有社會科學研究是現實主義的性質。Scheurich 還認為，現實主義是由相互關聯的三個面向所構成的：

1. 一個自主的主體性或有意識的說話主體（speaking subject）。
2. 一個能夠理解原因的心智。
3. 對現實的有效或值得信任的表徵或詮釋。

　　結晶化是在看起來似乎是客觀的以研究為基礎的實務（research-based practice）中，來探討根本的主觀性。在文化的多元訊息與思維方式之外，我們的主觀性不具有獨立的本質，我們必須藉這些來了解我們自己是獨立的人或有思考的生命體。

　　結晶化是依據源自後現代主義與後現代主義者對敘事理解的一些假定。後現代性通常被認為是現代性時期或現代世界結束後的一段歷史時期。後現代主義是有關現代性遠端生活的一種思考方式：在歷史上與概念上，後現代主義不同於奠基在現代性的現代主義或理論。

　　在繼續往下讀前有一提醒。一般後現代主義者與特別是結晶化研究方法，涉及探索有關我們自我與我們的生活世界的常識性假設。經常狀況是由於自我與社會生活等方面毫無疑問地被接受，我們沒有日常用語與語言來描述與解釋有關我們自己與我們所處世界的常識性假定。後現代主義的詞語往往是難以理解的。

　　當你閱讀一個受訪者的敘事時，你可以預期事件將如何在該敘事中展開。敘事描述一個社群依附於其自身，並包含何時與為何敘事內容應該出現的語用規則（pragmatic rules）。Lyotard（1988）討論了他所稱之可提供規則將異構語詞（heterogeneous phrases）聯繫在一起的論述體裁（genres of discourse）。論述體裁經常為用語提供了框架，並確定什麼是利害攸關的連接詞。對於 Lyotard 來說，後現代情況的特徵是風險與不確質性，因為遙遠邊際的當代人們對於那些致力闡釋歷史趨勢以及指導人們如何生活與思考的「偉大學說」（big theories）業已失去信心。

結晶化研究的過程：「強化所有知識與所有知識產生模式的建構與偏好本質」（Ellingson, 2008: 178）。結晶化研究的過程建立在人們如何藉著不斷改寫自己的過去，開創自覺自在的傳記敘事，以因應後現代情勢。人們體驗到需要不斷地自我創造與省思自己的核心信念。

沒有橄欖球，沒有恐懼？

「語言不會『反映』社會現實，但產生意義，創造了社會現實。各種不同語言以及在一特定語言中的不同論述，使得世界有所區隔並賦予不同的意義。語言建構了一個人的自我意識，即一個人的主體性。一些事物對個人有何意義乃取決於他們可使用的話語論述」（Richardson, 2001: 36）。

透過撰寫故事／敘事，研究者將他們的學術關注置於作者熟悉的日常生活情境中，幫助他們了解社會與文化因素如何支撐各種關係。這些故事然後可以與他人共享成為「集體故事」（collective stories），可以為在主流文化下通常沉默的人們表達意見。

Richardson（1997: 14）將「集體故事」模式發展成為一種研究工具。她解釋說：

> 集體故事述說了在更廣泛社會文化與歷史趨勢的情境中，人們在社會學上建構類別的經驗。社會學上的主要參與者是一個集體。我認為個人處於類似的情境，他們可能意識或無意識於他們的生活彼此密切相關，宛如在一個集體故事中的共同參與者。我意圖在社會參與者的內心助其建構一種意識，一種與他人社會凝聚的具體認知，因為這樣的意識能夠破除人與人間的隔閡，賦予他們能力並引導他們以自我身分參與集體行動。

Pringle（2008）運用 Richardson 的「集體故事」的理念，以提昇對運動、體育與性別認同（gendered identities）之間關係的意識。英式橄欖球被公認為紐西蘭的國球。然而 Pringle 認為，在紐西蘭有關橄欖球的主

流文化敘事緘默了那些既怕疼痛與傷害且不玩這類運動的男人心聲。

　　該假設是，私人故事的建構與較廣泛的社會力量有關，且當這些私人故事成為共享即變成集體故事時，可以用來為那些通常被主流文化抑制的人們發聲；並因此幫助與增能個人去發展社群意識或集體認同。該假設是我們的性別認同是透過有關個人經驗的對談與有關運動經驗的談論，而共同建構的。如果個人有能力重述（re-story）他們的生活，他們可以改變自己對性別表現與性別主觀認識的了解，並逐漸珍視自己是不一樣的而非不正常的。該方法採用了本書第 7 章討論的 Weber 的投入理解觀念：那些集體故事幫助「讀者想像地感受自己投身於那些被描述的經驗中」（Denzin, 1997: 12-13）。

　　Pringle 向一群中學生陳述他的故事，以了解該故事是否會引起紐西蘭有此困難之男子的體貼回應，了解他們的自我感、權力與男子氣概。在小組討論中，學生們能夠覺察出有關橄欖球主流談話與男子氣概的交互關係。

　　對於 Richardson（2001）來說，結晶化方法涉及運用創意解析實務，捨棄源自客觀／主觀二分法的傳統資料分析形式，以有利於更具創造性的分析形式。該創造性分析形式係根源於更主觀地了解敘事表徵形式及見諸於藝術與文學表徵形式的其他類似類型。該方法雖然仍涉及嚴謹的資料分析，但是有一明確的假定，即研究者於研究過程中要排除他們的主觀感受或主觀影響是不可能的，因此，明顯不同於 Richardson 所稱的資料分析的一般約制。

　　並非所有有關探討自身所處情境的自我研究都是根植於社會科學的後現代方法。有許多關於大屠殺的研究涉及探索個人的反思與傳記的描述，但非從後現代觀點來撰寫。Saul Friedlander 曾詳實地撰寫有關他躲藏在天主教寄宿學校逃避納粹的童年經歷。在如《記憶、歷史與歐洲猶太人的滅絕》（*Memory, History, and the Extermination of the Jews of Europe*）（1993）一書中，Friedlander 試圖使自己的生活事件與納粹的行動相連結，並探討諸如歷史與回憶間關係的議題。

Elie Wiesel 的書《夜幕》（*Night*）（1958）也是一本描述他個人戰時經驗的一本書。Wiesel 的作品描述了他在 Auschwitz、Gleiwitz 及 Buchenwald 集中營所親眼目睹的暴行，該書的中心思想是為什麼上帝拋棄了他，並讓大屠殺發生。《夜幕》業已被認為是在這個歷史階段所有猶太人經歷的象徵與代表。

Promo Levi 是另一位撰寫有關他在 Auschwitz 集中營戰時經歷的人。Levi（1990）使用傳記的方法寫作，但也探求利用詩詞將記憶置於歷史的情境中，他亦寫了一本小說。他探討了**灰色地帶**（the grey zone）的想法，在該地帶人們為了生存而做出道德上有問題的行為。特別的是，他調查了曾在死亡集中營中協助納粹的猶太人**特遣隊**（Sonderkommando）的所作所為。

就 Ellingson（2008）而言，研究者的角色、研究目標、研究者所提出的問題、他們所選擇的方法、他們從實證主義者的技術語言到人種誌學家的藝術語言的寫作風格，以及他們用以評量其工作的詞彙與標準，是沿著連續光譜一端的現實主義者／實證主義者（realist/positivist）社會科學觀點，經社會建構論者的觀點，而到光譜另一端藝術的／詮釋性的（artistic/interpretative）觀點，而有所不同。所有這些研究方法都各有優缺點，但它們都不是互斥的。

總之，結晶化是一種方法論的方法，建立在**多元體裁表徵**（multi-genre representations）的基礎上，涉及研究者探討有關方法論的問題，並非如藝術與科學之間的壁壘分明，而是一連續的光譜，從科學與客觀的（實證主義）的研究，直到全面闡釋主義（comprehensive interpretivism）如與藝術或文學有關的學術研究。

什麼是結晶化的方法論架構或過程？

採用結晶化方法研究的第一個階段，是撰寫一個清楚說明研究目的的明確主題陳述。

1. 資料蒐集始於包含意義的一個**厚實描述**：正如在本書第 7 章所見，提供讀者完整清晰的研究情境說明，包括研究對象。
2. 接著，找出在該領域內的各種模式與（或）主題。

3. 然後透過個別人的敘事或表現的表達，詮釋與理解他們的經歷、情感與感覺的狀態。

4. 理解的核心要素，是研究者深思他們自己在該領域的立場以及他們建構類別以蒐集資料及使其有意義的歷程。因此，這將排斥實證研究優於研究者觀點的假定。

5. 富有想像力的轉譯（poetic transcription）：結晶化要求研究者必須具備有如詩人與小說家般的高水準寫作技巧，來描述與報導研究對象的意識、感受與詮釋。

結晶化並沒有與其他卓有成效的質性研究方法大相逕庭，例如：該方法並非完全異於 Goffman 與其他符號互動論者側重社會建構以探索邊緣化群體生活的研究。像所有的人種誌研究一樣，結晶化方法試圖透過多元視角來察看研究對象的世界。該方法的調查對象往往是小規模的團體，而非大規模的代表性樣本，因此它的研究結果不可以推論到廣大母群體。資料蒐集與分析的方法通常是非常個人的且相當倚賴研究者個人的詮釋能力，因此該方法被認為是不可信或不可複製的。

結論

混合研究方法融入了質性與量化方法的元素，包括資料蒐集、資料分析以及研究發現的推論。然而在混合研究方法領域內有許多歧異的作法。如同所有的研究，混合方法研究者可以檢驗學說並產生新的學說；提供敘事或解釋；進行大規模母群體研究或小規模的行動研究；可以是平衡與客觀的或者是特定群組或意識形態的倡導者並摒棄客觀性。

在混合方法研究中廣為大家所接受的方法之一是評量研究，本書下一章即解釋與討論該方法。

Erica 被要求撰寫一個研究計畫，但她不知如何著手！

Erica 應該考慮混合研究方法嗎？

　　Erica 曾考慮採用人種誌方法與實證方法，並得出結論——質性與量化的方法都各有優點。或許她應該在研究中考慮同時採用這兩種方法？

　　她認為也許開始可以採取一種根據初步閱讀各種調查報告與文件資料以了解該領域概況的結構式人種誌形式；接著對正要離去的遊客進行問卷調查；隨後採用深度訪談與觀察法，以了解遊客對他們在參訪期間所接受到的有關生物多樣性與永續發展教育與訊息品質的想法與感受如何。

 參考文獻

Ball, S.J. (1981) *Beachside Comprehensive: A Case Study of Secondary Schooling*, Cambridge: Cambridge University Press.

Barker, E. (1984) *The Making of a Moonie: Choice or Brainwashing?*, Oxford: Basil Blackwell.

Becker, H. (1962) *Outsiders*, New York: Free Press.

Biesta, G.J.J. (2010) 'How to exist politically and learn from it: Hannah Arendt and the problem of democratic education', *The Teachers College Record*, 112(2): 557–72.

Bryman, A. (2006) 'Paradigm peace and the implications for quality', *International Journal of Social Research Methodology Theory and Practice*, 9(2): 111–26.

Chow, M.Y.K., Quine, S. and Li, M. (2010) 'The benefits of using a mixed methods approach – quantitative with qualitative – to identify client satisfaction and unmet needs in an HIV healthcare centre', *AIDS Care*, 22(4): 491–8.

Cook, T. (1986) 'Postpositivist oritical multiplism', in R.L. Shortland and M.M. Mark (eds), *Social science and social policy*, Beverly Hills, CA: Sage, pp. 21–62.

Creswell, J.W. (1994) *Research design: Qualitative and quantitative approaches*, Thousand Oaks, CA: Sage.

Creswell, J.W. and Plano Clark, V. (2007) *Designing and Conducting Mixed Methods Research*, Thousand Oaks, CA: Sage.

Crompton, R. and Jones, G. (1988) 'Researching white collar organizations: why sociologists should not stop doing case studies', in A. Bryman (ed.), *Doing Research in Organizations*, London: Routledge.

Deleuze, G. and Guattari, F. (1986) *Kafka: Toward a Minor Literature*, Minneapolis, MN: University of Minnesota Press.

Deleuze, G. and Guattari, F. (1988) *A Thousand Plateaus*, translated by Brian Massumi, Minneapolis, MN: University of Minnesota Press.

Denzin, N.K. (1997) *Interpretive ethnography: ethnographic practices for the 21st century*, Thousand Oaks, CA: Sage.

Ellingson, L.L. (2008) *Engaging Crystallization in Qualitative Research*, Thousand Oaks, CA: Sage.

Fielding, N. and Fielding, J. (1986) *Linking data, Qualitative research methods*, vol. 4, London: Sage.

Flick, U. (1992) 'Triangulation revisited: Strategy of validation or alternative?', *Journal for the Theory of Social Behaviour*, 22(2): 175–97.

Flick, U. (1998) *An introduction to qualitative research*, Thousand Oaks, CA: Sage.

Friedlander, S. (1993) *Memory, History, and the Extermination of the Jews of Europe*, Bloomington: Indiana University Press.

Goffman, E. (1956) *Presentation of Self in Everyday Life*, Harmondsworth: Penguin.

Greene, J.C., Caracelli, V.J. and Graham, W.F. (1989) 'Toward a conceptual framework for mixed method evaluation designs', *Educational Evaluation and Policy Analysis*, 11(3): 255–74.

Hodgkin, S. (2008) 'Telling it all: A story of women's social capital using a mixed methods approach', *Journal of Mixed Methods Research*, 2(4): 296–316.

Howe, K.R. (1988) 'Against the quantitative-qualitative incompatibility thesis (or dogmas die hard)', *Educational Researcher*, 17: 10–16.

Johnson, B. and Gray, R. (2010) 'A history of philosophical and theoretical issues for mixed methods research', in A. Tashakkori and C. Teddlie (eds), *Sage handbook of mixed methods in social & behavioural research* (2nd edn), Thousand Oaks, CA: Sage.

Johnson, R.B., Onwuegbuzie, A.J. and Turner, L.A. (2007) 'Toward a definition of mixed methods research', *Journal of Mixed Methods Research*, 1(2): 112–33.

Kuhn, T. (1962) *The Structure of Scientific Revolutions*, Chicago: University of Chicago Press.

Lacy, C. (1970) *Hightown Grammar: The School as a Social System*, Manchester: Manchester University Press.

Levi, P. (1990) *The Voice of Memory: Interviews 1961–1987*, New York: The New Press.

Lockyer, S. (2006) 'Heard the One About . . . Applying Mixed Methods in Humour Research?', *International Journal of Social Research Methodology*, 9(1): 41–59.

Lyons, A. and DeFranco, J. (2010) 'A Mixed-Methods Model for Educational Evaluation', *The Humanistic Psychologist*, 38(2): 146–58.

Lyotard, J.-F. (1988) *The Differend: Phrases in Dispute*, Manchester: Manchester University Press.

Lyotard, J.-F. (1992) *The Postmodern Explained: Correspondence 1982–1985*, translated by D. Barry, B. Maher, J. Pefanis, V. Spate and M. Thomas, Minneapolis: University of Minnesota Press.

McNamara, K. (2010) 'Fostering Sustainability in Higher Education: A Mixed-Methods Study of Transformative Leadership and Change Strategies', *Environmental Practice*, 12(1): 48–58.

Morgan, D.L. (2007) 'Paradigms lost and pragmatism regained: Methodological implications of combining qualitative and quantitative methods', *Journal of Mixed Methods Research*, 1(1): 48–76.

Pringle, R. (2008) '"No rugby – no fear": collective stories, masculinities and transformative possibilities in schools', *Sport, Education and Society*, 13(2): 215–37.

Richardson, L. (1997) *Fields of play: constructing an academic life*, New Brunswick, NJ: Rutgers Press.

Richardson, L. (2001) 'Getting personal: Writing-stories', *International Journal of Qualitative Studies in Education*, 14(1): 33–8.

Rorty, R. (1989) *Contingency, Irony and Solidarity*, Cambridge: Cambridge University Press.

Scheurich, J.J. (1997) *Research Method in the Postmodern*, London: Falmer Press.

Silverman, D. (1984) 'Going Private: ceremonial forms in a private oncology clinic', *Sociology*, 18(2): 191–204.

Smith, A.G. and Robbins, A.E. (1982) 'Structured ethnography: the study of parental involvement', *American Behavioral Scientist*, 26(1): 45–61.

Strauss, A. and Corbin, J. (1998) *Basics of Qualitative Research: Techniques and Procedures for Developing Grounded Theory* (2nd edn), Thousand Oaks, CA: Sage.

Teddlie, C. and Tashakkori, A. (2009) *The foundations of mixed methods research: Integrating quantitative and qualitative techniques in the social and behavioural sciences*, Thousand Oaks, CA: Sage.

Webb, E., Campbell, D., Schwartz, R. and Sechrest, L. (1966) *Unobtrusive measures*, Chicago, IL: Rand McNally.

Wiesel, E. (1958) *Night*, New York: Hill and Wang.

Willis, P. (1977) *Learning to Labour*, Farnborough: Saxon House.

Woods, P. (1979) *The Divided School*, London: Routledge and Kegan Paul.

評量研究與實驗

閱讀本章後你將能理解到：

- 評量的性質與評鑑研究。
- 三種主要評量形式的目的：政治取向的評量、問題取向的評量及價值取向的評量。
- 形成性與總結性評量間的差異，以及內部與外部評量間的差異。
- 評量研究之三種主要方法論的特徵：建構主義、現實主義與實驗主義。
- 如何撰寫評量研究報告。

什麼是評量？

　　評量涉及一種對組織、政策、規劃、干預或人們的批判性評估，而該評估係根據所蒐集到的能使人們（如決策者）做出明智決策（如是否組織、政策、方案、干預或人們以可行的方式達成為其所設定的目標）的有效與可靠的訊息。有效的評量研究應該能夠以有效且可靠的方式，驗證是否一個特定的結果是受特定介入的影響。在進行任何有效評量形式之前，需要有一系列明確的目標。Smith、Sinclair、Raine 與 Reeves（2005: 13）舉出對不佳與良好目標陳述的例子：

　　(1)……確定日間護理站（day centre）對精神疾病患者的效能。

(2)……確定如果中度抑鬱症患者在日間護理站每星期接受兩次的
照護，是否需要減少他們在精神病醫院的醫療。

在評量研究中，有兩種形式的效度：

1. **內部效度**（internal validity）：資料蒐集應免於受到偏見的影響，並排除扭
曲調查結果的未知因素〔**混淆變項**（confounding variables）〕。

2. **外部效度**（external validity）：一個評量報告中的發現可以被推論到更廣泛
母群體的程度。

　　例如：有人主張，口服避孕丸與乳癌有關係，但研究可能顯示，吸菸可能
是任何關係中的**混淆因素**。服用避孕丸的婦女應該不要吸菸，但如果她們不顧
勸告，吸菸可能隱藏在避孕丸與癌症之間的關係中。此外，我們可能會認為服
用避孕丸的婦女比沒有服用者更可能性亢奮。這意味著，乳癌與性行為頻繁之
間存有可能的關係。研究者如何控制混淆變項？一種方法是約制混淆變項影響
研究結果的機會。如果吸菸被認為是我們研究中的一個混淆變項，我們可以找
出一個完全由吸菸者所組成的樣本，或一個完全由沒有吸菸者組成的樣本。隨
機對照試驗（randomised control trials, RCTs），是指在一個受控制的環境中，根
據概率將實驗對象分配到控制組（control group）或實驗組（treatment group），
以減少混淆變項對評量實驗與結果間關係的影響。如果混淆變項受到控制，那
麼任何實驗組與控制組之間的差異可以被假定為干預的結果。

定義

　　評量的主要目的是蒐集訊息，讓決策者從許多可能的選擇中，選擇最
佳的方法。評量是一種用來找出有品質或價值的某些東西，或驗證「計畫、
產品、程序、目標或課程」（Worthen & Sanders, 1978: 22）之品質或效
力的過程。對於 Stufflebeam 來說，評量研究是一種形式的：「研究經設
計與實施，以幫助某些人評量一個物件（object）的優點與價值」（Stu-
fflebeam, 2001: 11）。

三種主要的方法

有三種主要的評量方法：

1. 政治取向評量（politically-oriented evaluation）：其目的不是真正地評斷一個組織是如何有效地運作，而是提供一個組織的正面形象。Tom Clancy 與 Chuck Horner 將軍提供了許多此種政治取向評量形式的良好例子，例如：1991 年波斯灣戰爭（沙漠風暴）（Desert Storm）後：

> 在美國，參謀首長聯席會議（Joint Chiefs of Staff）與各服務部門公布的「經驗教訓」（Lessons Learned）文件，實際上是個別計畫、規定或勤務的宣傳……所謂的「研究」往往是主事機構的自我支持，而不是批判。太多的書、專著、研究報告和官方文件錯誤陳述事實，其目的是為了要挽救那些其價值無法以其他方式予以證實的武器系統、軍事學說或聲譽。它們是公共關係的文件，而不是明確且坦誠的評價，它們的目的是要影響即將到來的預算削減以及有關每一軍種之角色與勤務的爭論。（1999: 501 cited in Stufflebeam, 2001: 13-14）

2. 問題取向評量（question-oriented evaluation）：Stufflebeam（2001）認為，問題取向方法一般開始於詢問一系列經仔細確認的問題，這些問題可能受到計畫的執行或運作目標的啟發，或是來自於資助機構的究責性（accountability）要求，或來自專家偏好的一套評量標準。評量人員提出問題，以產生有關結果的訊息，譬如：什麼是政策或方案的目的？誰有望從政策或計畫中受益？有多少人從該策略或計畫中受益？

3. 價值取向評量（value-oriented evaluation），或有時稱之為「人本方法」（humanistic approach）：其所關心的是試圖找出一個計畫的內在價值，換句話說，一個計畫本身所具有的價值。這種方法通常藉用杜威（Dewey）的價值概念化（conceptualisation of valuation），從一個使用者經驗的觀點

來檢視計畫，其評量標準的產生受到使用者、消費者或客戶的主觀需要的
影響。

評量：形成性與總結性

關於形成性評量（formative evaluation），評量者蒐集有關計畫的訊息，為
的是要協助促進計畫的改善。評量者關注於什麼事情出了差錯、為什麼出差錯，
以及如何下回能達成更佳的結果。形成性評量在性質上可以是描述性的與（或）
評斷性的。

例如，在教師評量的情況下，形成性評量可以藉由幫助教師反思他們自己
的教學實踐與思考自己的教學策略，而協助促進教師的專業成長。形成性評量
通常是基於個人對什麼是獲得專業成長所需要的判斷；Nevo（1994）表明，教
師應該使用評量以求自我改善，而不是等待地方教育局（Local Education Authority, LEA）或校長來強加要求改善。

總結性評量（summative evaluation）通常用來確定一個計畫是如何有效地
達成其目標。這種評量主要關注的是究責性。總結性與形成性評量可以同時使
用，但在許多情況下，對於較大究責性的要求是最重要的。然而，當專業成長
被包含在一個評量體系時，一般評量是更有效地符合受雇者與組織的需求。

評量：內部與外部

外部評量（external evaluation）發生於當評量工作的主要掌控與指導係來自
於組織外部的人。使用外部評量形式的主要優點，是它們被認為就究責性言是
有效的。正是因為這個原因，它們深受欲推行改善公共服務政策之政治人物的
偏好，例如：在英國教育標準局的情況下，有一個中央集權式的系統，它規定
與控制輸入以及評量的實施是高度標準化的。

相反地，內部評量（internal evaluation）是由在組織內部的人來進行評量，它有兩種主要形式：

1. 分層的內部評量（hierarchical internal evaluation）：這發生於高階員工對低階員工之技術與能力的評斷。
2. 自我評量（self-evaluation）：這發生於個人檢視他們自己的表現，並評斷他們的表現如何。這種形式的評量可以被視為是一種組織從內部改善其工作表現品質的機制。

很多人對評量都感到不舒服或甚至敵視；在教師評量方面，這已被看作是一種「不利於教師而非支持教師」（Nevo, 1994: 96）的過程。因為這類形式的評量，是以鑑定個別教師與個別學校來確認成敗的責任。很多教師將評量看作是一種「汙名」（name and shame）個別教職員的企圖。

通常對教師的評量是透過觀察，這也是一種評量研究計畫的有用工具。督察員數次到教室觀察教學，通常會事先通知，並根據使用觀察清單或主觀判斷的觀察結果，判定教師在課堂中的教學作為是否適當。教師根據究責性而輕易地被評量，但是他們很少得到有關如何改善教學的建議。許多論者認為，對受雇者的評量應該以能夠協助與支持受雇者，並以改善他們表現的方式來進行。要做到這一點的方法之一是同儕評量（peer assessment）。

關於同儕評量，有一個支援團隊負責相互觀摩與同事之間的互助；工作人員彼此觀察，並做出與組織目標有關的具體判斷。該過程被認為能對受雇者的自我評量提供有益的回饋。

涉及合力反思（collaborative reflection）的同儕評量形式可以幫助員工的專業成長，並導致更有效的組織發展。

總之，組織評量可以是內部的（自我評量）或外部的。外部評量是由組織以外的人，通常是如負責調查學校及其他公眾資助教育設施之辦學品質的教育標準局的督察員，來進行評量。教育標準局之視察所賴以為據的假設，是藉由評量學校內的教學與學習品質，才能確保最低水準的教育品質。如果有學校低於標準水準，督察員會採取若干不同措施，從加強監督到關閉學校。

相反地，內部評量是由來自組織內部的人進行評量，鼓勵就有關事情的輕重緩急、目標與品質標準進行對話，並討論如何實現這些目標。

然而，許多論者認為，自我評量要能成功就必須是一種參與的過程。在學校的情況下，教師、學生與家長應該盡可能地參與自我評量的各個階段。

> ## 思考點
>
> 　　教師評量通常一直以一種嚴密的過程或技術的角度來看待，但是卻不能正確地評量學校如此複雜的組織與體制。（Davis, Ellett, & Annunziata, 2002: 299-300）
>
> 該陳述指的是什麼？

許多評量研究的形式假設在一個組織內有多層次的的衝突，因為不同的利害關係人對組織的作用與目的有不同的看法。

評量研究的主要特徵

評量研究是一種描述問題並對那些問題提出有效解決辦法之應用社會研究的形式。評量是有關試圖確認一項計畫、政策或措施的價值與重要性。如果一項政策或計畫的提出，是為了要削減或刪除被認為有問題的某些類型活動，譬如成效不佳的學校，那麼評量將涉及政策或計畫的調查，以便評斷就目標的實現言它的成就（或其他方面）。Tilley（2010: 104）將這種方法界定為：

> 有系統的鑑定與評估由於處置、計畫、政策與結果所產生的影響。

就 Tilley（2010）來說，實施評量研究的各種理由為：

- 告知政策與實踐。
- 告知資源分配。
- 追究決策者的責任。
- 告知消費者。
- 告知有關計畫與政策持續的決定。

　　評量者必須面對的一個問題是方法的問題。他們應該是價值中立的或是他們應該是計畫的支持者？支持是評量者接納計畫中一位或多位利害關係人的看法或立場。有一種論點認為，與被評量的人互動可能有損評量的客觀性。這是基於評量者應該「疏遠」受評人的假設，因為沒有保持距離，將有損評量的效度。偏見可能包括任意斷言與系統誤差，兩者都可能由於性格不合、個人喜好、偏見等而形成。此外，評量者也可能為了避免樹敵而修改評量報告中的結果與評論。然而，為了獲得所需要的資料，取得被評量人的合作確是需要的。

方法論的方法

　　評量研究可以是質性的與（或）量化的，有三種主要方法論的評量方法：

1. 「建構主義者」（constructivist）強調質性的方法和涉及與利害關係人協商對談的方法。建構主義者的方法較之許多其他評量方法更具有哲學性質，它是基於主觀主義的認識論（epistemology），假定由於個別人們創造了社會世界，我們應該拒絕超越人們所建構之世界以外的任何終極現實（ultimate reality）的存在。該方法排拒在評量時蒐集資料價值中立的想法。Guba 與 Lincoln（1985, 1989）引領開發建構主義的評量方法。

2. 「現實主義者」（realist）的方法強調各種層次社會現實的存在，以及這些發現於方案內的層次產生影響方案結果的因果力量（causal forces）。正因為如此，因果機制受到未被方案設計者察覺的引入措施而活化了。

3. 「實驗主義者」（experimentalist）強調量化的方法並解釋方案為致力於被觀察的孤立變項。

現實主義

現實主義有許多形式取決於「真實」（the real）如何被理解。然而，現實主義方法的核心假定是「世界獨立於人而存在」。兩種極端不同形式的現實主義是經驗主義與理想主義。

1. 就經驗主義（empiricism）言，現實世界是由離散的實體所組成，它們是唯有透過感受資料（sense data）才能理解的真實物件。
2. 就理想主義（idealism）言，現實世界只能經由感覺與心理建構的合成才能理解。

Sayer 的方法

對 Sayer（2000）來說，很多人會接受物質世界是與我們對它的了解無關的，但都不願意接受社會世界也是無關的想法，例如：在教育領域內，研究者極有可能遇到由理論引導下的管理或課堂實務，一種 Sayer 稱之為「鏡廳」（hall of mirrors）效果的情況。

Sayer 的批判現實主義（critical realism）的觀念摒棄真理符應論（correspondence theory of truth），理由是簡單的符應沒有真實地反映出在世界上我們的實際知識與我們行動之間的關係複雜性。詮釋性的理解不單只是一件試圖找到一個真實解釋的事而已，而應被看作是一種持續不斷地提出描述與解釋世界，以及其如何運作的過程。這種方法於情境化知識（situated knowledge）或立場理論（standpoint theory）的概念中最能明確地被理解。這表示，在任何組織內都會存在著在人與人間的緊張關係，因為在組織內人們有不同的角色，且他們對組織如何運作有非常不同的看法。這些觀點必須加以探討與評量。就 Sayer（2000: 146）而言，我們必須：「理解與協商參與者的解釋，不要為了保持我們喜歡稱之為理論的純潔性而排除它們。」

傳統上，現實主義借鑑經驗評量的準實驗形式。封閉變項系統被假定，並進行諸如計畫或政策之類的處理（treatment）測試且測量其效果。然而，計畫與

政策很少是靜態的形式如傳統現實主義評量所假設般。它們是由人們來執行，而這些人們對於這類計畫或政策的價值與效果都會有非常不同的設想與看法。

就 Sayer（2000）而言，現實的世界往往是一個不明確的地方，且人們對它經常有錯誤的了解：換句話說，人們想法的特點是*容易犯錯*（fallibility）。然而，所知事物不可靠的假設，並不意味著所有的話語是同樣真實、有效或充分告知實際作為。根據這個假設，它符應現實主義的主要特徵，即世界的存在是與我們對它的理解無關。正如 Sayer（2000: 11）解釋：

> 沒有理由相信從一個平面地球理論轉變成一個圓形地球理論是隨著地球本身形狀的改變而形成的。

現實主義者認為現實世界總是比我們對世界的假設更加混亂。在社會科學中，有一種額外的複雜因素存在，其他人對世界的假設與看法是現實世界的一部分，因此，有些知識的存在與我們對它的理解無關。

批判現實主義不應該僅僅是一種以我們的感官所能體驗之單純經驗現實的調查。所有的社會現象就其本質言是有意義的，該意義即是有助於形成我們對物件感知的因素之一，儘管此種意義經常是無法憑實際經驗來測量的。本體論（ontology）是一種有關什麼是構成現實的理論，且批判現實主義不僅僅是物件本身存在的研究而已，而是結構與權力關係的研究。換句話說，批判現實主義包含了「分層本體論」（stratified ontology），其中某些權力資源沒有得到充分激活，或甚至可能是處於完全休止的狀態。從這個角度看，解釋建構涉及找出促使事情發生於世的機制，以及了解物件所有的權力本質，這些機制如何運作與在什麼條件之下。這種運作方式借用了投入理解或主觀認識（subjective under-standing）的概念。

如果你還記得，*投入理解*是一種方法，可以幫助研究者知道他們所調查之人們的看法、動力與想法等，以理解這些人的動機與意圖。投入理解所依據的假設，是研究人員有可能將自己投入於被研究者的社會與文化情境脈絡中，以重新建構或「重新體驗」被研究者所經歷的世界，並試圖理解在他們的想法、

情感與動機背後的根本原因，以求真正了解他們的行為。外在的徵象是有意義的，它們對觀察者有某種意義，讓觀察者能夠領悟到它們內在的意義。這種方法包括在特定情勢下，我們所觀察到行為的內化，然後試圖將觀察到的行為加以分類。換句話說，投入理解是用來對我們能夠直接觀察的行為賦予一些意義。

批判現實主義假定「開放系統」而不是「封閉系統」，在其中背景、機制以及複雜性都可能影響結果。

我們可以如此總結 Sayer（2000）的立場，物質世界是真實的存在，與我們如何將它概念化無關，換句話說，世界與我們對它的認識無關。現實主義者也認為，社會世界與我們對它的認識無關。此外，就 Sayer 來說，我們對世界的實際認識與我們的社會活動之間存在著高度的複雜關係。總是會有不只一個對世界的真實解釋。在評量研究，解釋總是一種持續不斷描述與解釋世界以及它如何運作的過程。這種方法在政治取向形式的評量或立場理論最清楚地被了解，因為它們的目的不是在於對政策、計畫或組織如何表現良好做出客觀評斷，而是讓外界的一般民眾或政府對該組織有良好的印象。在組織內，由於人們對組織如何運作存有不同的看法，而造成彼此間的緊張關係。為了獲得對組織如何運作的充分與有效了解，這些不同的觀點必須加以確認、解釋與評量。

正如第 360 頁「思考點」中，Davis 等人（2002: 299-300）所表示：

> 教師評量通常一直以一種嚴密的過程或技術的角度來看待，但是卻不能正確地評量學校如此複雜的組織與體制。

他們所認為的是，總是會有一個以上對教師教學表現的真實解釋。在學校內，教學人員、學生與其他利害關係人之間的關係具有高度的複雜性，這往往會因為利害關係人可能對該組織應該如何運作有非常不同的看法，而產生緊張的關係。正是因為這個原因，對一個組織的有效解讀需要找出這些不同的看法，解釋它們來自何處、它們是如何形成的，並評估其影響。由於做評量的人對於教師的角色有不同的理解，而使得某位教師可能被認為表現不佳。

應用 Sayer 的方法

Sayer 的現實主義方法顯示，如果你正在撰寫一篇有關某組織的評量報告，你需要選擇能讓你了解一些人對該組織之看法如何的資料蒐集方法。

Pawson 與 Tilley 的方法

Pawson 與 Tilley（1997）提出這樣的問題：什麼是社會計畫？他們的回答是，社會計畫係指包含一個人期望在任何社會體制內均能找到的所有主要元素：也就是個別行動者與組織結構間經由一系列微觀與宏觀過程的相互作用。對 Pawson 與 Tilley 來說，現實主義的主要特徵，是強調解釋機制的意涵。

就 Pawson（1989）來說，**根本的機制**（underlying mechanism）是銜接因果序列關係的事物。他舉例說，孩子往往長大後擁有與父母一樣的社會階級地位。我們將嘗試找出根本的機制：

> 透過詢問有關有利或不利於某些群體取得階級（職業）地位身分的傳統機制，有人會據以推論證書資格關卡的建立將圖利於特定職業團體。有人會假定有關財富與財產繼承的立法，有利或不利於特定人群。有人會試圖了解由於技術與經濟變革所造成的機會類型的變化將如何降低或增加不同人群的流動機會。（Pawson, 1989: 74）

總之，使用這種方法的評價研究必須關注於發覺對個人之社會行為的解釋，是個人的行為活化了生成機制（generative machanisms）。反過來，是在特定情境內根本生成機制的激活帶來或產生改變。這表示，藉由了解個人如何與為什麼選擇他們的行為方式，我們才能了解改變的意義。生成機制對一個既定與具體的社會情境言，是屬於局部地方性的。評量研究的第一階段是清楚地找出社會行為所發生的情境以及在該情境內運作的生成機制。

Pawson 與 Tilley（1997）強調理解四個關鍵要素的重要性：

1. **鑲嵌**（embeddedness）：藉由參照所蒐集的共有假設，我們才能理解社會行為的意義。社會計畫不能夠被看作是給予個別人同一對待（uniform treatment）的「劑量」（dosages）。個人可能選擇以非決策者所要的方式解釋計畫。這種不同的解釋可能根源於相關個人的不同背景、利益與偏見。

2. **解釋機制**（explanatory mechanism）：「機制」是由計畫所釋出或抑制的因果力量。一個組織如何運作的表面觀感，可能是人類行動者用來理解計畫之無法觀測的動機與意圖方面的結果。評量研究需要探討計畫如何可能改變人類行動者的行為，它們如何可能將人們的選擇與能力聯繫起來，以產生結果。

3. **情境**（contexts）：「情境」包括機制被活化所需要的條件。社會計畫總是要被引入且必須在預先存在的情境條件下運作。這不僅僅包括地理位置，而且包括一系列侷限個人行為的特定的、被認可的以及傳統作為。

4. **結果**（outcome）：Pawson 與 Tilley（1997）從計畫改變的方面來檢視結果。而計畫的改變是由於在政策或實踐被引進的情境條件下，機制的活化所促成。他們將這過程以如下簡略的方式描述：結果＝機制＋情境。

如果行動者選擇執行計畫，社會計畫才能產生結果。從 Pawson 與 Tilley 的角度來看，未知的混淆變項是「情境」的一個關鍵元素，且往往含有有助於社會活動的「機制」。正是因為這個原因，Pawson 與 Tilley 支持於評量研究中採用混合的資料蒐集方法，因為混淆變項通常唯有使用詮釋性的方法才能被發現。正因為如此，於評量研究中，往往難以進行國際比較，這是因為世界不同地區的不同文化、環境以及潛在的混淆變項所致。

現實主義者透過開發一系列可能的「結果＝機制＋情境」命題，以試圖了解是什麼產生對選擇的約束。就 Pawson 與 Tilley（1997）來說，現實主義的方法是「理論導向」（theory driven）。理論導向評量（theory-driven evaluation）的目的是確定如何以及為什麼某些計畫在特定情況下是有效的。沒有為什麼社會計畫可能是有效的理論，以及沒有人類行動者在其中選擇使之有效的情境理

論，所有的評量研究將是無效的。一個社會問題或計畫的理論上合理模式，在任何評量作業中，有多項功能要執行：它告知執行的理由；它告知資料蒐集與分析的選擇；它能指出評量者對關鍵問題與議題的關注；以及它說明評量者可能期望發現什麼。

「實驗主義者」的方法

「實驗主義者」的方法假設所有有關政策或計畫的相關變項都可以由評量者加以控制與操弄。換句話說，世界可以維持不變以測量計畫的效果。該方法的目的是盡可能地減少意義不明確，且最常用的蒐集資料方法為現場實驗（field experiment）與準實驗（quasi experiments）。理想情況下，這種方法將使用被認為能達成「內部效度」的隨機對照試驗，在其中，處理或計畫與效果之間的關係是清晰明確的，並且能夠使用具有數值的指標來測量。個人應該被分配到實驗組與對照組，然後測量處理的影響。當評量是在盡可能接近實驗室的條件下進行時，即假定研究人員能夠從調查結果推論到樣本之外於同樣情況下的其他個人與團體。

實驗

除了一些著名的心理學實驗外，大多數社會科學家沒有機會進行實驗室的實驗。實驗被認為是蒐集資料的最有效與可靠的方法之一，因為它是一種方法，在其中研究人員試圖控制與操作所有的相關變項，以便確認因果關係。透過如此作為，研究人員就可以產生明確的結果。實驗有額外的好處在於其精心設計，即使是小規模樣本，亦可以產生有效的結果。

雖然大多數社會科學研究計畫未使用實驗設計的實驗室實驗，但是它們往往是田野實驗或準實驗。在準實驗研究，研究對象經常基於道德上的原因，不能被隨機分配到不同的實驗組。在教育研究中，長久以來的問題之一，是有關天性與培育的問題。換句話說，教育成就是遺傳的產物，抑或是兒童培育的結

果？我們可以選擇多對同卵雙胞胎，在他們出生時即予以分離，一位安置於中產階級的家庭，另一位於貧窮的家庭，待數年後，在他們生命中的不同時間點（例如：在 16、18 以及 22 歲時），識別他們的教育成就。在這種作法中，我們比對愈多對雙胞胎，我們的研究結果將更為有效。這種方法，基於一些理由，是不道德的。但是，如果我們能夠確認同卵雙胞胎，在出生時被意外地分離，且在彼此非常不同的環境下成長，我們仍然可以進行研究探討同樣的問題。不過，還是有許多其他變項可能會影響教育成就，且身為研究人員，我們不能在我們的準實驗中，控制與操弄這些變項，例如：你可能要檢視學校、同儕團體、學科選擇以及孩子的健康等的影響。

田野實驗也是在實驗室以外進行的，但在這種情況下，研究者不將受測者分配到實驗組或控制組。如果我們想測試一種特定類型的牙膏對兒童蛀牙的影響，我們可以分配一組兒童為實驗組，並要求他們使用我們給他們的牙膏；控制組則不給予相同的牙膏。同樣地，也不可能控制所有的變項。蛀牙有很多原因，包括飲食、小孩刷牙次數、刷牙多久以及他們的刷牙技巧。同時，如果小孩被選中參與實驗，不管是在實驗組或控制組的小孩都可能更加意識到他們刷牙的重要性。

你也許記得於第 1 章時曾述及，一個獨立變項係指研究人員認為它可以造成另一個變項之改變者。一個簡單的實驗設計將涉及試圖測試一個獨立變項對一個依變項的影響。研究者可以改變獨立變項的數量或程度，以測量其所造成的任何程度的改變。促成一個獨立變項在數量或程度的改變，以測量依變項的改變，通常稱之為**實驗處理**（experimental treatment）。大多數實驗設計將包括一個實驗組與一個控制組。實驗組的成員與控制組的成員共享相同的相關特性。唯一的區別是研究者僅對實驗組應用實驗處理，而控制組則無。在實驗的過程中，我們所觀察到的兩組之間的任何變化，都被認為是由於實驗處理的應用所造成的。

Milgram 實驗

Milgram（1963）進行了一系列有關服從的實驗，係涉及受測者（譯者按：

扮演「老師」的角色）被要求對「受害者」（譯者按：係假冒的「學習者」）施以一系列模擬電擊，以確認懲罰對於記憶之效用的學習實驗。受害者是一位 47 歲受過 Milgram 角色培訓的會計師。Milgram 選擇了四十位來自美國 New Haven 介於 20 到 50 歲的男性樣本。主要的依變項是受測者在拒絕對受害者施以電擊作為懲罰前的最大電擊伏特數。對受測者的操縱可以採取許多形式，譬如由實驗者使用命令的口氣要受測者繼續對受害者施以電擊。如果受測者拒絕施以電擊，實驗者將以一系列如下 Milgram 形容為堅定、但並非不禮貌的口氣，口頭「督促」受測者繼續給予受害者電擊：

> 督促 1：請繼續。
> 督促 2：這實驗需要你繼續。
> 督促 3：你繼續進行是必要的。
> 督促 4：你別無其他選擇，你必須繼續。（Milgram, 1963: 374）

如果受測者詢問是否電擊會對學習者造成永久性身體傷害的危險，實驗者回應說：「雖然電擊可能會痛，但是不會造成永久性的組織傷害，所以請繼續」（ibid.）。如果受測者解釋說，學習者不想繼續，實驗者則說：「無論學習者喜歡或不喜歡，你必須繼續下去，直到他已經正確地學會了所有的單字配對。所以請繼續」（ibid.）。

Milgram 對心理學的學生進行了一項調查，詢問他們預測樣本中有多少人將會施以最大的電擊。他們的預測是樣本的 1.2%。整體樣本原本準備施加的最大電擊為 300 伏特，在四十位樣本中有二十六人對實驗中的學習者施加於電擊控制器上標誌有「XXX 極度危險」的最大電擊伏特數。

思考點

在這些實驗過程中，是否有任何 Milgram 不能夠控制與操弄的變項？

Milgram 認為，因為實驗是在耶魯大學（Yale University）進行，這可能會對受測者的行為產生影響。同樣，因為告知受測者研究目的是增進

學習，這可能也會影響受測者的行為。受測者尚且因為參與實驗而收受了
4.50 美元的酬勞，這也可能影響他們決定繼續。

　　Milgram 在其後利用女性為研究對象，並於學校以外進行，他聲稱為
市場研究之一部分的實驗中，他發現了類似的結果。

　　這項研究有沒有引發任何道德問題？（當考慮到這一點時，要留意，
所有受測者都是自願參與者，並能夠在任何時刻拒絕施以電擊。）

控制環境

　　在受控制的環境中（如實驗室）進行實驗有許多優點。它們不僅具有科學
的屬性，抑且研究人員可以專注於結果而不是研究對象的動機與意圖。這種方
法可以確立研究處理與結果之間的明確因果關係。但是，這些因果關係往往是
建議性的，而不是經驗證的。我們通常所發現的是某種恆常連結（constant con-
junction）的形式，這意味著，我們總是觀察一個事件接著另一個。在嚴寒的天
氣，水會凍結；我們假設，因為先有寒冷的天氣，然後水才會凍結，存在著一
種因果關係，但是在社會科學研究中，我們絕不能確定有這樣的因果關係。

　　在自然科學領域，此種外部因素往往可以加以控制。如果我們想測試熱對
金屬條的影響，控制所有其他變項不會有困難。同樣重要的是要記住，即使在
自然科學，研究人員也必須清楚地確定與描述他們將要使用的變項。不充分的
操作變項會影響研究結果的效度。最後，無論自然科學與社會科學，研究人員
仍然必須為他們所使用的變項選擇合適的指標。

霍桑效應

　　從 1927 至 1932 年，Mayo 與他的同事在西方電氣公司（Western Electric
Company）的霍桑工廠（Hawthorne plant）進行了一系列的研究。在五年期間經
歷三個不同的研究階段：實驗、面談與觀察。

　　該公司有興趣於確認工廠內的照明度將使工人達到最高的生產效率。研究

發現，所有實驗對環境的改變，包括降低照明度，導致了生產率的提高。Mayo 與他的同事最後達成結論，那些被選定為實驗樣本的工人因為被選為研究的對象，而讓他們有種特殊的感覺，這是提高他們生產效力的顯著因素，而不是工作環境的改變。霍桑效應（Hawthorne effect），如人所知，並不僅只是存在於實驗。它可以影響被選定參與研究計畫的任何樣本。作為一位研究人員，你需要審慎考慮我們的研究會影響我們得自於樣本的回應。

總結與撰寫報告

　　實驗評量研究試圖找出變項之間的因果關係，以處理或干預作為獨立變項，結果為依變項。例如藥物試驗通常採用此種類型的設計。在採取一些基線研究（baseline research），以確定所有樣本的人未具有可能會影響結果的根本條件後，個人被分配到實驗組或控制組。理想上，試驗應該是隱瞞的，該研究者應該不知道哪個組是什麼。在實驗組中的任何變化可被假定為係因為處理或干預所引起的結果。然而，在社會科學進行此種形式的研究，仍存在著實際的、倫理的與認識論的問題。將個人分配到一個組，而不是另一組，往往是不切實際的，因為來自控制組與實驗組的人們可能彼此相遇，感染可能發生。除了處理以外的因素可能影響人們的行為與研究結果。最後，還有霍桑效應的可能性；人們可能因為他們是研究計畫的一部分，而改變他們的行為。

　　為了評斷一項計畫或干預的效果，研究需要明確地界定效果（effectiveness），並需要對所使用的變項的效果選擇合適的指標。在社會科學，行為目標不是那麼容易界定或測量。同時，我們必須謹記的是，評量研究是發生於道德與政治情境內的，例如：如果我們想要調查，是否一項政策或計畫能有效地減少社會排斥，那麼該變項（社會排斥）的定義及其效果指標的選擇將具有高度的政治化。

撰寫評量報告

本章所討論的許多評量研究的例子是由研究機構資助，且由大群經驗豐富的研究人員所進行的非常大規模的計畫。然而，這並不意味著你不能進行評量的研究計畫。從最大型與最艱鉅的計畫到最小規模的大學生計畫，為了在一個設計良好的研究計畫中獲得有效與可靠的資料，都有一個你必須遵循的基本結構。如果你有興趣於根據你所蒐集的資料，對組織、團隊、政策或計畫做一個有憑據的評斷或評量，那麼評量研究是一種合適的方法。一旦你業已確定什麼是你要評量的，而且你有明確的想法，認為所有評量的事就是你打算實現的目標，你就能夠完成一項評量研究。在隨後的部分，有一些明確界定的步驟，獨自的研究者可以採用，以成功地完成一項評量研究。

如何撰寫一份評量報告

▶▶ 標題

標題（title）應該為讀者提供一個有關該報告內容的指示，並且你所使用的任何次要標題，都應該提出一個有關要探討之問題的簡短描述。

▶▶ 摘要或執行總結

摘要（abstract）或執行總結（executive summary）是報告的縮寫版本：一種報告所探討之要點的簡明概要。發表在學術期刊的學術評量研究通常會包含一個摘要，而一件由組織委託的評量研究通常會包含一份執行總結。摘要一般是 250 到 300 字的篇幅，而執行總結通常是 900 到 1,000 字。在這兩種情況下，總結對於那些需要知道你的研究是有關什麼、但尚未決定是否他們需要閱讀它的人們是有用的。總結亦對那些不需要知道所有報告內容的細節、但必須知道內容的人們是有用的。在兩種情況下，研

究人員需要從評量總結要點，包括主要結果、研究的理由或原因、所採用的資料蒐集與資料分析的方法以及任何建議。

▶▶ 緒論

在緒論中，研究者必須簡要說明報告的目的，包括研究的理由或原因。也應該列舉該研究計畫的目的與目標，描述所要評量的是什麼以及接受評量之政策、組織或計畫的情境。

評量一般指的是對照主要的績效指標對表現做出判斷。如果你的評量研究也包括此種判斷，那麼績效指標應該列於緒論中。

▶▶ 資料蒐集與分析的方法

在評量研究中，研究者應該就所使用的可信與可靠的研究方法（通常使用多元資料來源）所蒐集到的訊息，提出有效的解釋。對讀者說明你選擇你所使用之資料蒐集與資料分析方法的理由。這可以包括對所使用之方法的描述（焦點團體、問卷調查、訪談等），以及你認為這些方法是最適合採用的理由的概述。略述你所蒐集的資料係來自何人，並說明從母群體中抽樣的細節，可能包括抽樣程序、抽樣框架等。如果你依照 Pawson 與 Tilley 的建議，採用結合量化與質性的資料蒐集方法，那麼解釋你為什麼使用混合的方法，例如：如果你選擇使用問卷調查與訪談，解釋為什麼你要使用它們。不要列舉每一種方法的優點與缺點，而是要解釋為什麼混合方法是最適合於你所需要探討的問題。

完整與清晰地勾勒報告中所採用的研究方法，會讓人對該報告有種既有效度又有信度的感覺。

▶▶ 研究發現

在報告的這部分中，研究者對於在資料蒐集過程中所發現的訊息提出概述。這通常是以表格、頻率分布、圖形與（或）圖表的方式提出量化資料，來支持以文字敘述的研究發現。

質性資料通常呈現在不同的段落，使用觀察所得的描述性主題或來自
受訪者的直接引述，以強調最重要的主題。

▶▶ 分析與討論

描述研究發現的意義、重要性與影響。為了有效地做到這一點，你可
能要討論你的研究發現，是如何與其他在類似情境下進行或探討同樣問題
的研究，有相類似或不同之處。在討論中，藉由其他人的研究，以突顯主
要論點，將提昇你研究的效度。當研究人員討論他們的發現與該領域其他
人之研究的相關性時，他們必須進行文獻探討，其目的是評估值得信賴的
研究與導引出有關其意義與重要性的適當結論。

▶▶ 結論

結論的陳述包含該研究的發現是什麼，以及你導出的適當推論是什麼
的總結；解釋如何與為什麼你對研究發現的意義與重要性的理解是適當的。

很尋常的是，一個評量研究就其研究中所探討的問題，提出相關的建
議。建議應該直接根據呈現在報告主文中的研究發現與完整研究的結論，
並且獲得透徹與合理分析的充分支持。

最後，提出一個全面與完整的參考書目。

結論

在本章中，我們已經探討評量與評量研究的性質。在大多數情況下，評量
研究的方法相當簡單明確。我們檢視一個單元（如政策、計畫、人員在組織內
的角色或組織本身）的目的與目標，然後蒐集資料，以判斷該單元的表現是如
何的好或如何的不好。評量研究的困難部分，是如何解釋為什麼表現好、壞或
漠不關心，以及如何找出影響表現的因素（即 Pawson 與 Tilley 所謂的機制）。

Erica 被要求撰寫一個研究計畫，但她不知如何著手！

Erica 應該考慮進行一個評量研究嗎？

　　Erica 了解到質性與量化的方法都有其優點，為此，她正考慮在她的研究計畫中採用混合的研究方法。

　　她仍然執著地認為她的研究計畫應該採用結構式的人種誌研究方法，且迫切地引據 Johnson 與 Gray（2010）的說法，為她計畫的研究方法作辯護：

> 混合研究方法，應該**強調連續體**，而不是一組二元對立的；
> 混合研究方法涉及以連續體替代二元。

　　這聽起來真是個很巧妙的說辭，但這是什麼意思呢？她認為這意味著，在她的計畫中，並不存在著一方面是對遊客沒有提供有關生物多樣性與永續發展教育與訊息的動物園，與另一方面則是能將原本對生物多樣性與永續發展毫無所知的人們改變成這類專家之動物園，兩者之間簡單二元對立的情況。對於該問題，並沒有簡單的非黑即白的答案：一切都將是在灰色的陰影之下。

　　她關注的是她的計畫可能沒有一個明確的焦點。一個評量研究應該為她帶來她所正在尋找的焦點。

　　她早先閱讀各種視察報告、政策文件以及其他文件資料，應該讓她對於動物園應該提供什麼服務有一個清晰的概念。她可以寫出一系列人們合理地期望動物園為履行其法定職責所應提供服務的事項。然後，她可以選擇一個動物園，並利用從視察報告、政策文件等所蒐集到的訊息，作為她評量動物園如何成功地履行其職責的工具性個案研究的起點。

　　她可以與動物園內負責不同工作之員工進行一系列結構式訪談，以發覺他們如何解釋動物園的職責。不同員工的態度與意見可以有助於或妨礙

動物園履行其法定職責。這將是有趣的：找出是否行銷經理與直接關心動物的人們對於動物園的職責有相同的解釋。

　　她還可以對正要離開動物園的遊客進行問卷調查，以發覺是否他們覺得動物園業已盡到其法律職責，並接著進行深度訪談與觀察，以了解人們對於他們在參觀動物園時所獲得的有關生物多樣性與永續發展的教育與訊息品質的想法與感受。

 ## 參考文獻

Davis, D.R., Ellett, C.D. and Annunziata, J. (2002) 'Teacher evaluation, leadership and learning organizations', *Journal of Personnel Evaluation in Education*, 16: 287–301.

Guba, E.G. and Lincoln, Y.S. (1981) *Effective evaluation*, San Francisco: Jossey-Bass.

Guba, E.G. and Lincoln, Y.S. (1989) *Fourth generation evaluation*, Newbury Park, CA: Sage.

Johnson, R. and Gray, R. (2010) 'A history of philosophical and theoretical issues for mixed methods research' in A. Tashakkori and C. Teddlie (eds) *Sage Handbook of Mixed Methods in Social & Behavioral Research*, California: Sage, pp. 69–94.

Lincoln, Y.S. and Guba, E.G. (1985) *Naturalistic inquiry*, Beverly Hills, CA: Sage.

Mayo, E. (1949) *Hawthorne and the Western Electric Company, The Social Problems of an Industrial Civilisation*, London: Routledge.

Milgram, S. (1963) 'Behavioral Study of Obedience', *Journal of Abnormal and Social Psychology*, 67(4): 371–8.

Nevo, D. (1994) 'How Can Teachers Benefit from Teacher Evaluation?', *Journal of Personnel Evaluation in Education*, 8(2): 87–98.

Pawson, R. (1989) *A Measure for Measures: A Manifesto for Empirical Sociology*, London: Routledge.

Pawson, R. and Tilley, N. (1997) 'An Introduction to Scientific Realist Evaluation', in E. Chelimsky and W.R. Shadish (eds) *Evaluation For the 21st Century: A Handbook*, London: Sage.

Sayer, A. (2000) *Realism and Social Science*, London: Sage.

Smith, S., Sinclair, D., Raine, R. and Reeves, B. (2005) *Health Care Evaluation*, Milton Keynes: Open University Press.

Stufflebeam, D.L. (2001) 'Evaluation Models', *New Directions for Evaluation*, 89: 7.

Tilley, N. (2010) 'Realistic evaluation and disciplinary knowledge: applications from the field of criminology', in J. Vaessen and F. Leeuw (eds) *Mind The Gap: Evaluation and the Disciplines*, New Brunswick: Transaction Publishers.

Worthen, B.R. and Sanders, J.R. (1987) *Educational evaluation: Alternative approaches and practical guidelines*, New York: Longman.

成功地完成研究計畫

前言

　　撰寫是研究過程中的一個重要部分。甚而，如果研究人員容許被研究者針對研究草稿發表評論、修改報告的陳述與（或）補充資料，那麼撰寫過程可以被視為資料蒐集與分析的一部分。撰寫仍然是最普遍的方法，藉此研究人員與他們學術上的讀者溝通。研究結果不會不言而喻，它是靠研究者以明確、連貫與說服的方式傳達研究結果。正是出於這個原因，在撰寫時研究人員必須運用論據來說服讀者研究計畫的結果是有效、可信與重要的。很多人不喜歡研究過程中的撰寫階段，往往是因為他們不喜歡他們的*聲音*或寫作風格：他們對於用自己的聲音說出他們自己的話，感到不舒服。解決這個問題的方法之一，是起草與重新草擬你的研究報告，直到你對你所寫的感到高興與自在。這一切聽起來好像是很不錯的建議，但是證實，重閱、重寫你的研究報告是非常耗時，而且不是很有趣的。

　　讀一本書可能要花費你一個星期的時間，你可能會誤認為作者撰寫這本書也只用了一星期的時間。這是非常罕見的情況，因為即使是經驗老到的作者也必須對他們的著作不斷地試寫與重寫。不要認為使用電腦的語法檢查、詞庫和拼寫檢查是一種欺騙，因為它不是的。文書處理套裝軟體提供這些工具是為了幫助你改善你的寫作。語法檢查將讓你運用全面的標點符號形式，包括逗號、

分號、冒號與句號。

　　你尚需考慮有關讀者的問題。如果可能，你應該激勵他們閱讀你的研究，他們必須想要翻開它。但是，你要怎麼做到這一點？思考一下你的段落建構。一個寫得很好的段落應該以一個論題陳述（thesis statement）為開端，這是一個句子解釋該段落的訊息或內容。隨後的幾個句子包含為起始句子中所提出的論點提出可接受的理由。當你對論題陳述已經加以解釋並說明理由後，該段落即告結束並另起一新段落。

　　如果你正在進行你的研究計畫作為學習評量的一部分，你的報告必須符合評量標準。當學生繳交報告卻未提出結論與參考書目時，經常讓我感到驚訝，因此，他們的研究報告也未能獲得好的成績。

報告的結構

　　你可以以許多方法呈現你的研究報告，但是大多數的博士論文具有以下的結構。

封面

　　研究計畫的標題應該給予讀者對計畫的內容有一個清晰的輪廓。你的名字也要寫在該頁。

摘要

　　摘要應該就研究計畫所探討的問題、調查的母群體以及採用資料蒐集與分析的主要方法，提供一份簡要的總結，還應該要有主要研究發現與所獲結論的概述。在評量你的研究計畫時，你將會被要求提出一份一般字數限制約 300 字的摘要。

緒論

在緒論，你應該為讀者提供一個有關該研究性質的概要，簡要地說明你的研究在該領域其他研究中如何定位，以及你打算採用的研究方法。你可以向讀者指出你的觀點，例如：你是從一個女性主義者、馬克思主義者或後現代主義者的觀點來進行研究？該計畫是屬於評量化質的嗎？其中你的總結陳述要為改善實務而提供一些建議嗎？這將提供為何研究是重要的理由訊息。該研究的研究動機亦可包含於緒論中。動機可以包括你想要完成該研究的個人原因。我喜歡閱讀來自作者個人的反思陳述（reflexive statement），因為這將有助於我更充分地了解他們所採取的觀點與為什麼。

文獻探討

文獻探討應該提供對你所探究領域之研究的批判性評論。將文獻探討視為一篇有關你研究計畫的短文，在其中概述與評論你所探討領域研究中最重要的論文，這是一個好主意。評論應包括對該領域最具影響研究者所採取之不同理論立場的討論；你對他們的研究可能有的任何批判；以及研究所存在的矛盾、瑕疵與異常。這將讓你將你的研究計畫置於該領域其他研究的情境中。

將有類似主題的訊息堆置在一起，並對不同研究工作加以連結。

研究方法

在本部分，你需要說明你將運用的資料蒐集與資料分析方法。論述需要明確地與你的研究有關。如果你已經決定利用問卷調查來蒐集資料，不要僅是列出問卷調查的一般優點與缺點，要向讀者解釋為什麼問卷調查的採用是最有效的方法。這個討論也可包括說明你原可能採用的其他方法以及你為什麼選擇不使用它們的原因。對你所提出問題給予理由說明，也是有用的。向讀者解釋為什麼要問每個問題以及你希望從所給的答案蒐集到什麼資料。選擇問題的說明理由可以參考你在文獻探討中所引用的文獻。解釋期望要施測什麼問題。討論將使讀者心裡明白你是如何在你的變項與所選指標間作連結；換句話說，你怎

麼操作你的變項。

你的研究方法的討論將會給讀者留下該方法是有效且可信的印象。很多學生在他們的研究方法部分，對效度與信度提出了非常完整的定義，這並沒有什麼錯誤，但是它並非總是必要的。說明研究方法的目的是向你的讀者解釋你所選擇的研究方法是有效與可信的，而不在於你知道如何界定效度與信度。一個研究若要被認為可信，必須對讀者提供有關資料蒐集與分析方法的充分訊息，好讓讀者能夠依循你的步驟複製你的研究。

研究方法這一章節也是說明你的抽樣程序的地方。解釋你為什麼選擇該特定的人群作為調查對象。說明是否你業已使用了一個抽樣框架、你是否使用了隨機抽樣的形式，以及你選擇抽樣間距的原因。要誠實地告知讀者有關你在抽樣過程中所遭遇的問題及你如何克服這些問題。

研究結果的分析與討論

研究結果簡言之就是你在研究中發現了什麼，基本上是對所蒐集到的資料的一個描述。研究結果可以用圖形、表格與（或）文字的方式呈現。資料的分析是你對研究結果的含義與重要性加以詮釋的評述。如此做的最有效方法之一，是顯現你的研究結果如何與該領域的其他研究相關。

基於文獻探討，你也許可對你所要發現的做出一些有依據的推測。如果你發覺你基於論據所期望提出的發現已經由該領域其他更富經驗、出版有著作的研究者所提出，那麼這很好。你僅要解釋你的研究結果支持 X、Y 與 Z 研究者等研究結果。相反地，如果你的發現與這類研究者大相逕庭，那麼這也好。接下來，你必須解釋為什麼你的研究結果與其他研究者的研究結果有如此大的差異。這正是作為一個研究者的你必須具有創意與解釋思考，以令人信服的方式辯解差異。如果你能有效地做到這一點，那麼你可能可以對知識做出新的貢獻。

更有可能的是，你會發現你希望找到的一些事情，以及你不期望找到的一些事情。這將反映在你呈現的討論中。研究結果支持研究者的一個團體或學校，或是一個觀點或立場，而非其他，這也是常見的，再度地這應被反映於你所呈現的討論中。

結論

在這個部分，你有機會對你在研究中所設的問題提出解答。研究者通常對其主要研究發現給予一個總結。

有用的一個方法是呈現你在緒論中所概述的研究目標，也許是一個簡短的要點列表，以及簡要地向讀者說明是否要點的每一項都達到了。如果有目標沒有達成，這並不表示你的研究品質不佳，但是它確實給你一個向讀者解釋原因的機會。

後見之明的價值是，許多研究者提出簡短說明：如果他們重新開始進行該研究計畫，他們將如何以不同方式去做。這使得研究者能夠反思該研究的優點與缺點，可讓你正向地架構你的反思。

通常的作法是在結論的陳述中不包括「未經驗證的」（new）資料或額外的發現。大多數研究人員在結論中並不包括任何未涵蓋於報告主體內的任何事實陳述。

參考文獻

參考文獻是你在報告中曾引用的所有資料來源的完整清單。該清單是按照作者的姓氏字母順序排列的。書籍方面，在作者的姓氏之後是他們名字的縮寫，出版日期在括號內，接著是書名、出版地點以及出版商的名稱。就期刊論文方面，你列出作者的姓，以及對共同撰寫的期刊文章，每個姓後面加上名字的縮寫，出版日期在括號內，接著是文章／篇名、期刊名稱、卷數、期別及頁數。對於取自網際網路的資料，列出作者的姓氏，如果沒有作者的姓名則列出刊登該文章之網主機構名稱，出版日期在括號內（如果知道）（或你上網頁的日期），接著是篇名（如果知道）、出版商的名稱（如果知道），以及最後是網站的網址。

引用

記錄作者的名字、日期、標題、頁碼、出版商與出版地點。在報告中你引用的所有作者都必須包含在報告末的全面與完整參考文獻中。關於必須評量的研究，如碩士論文或博士論文，有些分數會針對有明確引註與完整參考書目。

你如何引用一本書？如果你以你自己的話報導你曾經閱讀自某本書上的東西，這稱之為改寫。在改寫的第一階段是寫下一個或兩個句子的一段話，描述從你所閱讀的書你想要說的是什麼。在該段落之後但是在句末的句號之前，在括號內列出作者的姓與出版日期。而在報告的末尾，你列出出版作品的完整書目詳細資料。

如果你是從一本書直接引用，你需要在引文之前的最後一句末尾加上一個冒號（：）。在引文後的括號內列出作者的姓、出版日期與頁碼，最後加上一個句號（譯者按：中文版的方式是句號後才是括號）。

範例

Social class has had a significant impact on educational outcomes:

Over the course of the twentieth century in the United Kingdom the social class background of a child has had a significant impact on examination performance. (Smith, 1999: 34)

你如何直接引用在一本你閱讀過之參考書中的一個引文？你按照上述例子的同樣步驟，但是在括號內你需要加入「引自」（cited in）以及教科書作者的姓、出版日期與教科書引文的頁碼。

範例

Social class has had a significant impact on educational out-
comes:

> Over the course of the twentieth century in the United Kingdom
> the social class background of a child has had a significant impact on
> examination performance. (Smith, 1999: 34; cited in Murphy, 2002: 63)

你如何引用由好幾位作者所撰寫的一本書或期刊文章？按照上述的方法，
但按照慣例，習慣列出主要作者的姓，接著加上「等」（et al.）字，「et al.」
是拉丁文，意思是「和別人」（and others）。

範例

因此，使用上面的例子，但此時假設 Smith 是主要作者，那麼你的引
註（citation）應如下所示。

Social class has had a significant impact on educational out-
comes, as Smith et al. explains:

> Over the course of the twentieth century in the United Kingdom
> the social class background of a child has had a significant impact on
> examination performance. (Smith et al., 1999: 34; cited in Murphy,
> 2002: 63)

在參考文獻中你需要列出該出版作品之所有作者的姓氏。

你可能會發現如果你是使用改寫而不是一連串的引文，那麼你的論點將更

加流暢，所表達的見解也更清晰。

在高等教育的所有必須評量的研究中，都會有一些分數針對引註與參考文獻給分，看看作者如何引用他們所引註的書籍與論文，是很好的作法。以上所概述的系統被稱為哈佛參考系統（Harvard reference system），這是最普遍使用的系統之一。主要的要點是，在你的論文或研究報告中，只用一種系統。所以不要從哈佛參考系統（在引文或改寫後的括號內列出作者的姓與出版日期），轉換成註腳與在另一頁章節附註的系統。

盡可能清楚地引用是很重要的，因為如果你不是如此做的話，可能會被指控抄襲。從本書第 3 章你也許還記得，抄襲是一種智慧產權盜竊的形式，即試圖主張他人的所言與（或）觀點是自己的。如果你犯了抄襲，你將會受到你大學的處罰。

何時何地開始撰寫？

在本書的序論中，曾指出在任何研究的設計與執行中有幾個重要的階段：

- 界定你想要調查的問題。
- 搜索相關的文獻。
- 指出要採用的資料蒐集與分析的方法。
- 確定要調查的母群體及思考如何抽樣。
- 省思該研究的倫理考量——尋求倫理上的允准。
- 導出適當的推論。
- 規劃你的時間，以便有足夠的時間去撰寫與報告研究結果。

檢視這個清單，很明顯地，你在開始寫研究報告時，不必從緒論開始著手撰寫，最後才撰寫結論。甚且，你可以在資料蒐集開始前就開始撰寫。你可以從任何你想要的部分開始撰寫。很多人在他們選擇資料蒐集方法之前，就開始寫文獻探討的初稿，為的是要了解有什麼其他的相關研究曾經採用自己偏好的

資料蒐集與分析的方法。文獻探討亦將有助於研究者清楚聚焦研究目的及思考研究能夠實現什麼。他人研究中所顯現的對該領域知識的貧乏與異常，也能夠促成研究問題的形成。

最後，你可檢視在文獻中對於可用於你研究之資料蒐集與分析方法所提出的說明理由，也可看看研究所使用的抽樣步驟以及對於抽樣過程所提出的合理說明。

重要的是，文獻中也將使你能洞察論證如何發展與鋪陳。尤其仔細檢視你覺得具有說服力的論證，試圖找出作者所使用的修辭手法以及呈現他們觀點的方式。

學習如何撰寫一篇言簡意賅的摘要或概要（précis）。一篇簡短扼要的摘要對改進你的寫作風格，是非常有效的。這種技能將幫助你寫出更佳的文獻探討，並幫助你如果在報告字數受限下，編輯你自己的寫作。

也明白了作品集（folio）的價值。有可能以一兩句簡短的陳述總結幾項研究的要點。作品集是陳述後在括號內的作者與出版日期的列表。

範例

In the 1960s it was commonly assumed that the social class position of parents affected performance of their children in the 11+ examination. (Absent, 1964; Jones, 1966; Rose, 1967; Smith, 1965)

這種方法的額外好處是使你的寫作讀起來有連貫性，具有一致性與明確的論調，而不是一個簡短總結的一張表。

接下來，所剩下的就是祝你好運了！

國家圖書館出版品預行編目（CIP）資料

社會科學研究法：資料蒐集與分析／Shaun Best 著；
李文政譯. -- 初版. -- 臺北市：心理, 2015.06
　面；　公分. --（社會科學研究系列；81228）
譯自：Understanding and doing successful research:
data collection and analysis for the social
sciences

ISBN 978-986-191-639-2（平裝）

1. 社會科學　2. 研究方法

501.2　　　　　　　　　　　　　　　　103026972

社會科學研究系列 81228

社會科學研究法：資料蒐集與分析

作　　者：Shaun Best
譯　　者：李文政
執行編輯：李　晶
總 編 輯：林敬堯
發 行 人：洪有義
出 版 者：心理出版社股份有限公司
地　　址：231 新北市新店區光明街 288 號 7 樓
電　　話：(02) 29150566
傳　　真：(02) 29152928
郵撥帳號：19293172 心理出版社股份有限公司
網　　址：http://www.psy.com.tw
電子信箱：psychoco@ms15.hinet.net
駐美代表：Lisa Wu（lisawu99@optonline.net）
排 版 者：龍虎電腦排版股份有限公司
印 刷 者：龍虎電腦排版股份有限公司
初版一刷：2015 年 6 月
I S B N：978-986-191-639-2
定　　價：新台幣 400 元